U0727778

宋朝其实很有趣

子陌 —— 著

中国华侨出版社

·北京·

宋朝是中国历史上最为辉煌的朝代之一，它经济富庶，文化繁荣，科技进步，在中国历史上有着辉煌的地位，然而在军事上频频败于比它落后得多的政权。汴河繁华、临安遗恨的背后，牵连着的是后人无限的想象和无尽的遗憾。

宋朝有造极一时的经济。宋代的多种经济模式均在世界上开一代风气之先。特别是城市的发展，"屋宇雄壮""骇人闻见"；经济活动"每一交易，动辄千万"；瓦舍、勾栏，熙熙攘攘，娱乐、休闲通宵达旦，市民生活水平在当时世界首屈一指。

宋朝有传承千年的思想。北宋有王安石新学、周敦颐濂学、张载关学、二程洛学，南宋有朱熹道学、陆九渊心学、叶适事功之学等。就当时来讲，宋儒理学是对两汉经学和盛唐佛学的推陈出新，是一种崭新的、以儒学为根本的、兼收佛老及诸子学说的新儒学体系，是中国古代思想发展史上的一个高峰。

宋朝有冠绝一代的文学。宋词一洗晚唐浮艳之风，或豪放，或婉约，大放异彩。其中以欧阳修、苏轼、李清照、辛弃疾、陈亮为代表；宋诗也不可小觑，其多于用典的浓郁书卷气，使得中华文化精髓每每跃然纸上，尤以陆游、范成大、杨万里、刘克庄昂然执其牛耳，悲沉激荡，脍炙人口。

生动而丰富的历史从来就是我们汲取力量和智慧的源泉。洞察过去，并不一定就能预见未来。但不看历史，一定不能看到未来。书写一部历史，不是为了向世人展现往昔的人情世故，教人为王者感叹蹒跚，而是为了与历史的人物身影交错，携手同游，共经盛世兴衰的波澜，体味人生的豪迈与遗憾，捕捉人性中的善与恶。

本书以趣味说史，从唐末五代群雄并起争夺天下开始，直至蒙元兴起、南宋灭亡，本书尽量避免枯燥乏味的叙述方式，在尊重史实的基础上，以幽默风趣却不乏智慧的语言，调侃轻松却不失庄重的语调，讲述中国一千多年前的历史，并试图进入历史事件背后，深度挖掘历史人物内在的真实情感，使读者与其产生共鸣。本书运用三维结构，用历史事件来展现人性的复杂，透过历史的迷雾，解构历史中的人物，以人性洞察历史，还原历史的真相，参悟历史智慧。

目录

宋朝

其实

很有趣

陈桥兵变，黄袍加身

显德六年（959年），（后周）周世宗柴荣驾崩，留下了孤儿寡母和后周这个庞大的帝国。之前，让病危的柴荣极度不放心的是他的儿子，也就是当时的太子柴宗训。柴宗训只有7岁，而他身边的文臣武将们却都从政多年、老成世故，他们对年轻气盛的柴荣都颇为不服，更何况区区一个7岁小儿？

为了防止后周大权的旁落，柴荣在死之前封太子柴宗训为梁王，领左卫上将军。同时册立了大将符彦卿的女儿（前任皇后的妹妹）为皇后，希望皇后和她的父亲能够共同保护和辅佐年幼的柴宗训。最后，他让范质、王溥、魏仁浦三位大臣在他百年之后担任辅政大臣之职，还罢免了都点检张永德的官职，封年轻有为的赵匡胤为殿前都点检。

殿前都点检是直属帝王的近卫军统领，相当于帝王亲兵的统帅，有保家卫国的重任，能防止地方军事势力叛乱。为了进一步壮大自己的力量，在柴荣去世一个月后，赵匡胤以属地还有繁忙的公务要处理为由，向朝廷请旨离开了京城，回到了自己的属地——归德府。在赵匡胤回归德府之后的短短半年时间内，后周的军事系统发生了天翻地覆的变化，而这一切对赵匡胤都是非常有利的。

首先，赵匡胤之友慕容延钊出任了一直空缺的殿前副都点检一职；其次，王审琦担任了殿前都虞候一职，他与赵匡胤的关系也十分密切。

时光流转，转眼间公元959年即将过去，巨大的变革酝酿了如此之久，终于要揭开真面目，登上历史的舞台。次年的正月初一，刚登基不久的小皇帝柴宗训照例身穿华服端坐在大殿上等待着接受群臣的朝贺。新年伊始，整个开封府都笼罩在一片喜气洋洋的祥和气氛当中，没有人觉察到，这样的祥和气氛、文武百官和百姓喜悦的心情就要因为随后的动乱而消失。

就在此时，从北方边疆的镇州、定州传来急报，北汉和契丹趁着后周新皇登基，皇帝年幼，国家还未稳定下来的空当，居然联合起来向后周的边境进犯。北汉长期以来就是后周的死敌，当年就是太祖郭威从后汉手中夺来了后周政权，而如今的北汉是后汉的一支，北汉之主刘崇对后周夺取后汉政权的仇恨一直都没有消失，这是前话，此处不赘述。而辽国在北方占有广阔的疆域，兵强马壮。辽国一直对后周虎视眈眈，尤其辽国的骑兵更是骁勇善战、勇猛无敌，如今两国联手，实力不容小觑。

然而此时，后周的统治者却只是个年仅7岁的孩子，根本无法对这样紧急的情况做出任何正确的判断。大殿之上顿时乱作一团，大臣们纷纷围住宰相讨论该如何是好。宰相范质等人也面面相觑。

经过宰相们的研究决定，如今辽国和北汉来犯，来者不善，后周不能示弱，要以最快的速度给予反击，打压住对方的嚣张气焰。时局如此，既然已经做出了决定，那么这个艰巨的任务要由谁来完成呢？

众臣环顾四周，此时留在京师的武将中能够担当此重任的只有韩通和赵匡胤两人。此时，韩通任检校太尉、因平章事、充侍卫亲军马步军副都指挥使。京城是万万离不开韩通的，所以只能由禁军统帅、殿前都点检赵匡胤亲率大军北伐，迎击北汉和辽国的军队。而赵匡胤正是年富力强，更何况他一直领兵在外，所以这个决定非常"英明"，根本没有让朝中的人产生任何怀疑。

刻不容缓，第二天，也就是后周显德七年正月初二，殿前都点检赵匡胤就率领后周大军出征北上，担任此次前锋的正是赵匡胤的好友——殿前副都点检慕容延钊。随军出征的还有侍卫步军都指挥使张令铎、侍卫马军都指挥使高怀德等人。

赵匡胤此举非常高明，他将韩通手下的大半兵力调过来随他北上出征，而将自己的亲信主力留下来镇守京师。表面上看，一切风平浪静，其实赵匡胤是为了让朝廷各位大臣看起来，他是丝毫没有叛乱之心的。但实际上，那些留在京城的殿前司人员——赵匡胤的亲信，都是他为日后兵变留在京城的内应。

新皇登基不久就与邻国开战，这给开封府的百姓带来了巨大的恐慌，而朝中也渐渐陷入了混乱，原因就在于一块写着"点检做天子"的三寸木牌。

周世宗柴荣去世之前，民间曾出现过"点检做天子"的木牌，被呈到了他的面前。比较迷信的周世宗想起来时任都点检的张永德——他的姐夫，本来可能并无野心，不过周世宗却害怕出现后晋取代后唐的局面。因为后晋石敬瑭就是后唐的驸马，后来篡夺了皇位。心中有了这种计较，周世宗便无法安心让他的姐夫担此重任，所以撤了张永德的职位，改用看上去忠厚且有战功的赵匡胤。

这一次赵匡胤带兵北上，京师竟又出现"点检做天子"的牌子，民间甚至流行起"出军之日，当立点检为天子"的谶言。想当年契丹侵犯后汉边境，当时的枢密使郭威率后汉大军北征。后来，郭威在澶州（今河南濮阳）突然发动兵变，建立了后周政权。如今赵匡胤北上，和太祖郭威当年的情况如出一辙，故而京城中一时流言四起——只要是有重兵在握的大将北上，又担任都点检一职，即是将来的天子。

赵匡胤虽然有野心，但还未到昭然若揭的地步，而"出军之日，当立点检为天子"，这里说的点检指的无疑正是他本人。如今，他还没起事就有如此多的传言，这对他十分不利。朝中大臣们，尤其是宰相范质和大将韩通听闻之后必然有所动作，到时候不但大事不能得遂，他和全家的性命都要受到威胁。

据史料记载，此时心生恐惧的赵匡胤默默地回到了家中，自言自语道："外间汹汹若此，将奈何？"听到哥哥如此之言，赵匡胤的妹妹立刻拿着擀面杖从厨房走了出来，史称"面如铁色，引擀面杖逐太祖，击之"。她对哥哥正色道："大丈夫临大事，可否当自决，来家内恐怖妇女何为耶！"赵匡胤听了妹妹的话，转身离开了家。

下一步棋该如何走呢？赵匡胤苦苦思索着。但面对这样的情况，只能先发制人，主动出击，不然就会被别人所控制。出征之前，他在众人的诧异声中独自一人来到韩通家中拜访韩通，韩通的儿子韩微建议父亲趁此良机杀掉赵匡胤，以绝后患。赵匡胤处境非常危险，因为他只身进入韩府，倘若韩通一声令下，他就算武艺再高强，也是寡不敌众。

但出乎意料的是，顾全大局的韩通又一次放过了赵匡胤，这一放，就将柴荣临终前托付给他的后周江山断送了，也将自己的性命拱手交与他人。赵匡胤从韩通府中安全地走了出来。开封府内，无论是即将参与改朝换代阴谋的人，还是希望永远天下太平的人，都暗暗地松了一口气。

后周显德七年（960年）正月初三，大军如期抵达了距离开封城四十里外的陈桥驿。此时天色已晚，天上也开始下起了小雪，赵匡胤抬头看了看天空，停马下令三军在陈桥驿安营扎寨，养足精神，明日再行。安顿完毕之后，军校苗训悄悄对赵匡胤的亲信楚昭辅说："末将颇懂天数，我前日观天，见日下复有一日，且黑光摩荡者久之。两个太阳正在搏斗，犹如当今两虎相争，这是天命所归！"楚昭辅不明其意，苗训又对他说道："天象如此，还有什么不明白的。你和点检如此亲近，我不妨就对你实话实说。那先没的日光，代表的是大周；而那后起的，便是太尉大人了。"楚昭辅大惊失色，又问道："这天象何时会应验呢？"苗训答曰："天象已经出现，应验就在眼前了。"

苗训和楚昭辅的此番谈话在军中迅速流传开来，众军士听闻都对此议论纷纷。不少人认为，如今先皇已去，当今皇上如此年幼，又不懂政务，如今大军出征，他们在战场上奋力杀敌，出生入死，功劳却不为人知。现在都点检为人仁德又立有奇功，岂不是现成的天子吗？天命所归，不如先拥立都点检为天子，再图北进。

这样的议论正合赵匡胤的心意，这也是古代常见的改朝换代之前先制造舆论的做法。为了即将发生的兵变，赵匡胤先暗中将自己的亲信郭廷斌调回京城，以便在他率军回城时给他打开城门。这一夜，赵匡胤喝得酩酊大醉，很快他就上床休息了，他睡得很沉，等他醒来，一场大戏就要上演。

第二日凌晨，赵匡胤还在沉睡之中，而一夜未眠的众将士皆手握兵器围在赵匡胤帐前，更有将士准备进入帐内。一时间呼声四起，众将士皆高声喊道："诸军无主，愿奉太尉为天子。"事情发展到了这个地步似乎就要结束了，接下来要做的就是大军返回京师，逼柴宗训退位，天下就是赵家的了。但此时，一个人从背后站了出来。

这个人便是赵普——赵匡胤的第一谋士，也是后来被赵家认为

"同宗"之人。面对众将士，赵普严肃地对他们说道："太尉大人对当今皇上对大周忠心耿耿，天地可鉴，绝不会允许你们干出如此大逆不道的事情！"

赵普非常聪明，他深知赵匡胤代周建宋需要一个相对合理的理由，倘若一着不慎，就会背上乱臣贼子的"谋反篡位"之名，对谁都不好交代。于是他欲擒故纵，故意对意图叛变的众将士说了上述的话，这样一来，赵匡胤就会在众人的"胁迫"之下，众望所归地登上帝位。

众将士虽不明白赵普的心意，却按部就班地按照他的计划在行动。被赵普呵斥的军士们回到营帐后百思不得其解，但事情已经发展到了这个地步，如果不进行下去，他们都会以"忤逆"之罪被处死。

果不其然，不久之后，这些人又回到了赵匡胤的帐前，坚持要拥立都点检为帝。由于想要的最终效果还没有达到，赵普又"劝"他们道："册立之事，非同小可，不可轻举妄动。如今北汉和契丹来犯，国家正处在危难之中，不如等到北征之后再做打算。想必太尉大人也是此意。"

众人听赵普之言，不禁大怒，纷纷表示情况危急，现在不立都点检为帝，性命就将不保。于是他们言辞恳切地对赵普说："当今皇上年幼无知，我们出征打仗，为国流血效忠，又有何人知道。不如先立点检为天子，再图北征吧。"这时赵匡义也站了出来，他义正词严地对众将士说道："兴王异姓，虽然是天命所归，但也是人心所向。你们一定要管好自己的军士，进城之后不要烧杀抢掠。只有开封府内人心安定，大事才可成，到时候天下易主，大家就可以共享富贵了。"

赵匡义这一番言语之后，赵普估计舆论铺垫成熟，心内暗喜，立刻到帐内将沉睡之中的赵匡胤叫醒。此时的赵匡胤睡眼蒙眬，走到帐外，众将士立刻将一件黄袍披在了赵匡胤身上。众人跪倒在地，山呼万岁。赵匡胤象征性地推辞了一下，便答应了众将士的请求。事实上，这正是他所希望的。以上所说便是历史上著名的"陈桥兵变，黄袍加身"。

风云变幻，大宋开国

"陈桥兵变"发生之后，赵匡胤命众将士集结，大军即刻准备回京。据正史记载，就在大军准备开动的时候，发生了这样一件事。赵匡胤的弟弟赵匡义拦住了哥哥的战马，跪下对赵匡胤恳切地说："请以剽劫为戒！"意思就是在大军进城之时，命令众士兵不得对城内的百姓烧杀抢掠。赵匡胤听弟弟此言，大受震动，于是马上下令三军："是你们硬要立我为天子。事到如今，众将士听我号令！"所谓"得民心者得天下"，将士们朝赵匡胤跪下，低头倾听着。赵匡胤正色道："大军进城之后不得伤及百姓和诸大臣。皇上、太后对我有恩，不得有所冒犯。听命者事后有赏，违令者立斩不赦！"众将士都莫敢不从，心下大赞赵匡胤仁德。也正是因为这样，赵匡胤大军进城时才没有像当年郭威一样弄得生灵涂炭、尸横遍野。

在这之后，为了先让开封城内稳定下来，以免大军进入时带来不必要的麻烦，赵匡胤派他的亲信楚昭辅先行赶到开封向他的家人报平安，让他们放心。随即，他又派出了客省使潘美前去通报大臣们兵变的消息。这二人领命之后火速朝开封城赶去，到达开封之后，潘美不辱使命，他顺利进入了皇宫，站在朝堂之上宣布了陈桥驿兵变、天下已然易主的消息。

就在潘美和楚昭辅接受命令赶往开封之后，赵匡胤的大军也浩浩荡荡地来到了陈桥驿方向的陈桥门，准备从这里进入城内，完成大业。眼见开封近在眼前，皇位唾手可得。然而让兴致勃勃的赵匡胤无奈的是，守城的将士坚持不给赵匡胤开门，无论用什么样的方法，守城的将士依据军规，不开就是不开。此时的赵匡胤怒火中烧，他慌了，难道潘美和楚昭辅已经被抓，事情已经败露了吗？慌乱之下的赵匡胤只得望向了他的军师赵普，赵普此时很平静，提出了一个让人忍俊不禁又非常行之有效的办法。条条大路通罗马，在赵普的建议之下，赵匡胤只得做出了一个无奈之举，他放弃了陈桥门，选择从其他的城门入城。

　　离开陈桥门之后，赵匡胤的大军从旁边的封丘门顺利地进入了开封城。本来应该北上抗敌护国的军队此时却发生了兵变，听到这个消息的大臣们面面相觑，不知所措。宰相范质、王溥等人后悔不迭，当初悔不该不经深思熟虑就让狼子野心的赵匡胤领军出兵。大将韩通听闻陈桥驿兵变的消息之后立刻离开大殿，赶回家中，想组织军队进行反抗。

　　如今风云变幻，想要靠朝堂上那些只会侃侃而谈的大臣来力挽狂澜是根本没有任何希望的。或许韩通真的是当时剩下的唯一对柴荣忠心不二之人，为了他当年对柴荣的承诺，为了后周世世代代在柴家手中延续，明知手中的兵力根本不足以抵抗赵匡胤，他还是决定试一试。这时，赵匡胤的家人还在开封城内，只要抓了他们作为人质，或许还能拖得一时。

　　但韩通没有想到，赵匡胤早已料到他的行动而先他一步派人赶往自己家中接出家人。待韩通马不停蹄地向赵匡胤家赶去之时，赵匡胤的部将王彦升早早地就等在那里，韩通一到，王彦升就毫不留情地将其斩杀。为了免除后患，韩通的妻子、儿女等众多亲人都没能幸免。

事情发展得很顺利，还没等开封府的官员和百姓反应过来，赵匡胤的大军已经冲进了皇宫，冲上了朝堂。身披黄袍的赵匡胤在众将领的簇拥下登上了明德门，这天下，转眼就是赵家的了。站在城门之上的赵匡胤浮想联翩，激动不已，经过重重危难，他终于以胜利者的姿态回到了这个他成长的地方。

在明德门上，高高在上的赵匡胤看到了这个城市的繁华，也看到自己的士兵已经分列在开封府的各处，这个国家现在属于他赵匡胤。他从小就因战乱过着漂泊的生活，青年时又随着太祖郭威和世宗柴荣征战沙场，出生入死已经是不计其数了。如今一切终于有了回报，这个国家就要在他的手中恢复勃勃生机，将在他的统治之下重新恢复汉唐时代的盛世辉煌。思及此处，他激动的心情突然平定了下来，稍作停留之后，他就离开了明德门，回到了他原来的办公之所——殿前司官署。他先暂时脱下了黄袍，因为在那里，有更多的事和更难对付的人等待着他的处理。

举朝大乱之后，宰相王溥、范质等人无奈之下，只得在将士的逼迫下来到都点检衙门面见赵匡胤。见到范质等人后，赵匡胤"泪流满面"地对他们说："我受先皇厚恩，本应该感恩图报。如今出此下策，实在是为手下人所逼迫，我自己也是身不由己。大人们看现在该如何是好？"还未等范质等人回答，众将士以散指挥都虞候罗彦环为首，已经持刀上前。他们恶狠狠地对宰相等人说道："如今我辈无主，今日必须立点检为天子。"

范质等人即便胸有正气，也只是一群文弱书生，连大将韩通此时都做了刀下鬼，面对冷冰冰的兵器和如今的情势，他们皆知已经无力回天，为了留住性命他们只能拜赵匡胤为天子。史载最先屈服的是宰相王溥，随后倔强的范质也不得已地朝赵匡胤拜了下去。

收服了范质等官员之后，事情可以说是成功了一大半。赵匡胤重新穿上了黄袍，走出了后周的殿前司官署，马不停蹄地向皇宫赶去。在正式做皇帝之前他还需要解决一个人，那就是周恭帝——柴宗训。

出人意料的是，等到赵匡胤赶到皇宫之时却并没有见到他想见的人，柴宗训和太后早已离开皇宫了。其实，在赵匡胤的大军进入开封城时，惊恐万状的柴宗训就由符太后带出了皇宫，住进了天清寺。

当时的太后是柴荣的第二位皇后，也是大将符彦卿的女儿，被称为小符皇后。符彦卿有三个女儿，其中两个都嫁给了世宗柴荣，最后一个是赵匡义的儿媳妇。这位小符皇后在嫁给柴荣之前是后汉李崇训的妻子，也就是当时的朝廷重臣李守贞的儿媳妇。后来李守贞全家为郭威所杀，只有小符皇后一人幸免于难。据说当年乱军杀到李家的时候，小符皇后身处险境，但让人震惊的是，她没有随众人逃散，而是独自一人当门而坐，对前来灭门的乱军严厉地呵斥道："我乃魏王符彦卿之女也，我父亲与枢密使大人如同兄弟一般亲密，你们不得无礼，给我速速退下！"

或许是将门虎女继承了他父亲的风采，但区区一个弱女子面临危难能做到如此实属不易，可说是让人十分赞叹和佩服了。小符皇后面临突发情况的胆量和主见或许也是柴荣当年选中她，希望她能保护幼小的柴宗训的一大原因。

但是这次，赵匡胤领兵进城，小符皇后真的不知该如何是好，现在的她没有丈夫，没有任何依靠，可以说是一无所有。她唯一可以指望的父亲也远在他乡，根本解救不了她此刻所承受的危难。在她看来赵匡胤虽然不会杀了他们，但破宫之日，难免那些杀人不眨眼的叛军会让这对孤儿寡母成为刀下之鬼。

所谓"识时务者为俊杰"，为了留住后周的一丝血脉，这位有勇有谋的皇后在大军进城之时就带着小皇帝柴宗训离开了权力中心——皇宫，脱下了黄袍，住进了佛寺。这样的举动很明显是一种政治避难，等于柴家放弃了权力，向赵匡胤屈服，只求留得柴家后代的性命。

国不可一日无君，小皇帝柴宗训答应退位，于是文武百官都陆陆续续来到朝堂之上等待新皇登基。万事俱备，只欠东风。因为之前的事情耽误了一些时间，大臣们又有很多姗姗来迟，登基仪式在黄昏进行。尽管如此，事不宜迟，多拖一刻就会多一分危险、多一分变数，赵匡胤内心虽然不舒服，但还要在登基之前尽量保持着他一贯以来维持大局的风度。

虽然柴宗训答应禅让，但此时让人为难的是，禅位诏书并没有准备好。正当赵匡胤和赵普等人有些不知所措的时候，翰林学士陶穀缓缓站了出来，从袖子里拿出了早就准备好的柴宗训的禅让诏书，并当堂宣读起来。

于是，赵匡胤穿上龙袍，登上大殿，开始接受众臣的朝贺，因他所领的归德军在宋州，所以定国号为"宋"，改元建隆，定都开封。登基之后，赵匡胤下旨封后周废帝柴宗训为郑王，皇太后符氏为周太后，从此迁居西京，再不得干涉朝政，并规定从此，柴家的世世代代都受赵宋子孙的庇佑，不得对其进行伤害。

风云变幻，就这样，赵匡胤废后周建大宋，一个崭新的王朝——北宋开始了它漫长的历史征程。

初登宝位

初登大宝的当夜，赵匡胤就入住了后周的皇宫内院，这一夜注定无眠。对他而言，一直身为臣子，在朝廷之上仰望着金碧辉煌的宫殿，却从未真正地踏入过这里。如今江山易主，目光所及之处皆是他赵氏天下，他心中的翻江倒海、汹涌澎湃自不必说。现在他实现了他的愿望，江山已成为他的囊中之物，但忧虑也从他的心底生起。

都城之内有多少人是真心拥戴，国内宛如诸侯的藩镇们又有几个是真心低头，国境之外那么多虎视眈眈的敌寇要如何应对……这些都是赵匡胤要面对的问题。

柴荣当年面对的只有外患，赵匡胤现在却是四面受敌。他甚至没有查清楚自己属下的底细，更不知道臣下是否真的对他如此忠心。而那些曾经追随他的生死兄弟，几个还能像以前一样为他出生入死？都城之内的前朝旧臣，又有多少是真的心服口服？这些问题，紧紧锁住了赵匡胤的思绪。

做武将时，赵匡胤是一个豪迈、直爽、勇武的人，他征战四方、所向披靡。但当黄袍加身之后，他就由忠厚开始变得冷静和精于算计了。

或许这才是作为帝王该有的真正能力，为了巩固皇权，开疆拓土，他必须收敛武夫的个性，全心维护江山永固，再也不能步前朝后尘。

公元 960 年正月，赵匡胤登上至尊宝座，开始着手开创一个新的王朝。登上皇位的第一件事就是大开国库，搬出无数的金银珠宝，赏赐给随自己出生入死的禁军将士们。这些既是犒赏，亦是兑现承诺，以免那些将士再去四处劫掠百姓，使新打下的江山再次遭受巨大震荡。

丰厚的物质奖励之外，赵匡胤给每一个人加官晋爵。对贡献巨大的开国功臣给予官位上的擢升，这是一般开国帝王的惯用伎俩，因为开国之君多是用兵权来换皇权，没有皇统上的合法性和臣民的惯性臣服，就只能靠拉拢人心的方式来换取天下太平。为此，赵匡胤做出了如下部署：

命石守信侍卫司马步军副都指挥使，接替韩通；而韩通虽然已死也给他升官，追任其为中书令，并予以礼厚葬；至于侍卫司的李重进，被升为中书令，和韩通平级，继续留守驻地扬州，不必来朝。侍卫司由韩令坤接管；赵匡胤本人的原职位——殿前都点检比较特殊，要由真正的亲信，且有巨大号召力的人来做，于是他安排慕容延钊来担任。

慕容延钊是一个让赵匡胤又爱又怕的人。二人自幼一起长大，后驰骋疆场，更是亲密的战友，而慕容延钊的威望和能力更是让赵匡胤不敢小觑。

就在陈桥兵变、黄袍加身的前一天，后周大军从都城开赴前线迎战汉辽联军。据说当时赵匡胤统帅的八万兵马只是中军，而慕容延钊作为当时的先锋，带兵五万先于赵匡胤赶往前线，其兵力与赵匡胤旗鼓相当。

虽然当时慕容延钊没有和汉辽联军正面交锋，但他也没有出现在陈桥驿兵变的现场，而是一直向北进军，等到赵匡胤以帝王的身份在朝堂之上擢升他的官位时，他已经率兵到达河北真定了。

慕容延钊被排斥在兵变圈子之外，却成了开国的功臣之一，这让宋朝的上下官员心中都有了疑惑和猜测。

当然，受到封赏的也有赵普和赵匡义（后为避太祖讳，更名为赵光义）。赵普升为右谏议大夫、枢密直学士、从赵匡胤的私人幕僚成了朝廷重臣。赵匡义被直接提拔为禁军殿前司都虞候，而赵匡义之前的官爵根本没有随军出征的义务和资格。有资料记载，赵匡义根本不在陈桥驿兵变现场，当赵匡胤率三军入驻开封城时，赵匡义才"奔马出迎"。

所以一些史书中记载赵匡义在陈桥驿现场拦住哥哥的军马，说"请以剽劫为戒"的真实性也令人怀疑。但他作为赵家除了赵匡胤以外唯一的成年男性（三弟赵光美当时仅 10 岁），他位极人臣也是必然。

赵匡胤除了擢升嫡系以外，还把前朝旧臣一律留任原职，并派使臣向国内外发布通告，告知他们自己当上了皇帝，他要天下人都知道，除了皇帝易主之外，其他都不会变动，这也是一个安民的告示。

赵匡胤的安民政策看似美好，但总有人不能心悦诚服，第一个站出来挑战皇权的不是郭威的外甥李重进，而是李筠。

李筠为并州人，幼年从军，以勇武称道，在后唐时期就名闻三军，跟随郭威成为昭义军节度使，驻守潞州。想当年他曾主动出兵拖住进军开封的刘崇，为柴荣争取时间，此事叫人记忆犹新，他的忠勇为人称颂。

李筠为人耿直，对于没有实力的人颇为轻蔑。当年柴荣在位时，他也敢公然分庭抗礼，曾擅自征用赋税召集天下亡命之徒扩充军队，监军不满，他立刻暴跳如雷，将监军关入大牢。柴荣知道此事之后，因外患无穷，不忍再起内忧，于是只用公文训斥了他一通，但李筠因此认为柴荣忌惮他三分。如今，赵匡胤这类无名后辈，竟然称帝，还要他日日朝拜，他自然不肯。

李筠没有拔刀相向，但他的反抗也颇失大将风范。他扭捏地接下了圣旨，然后拿出郭威的画像来伤心痛哭，这件事令赵匡胤窥其逆反之心。李筠的死敌北汉皇帝刘钧知道李筠的反心，修书要与他谋求合作。而一向智勇双全的李筠面对重大抉择时，却干出令人大跌眼镜之事。本来已有反心的他竟然把密信交给了赵匡胤。

赵匡胤此时正沉浸在登上皇位的喜悦当中，各路使节纷纷带来四方拜赵氏为皇的消息，就连一向逆反的李筠也接旨称臣，而更让赵匡胤惊喜的是李重进的归降。李重进接旨后，主动向赵匡胤请示，自己是否能按照惯例以节度使身份到都城觐见新任皇帝，以当面谢恩。赵匡胤没有想到当初有天子资格的人，后来虽然被柴荣抢了帝位，还能跟着柴荣出生入死，如今又同样的礼遇自己。

赵匡胤也投桃报李，起草公文一封："君主元首，臣僚股肱，相隔虽远，同为一体，君臣名分，恒久不变，朝觐之仪，岂在一时？"意思就是，宋朝皇帝和后周实力最强的藩镇暂时和平共处。

给赵匡胤的第二个惊喜来自潘美。他再为赵匡胤充当了使节，去见赵匡胤的宿敌袁彦。袁彦原为后周侍卫司步军都指挥使。现在在陕州当土皇帝，此人凶悍嗜利，早有谋反之心，但潘美单骑入陕，居然亲自带回了这个先朝大将。袁彦的归顺昭示了大宋皇帝不计前嫌，显示了赵匡胤宽广的胸怀，他对任何臣子，包括宿敌都能一视同仁。

武将帝王的将帅之才

赵匡胤登基之后，对所有参与陈桥驿兵变的人都大加赏赐，唯独对王彦升不赏反罚："终生不得授节钺。"即终生不得当节度使。王彦升被任命为铁骑左厢指挥使，负责在开封城里日夜巡逻守护。一天晚上，王彦升半夜造访丞相王溥府邸。王溥据说是"惊悸而出"，而王彦升则在丞相家喝酒，一直不肯走，后人说"彦升意在求货，溥佯不语，置酒数行而罢"，有历史记载"彦升得白金千两而退"，王溥第二天就将此事密报于赵匡胤。

赵匡胤认为暂时不能御驾亲征，因为那将致使都中无人，这时如果将王彦升留于都城之中，任其胡作非为，后果将不堪设想。于是，赵匡胤将王彦升赶出开封，发配唐州，之后才继续集结军队，御驾亲征，准备先抵太行山（山西泽州附近）。

李筠此时攻下泽州之后，本想乘胜追击，拿下太行，却听闻刘钧率军驰援。双方见面之后，李筠大为失望，北汉军队兵弱马瘦，军容不整，而刘钧却要摆君臣之礼。无奈李筠屈膝拜见北汉皇帝，而刘钧则封其为西平王。但两军合作始终无法达成一致。

北汉要契丹染指此事，李筠却誓死不从。后周和北汉血仇积压，根本无法化解，而李筠在北汉皇帝面前却要为后周复国，低姿态的皇帝选择了默认。他给了李筠一个监军。

这时，宋军大将石守信和高怀德率宋军，在距离李筠和北汉结盟地点不远的长平附近与潞州叛军交战。由于西平王李筠没有到场督战，潞州叛军吃败，损失了三千人，丢了泽州外围的重要据点大会寨。

此时，宋朝驻扎在真定的殿前都点检慕容延钊和彰德军留后（留后，官职名。唐中叶后，节度使遇有事故，使命亲信代行职务）王全斌，已经开始向泽州迅速靠拢，并且陕西、京西（今河南西部地区）各路兵马也已集结完毕，泽州、潞州都在宋军的打击范围之内。

形势陡然巨变，本来占尽地利的李筠现在只能一边命令李守节加强戒备，守住潞州，一面收缩兵力，时刻防备。太行山依然在他眼前，但是已经不可能捷足先登，掠取黄河上游粮仓，牵制开封了。眼前的高山，成了他阻挡赵匡胤进攻的最后屏障。

而赵匡胤为了此次清剿也尽出精锐之师。他本人也于公元960年5月21日率禁军从开封出发抵达荥阳，急渡黄河，直奔险峻巍峨的太行山脉。

在离都之前，赵匡胤甚至做了最坏的打算，他悄悄嘱咐赵光义，"是行也，朕胜，自不待言，如不利，则使赵普分兵守河阳，别作一家计较"。此言昭示，赵匡胤此去是抱着决一死战的决心的，不胜即死。唯有依仗赵普才能渡过此难关，因为即使赵光义，也难以当此重任。赵匡胤抱着这样的决心，火速开赴太行山。史书记载："山路险峻多石，帝先于马上负数石，将士因争负之，即日平为大道。"全军翻越巍巍太行，以迅雷不及掩耳之势，出现在泽州城下。

战局至此，李筠败事已定。他没有料到，赵匡胤能在刚建国、人心不定的情况下离开都城，御驾亲征。这无疑严重打击了潞州士兵的士气，在泽州爆发的主力决战中，李筠的三万大军被石守信、高怀德的部队击溃。

李筠狼狈逃到泽州，才得知北汉的监军和三千北汉将士全部牺牲。李筠誓死不投降，赵匡胤带领大军在泽州城外围攻半月仍进不去。时间越长，对举国讨伐李筠的赵匡胤越不利，因为其他地方都是空城，已经没有军队驻守了。赵匡胤必须不惜一切代价攻下泽州，于是，殿前司控鹤左厢都指挥使马权益率几十个敢死军冒着箭雨仰攻泽州城，史书上说"箭如雨下，飞矢贯臂，而权益拔镞而战"。

就这样，泽州城破了，然而迎接赵匡胤的是一把大火。李筠投身火海，绝不偷生。这团火是赵匡胤称帝后的第一个胜利，也昭示了千里之外扬州的李重进的命运。

攻破泽州，逼死李筠之后，赵匡胤该继续进兵潞州，荡平余孽。但此时，他首先需要处理一个人——北汉丞相卫融。

卫融成了李筠的陪葬品，他是北汉皇帝派来调解李筠和北汉监军卢赞的调解人，但没想到赵匡胤来得太快，他没能回去。赵匡胤问了卫融一句话："你赞同刘钧帮着李筠谋反，原因何在？"

卫融回答得很无奈，只能请死，他表示自己家眷数十口都在太原，不能不效忠刘钧，一旦逃回太原，绝不为赵效力。史称赵匡胤大怒："以铁挝其面，血流披面"，而卫融却大呼："臣得死所矣。"这时，赵匡胤幡然醒悟，表示"此忠臣也"。遂命为卫融治伤，然后联络北汉以卫融换李筠的原潞州监军。但北汉没有答应。于是赵匡胤留下卫融，封他为太府卿。

不杀卫融，反而优待有加，此事一出，全国欢庆，包括李守节，还有其他怀有异心的臣子。赵匡胤继续北上，一到潞州，李守节投降，不费吹灰之力，赵匡胤就收复了潞州。赵匡胤不仅没有杀李守节，还封他为单州团练使，而且免掉了当年泽州、潞州的租赋，这样北疆迅速平定，民心大顺。

杯酒释兵权

世人皆称宋太祖功不可没，却更应该记住这一切的缔造者——赵普。他本身读书不多，却足智多谋，当上宰相之后，更是奋发图强，到晚年仍手不释卷，家人曾发现他的藏书只有一部《论语》，从此，民间开始流传"半部《论语》治天下"的佳话。

建隆元年十二月，赵匡胤从扬州凯旋。大宋的人心归顺，谋反者均已被清剿，赵氏江山日渐稳固。但赵匡胤并不开心，他苦恼不已，心中五味杂陈。

有一次，他在后花园打鸟，有臣子紧急求见，他以为出了大事，但听完臣子的汇报，却发现不过是平常事务，赵匡胤很生气，但这位臣子的一句话让赵匡胤哑口无言，他说："臣以为，任何小事都要重于打鸟。"这时，赵匡胤的粗暴心性再次暴露，他一斧子砸掉了他两颗门牙，大臣捡起门牙，不气不恼，赵匡胤却沉不住气了。大臣决心倔强到底了，他虽然告不了皇帝，史书却自会记载。

赵普将这一切看在眼里，赵匡胤对他说出了自己的心里话："现在仍逢乱世，我不过是占据了后周的国土，而如今谁家的江山也不稳固。"此时，赵普开始发挥自己的真才实学，赵宋的治国精神也就此确立。百年的富足和千年的衰落也从此开始。

赵普给赵匡胤指出了这样一条路：削弱兵权、制约钱谷、收敛精兵、消除所有人的妄想，天下自当太平。这其实就是强干弱枝。听了赵普的话赵匡胤恍然大悟，在几十天之后，他开始实践这一套政策。

公元 961 年，赵匡胤开始了自己的集权计划，三月，宋朝最强的军事人物慕容延钊和韩令坤一道进京，赵匡胤给了他们一个惊喜：他罢免了慕容延钊禁军殿前都点检一职，命他出任山南东道节度使；同时罢免韩令坤禁军侍卫司马步军都指挥使，命他出任成德节度使。韩令坤原来的职位由石守信担任，至于慕容延钊的官位则再无他人可以替换了。石守信在升官一百多天之后，也被罢免。他们或许都该庆幸，自己还活着。

而此时，赵匡胤也遭受了人生的一大低谷。他贵为天子，也是公认的孝子，这时他的母亲杜太后生病去世了。杜太后的死让他伤心欲绝，但这绝不是他一个人的不幸，在这位宋史中只有很少文字记载的老妇人去世之后，北宋两件最大的疑案——"金匮之盟、烛光斧影"中的前者，就此发生。

在公元961年，还有一件大事发生，南唐皇帝李璟去世。此时他已经不能叫李璟，而只能叫"李景"，因为他已经不是皇帝，而只是南唐国主了。当他死的时候，才清醒地意识到自己生命的足迹，他父亲临死前为他安排好了一切，并且提出了最后一个要求，要他善交邻国，守住祖业，保住社稷。但李璟忘记了这些，他在治国治军方面没有听取父亲的临终建议，至他身死之时，国土已经丧失了一半，四邻交恶，民不聊生，保他江山的长江也差点成为他落入大宋之手的理由。

那年三月，李璟觉得金陵太靠近北宋，决定迁都洪都（今江西南昌），在迁都过程中，龙舟在长江中突遇大风，险些让他落入宋朝水军之手，而到达洪都之后，他也病倒了。临死前，他给太子李从嘉的遗命是不要奢靡浪费，不要修建陵寝，只求一片安宁。但太子不肯满足父亲的遗愿，他一面大修陵寝，一面奏请赵匡胤，请他给予自己父皇下葬的礼仪。

身处丧母之痛的赵匡胤答应了李从嘉的请求，"李景"的尸体被运回金陵，追复帝号，定谥号为"明道崇德文宣孝皇帝"，下葬于顺陵。当年七月二十九日，李从嘉在金陵登基，成为第三代南唐国主，改名李煜。

七月注定是个动荡的月份，在长江以南的第一大国南唐新主登基，在江北的大宋发生了震动全国的政令改革。都城禁军里的高级将领们一夜之间都被革去官职，这些将领包括石守信、高怀德、王审琦、张令铎、赵彦徽等人，一个个都是威震四方忠心耿耿的开国将领，且夕之间，兵权尽解。按照常理一定是经历了血雨腥风、翻天覆地的过程，事实上却是如春风化雨，没染上半点血腥。帝王如释重负，将领们也额手相庆。

史书记载，建隆二年七月的某个夜晚，赵匡胤邀请亲信到内宫喝酒，他说自己当皇帝之后非常不快乐，众人忙追问原因，赵匡胤说了一句："居此位者，谁不欲为之？"之后所有人伏地请罪，赵匡胤则以"释去兵权，出使大藩"为由，赐予他们田产金钱，一干将领第二天便纷纷称疾请罢，赵匡胤遵守诺言"日饮酒而欢，以终其天年"，给了他们新的分封：石守信为天平军节度使，高怀德为归德节度使，王审琦为忠正军节度使，张令铎为镇宁节度使，石守信本人保留了侍卫司马步军都指挥使的虚衔，其他人的禁军官职一并罢免。

虽然都封了新的官位，但所有人都知道，"兵权不在也"。这就是千古流传的"杯酒释兵权"。开国皇帝赵匡胤在谈笑间收掉了几乎所有肱股大将的兵权，将军事力量牢牢控制在自己手中，却并未像刘邦、朱元璋等人那样在天下一统后大开杀戒，而是放了大将们一条生路。

金陵被围

无论李煜多么温顺，赵匡胤还是决定对南唐下手，这是赵匡胤该做的事情。无论他看起来多么仁义道德，他的战略部署都不会因为李煜而温和，或者因为自己的宽厚而停下脚步。当然，开始的时候，还没有多么暴力和血腥，只不过是赵匡胤说自己想念李煜了，需要他来开封陪伴自己。

李煜不敢去，他的亲弟弟李从善曾带着贡品朝拜了大宋天子，然后就这样被扣押，一直未归。李煜知道，他一旦过长江北上，就再也回不来了。于是他不断地"病"倒。后来，赵匡胤的邀请越来越强势，李煜到了忍无可忍的地步，于是他告诉宋朝的使者——臣事大宋恭敬，原为保全祖宗社稷，如此逼迫，不如一死。他说着就在自己的朝堂之上朝着一个柱子撞去，但是大堂上的文武百官太多了，他距离柱子也太远，因此，他还没有撞到柱子上，就被拦下来，但是，这种姿态已经被大宋了解了。

赵匡胤很难猜中李煜的心思，一直以来都是委曲求全的李煜为什么突然就宣布抵抗了？对付南唐，他是需要像对付南汉一样，大动干戈才能让他投降；还是像吴越一样，等他自动送上门？

其实，李煜也有自己的底线，三年来，他不是没有机会，当宋朝绕过南唐攻打南汉的时候，他的水军大将军林肇仁曾经来找他，告诉他宋朝先灭后蜀，后灭南汉，往返数千里路，现如今去攻打他们兵力薄弱的淮南地段，一定能将失去的江北地区夺回来。李煜没有反应，林肇仁进而说："当我起兵后，你对外宣称我已经叛变了，如果我能胜利，那么就是国家的胜利，如果我失败了，就说我是叛军，诛杀我的全族，这样大宋也不会怀疑你了。"李煜思忖良久之后，还是写下了给刘鋹的劝降书，林肇仁只能无奈离去。

后来卢绛又来了，他是南唐枢密院承旨兼沿江巡检，他提出了联合吴越，抗击大宋的方案，他一样得不到李煜的回答，他又向皇帝报告了自己的具体方法——放出假消息，说南唐的宣州、歙州等地叛乱，然后邀请吴越援兵，只要他们进入南唐，南唐就发兵截断他们的后路，卢绛再领兵偷袭杭州，这样必定能够一举歼灭吴越。

卢绛的话，换来的不过是李煜的神游仙境，他根本没有听。卢绛长叹一声也走了。最后来的是一个位低言轻的内史舍人，名为潘佑，他激愤上书，看到李煜的过分懦弱仁慈，他把国主比作了"夏桀、商纣、孙皓"，其实，很多臣子在皇帝们面前说过前两个昏君，但是第三个人的名字触动了李煜敏感的神经，因为他是江南国主，是亡国之君，是一个降王。

李煜忍无可忍怒捕了潘佑，潘佑在狱中自杀了，潘佑的好友户部侍郎李平也被株连，理由是潘佑所为都是李平挑唆，李煜在狱中赐死了李平。虽然这给李煜的名声带来了恶劣的影响，但是，南唐的子民已经不会再震惊了，因为李煜一年前就赐死了林肇仁。那位忠心耿耿要保家卫国的将军，因为赵匡胤的一个离间计谋而被杀害了。

现在，李煜终于要有动作了，他给吴越王钱俶写了一封信，信中邀请吴越一同反抗宋朝，但结局和当初刘鋹给他写信的结局一样，钱俶把信也转交给了赵匡胤。赵匡胤在公元 974 年通知吴越，要他们直接出兵配合宋军攻打南唐，吴越全国沸腾了，朝廷却是一片沉默。如果南唐灭亡了，那么谁来挡住宋军。这位一向谨遵祖训的国主很快做出决定，听命宋朝，无条件支持，宰相沈虎子大怒，他责问皇帝，怎么能如此懦弱，钱俶于是撤了他的官职。他知道，如果联合南唐，赵匡胤就会先打吴越，那时候南唐也不会出军支援，最后只会落得国破人亡的下场。

赵匡胤在攻打南唐之前，先跟李煜要了一户樊姓的人家，然后以修订天下方志为名，要了南唐诸州的州志，将南唐的山川地形、户籍多寡都掌握得清清楚楚。然后才因为李煜的"倔强不朝"为名，进攻南唐。此次主帅是曹彬，先锋是潘美。宋军兵分五路，志在必得。

湖口的突破带着戏剧性色彩，南唐军本以为又是来长江边上操练的宋军，突然就打到了眼前，南唐的军队还为他们准备好了大量用来犒劳的物资和酒肉，以前宋军都是拿了东西，吃了酒肉就回去了，没想到这次是来攻城略地的。

水军大将林肇仁已经被处死了，没有人能挡住宋朝水军的步伐了。李煜眼看着南唐四面受敌，却无能为力，这时候，曹彬的军队已经攻到了采石矶下。那群北方人在采石矶上修建了一座南唐人看起来非常不可靠的浮桥，然后就这么冲过了采石矶。选择此地的就是那位樊姓人家中的一个落第举人，那个举人曾一度想要议论国事，希望李煜能励精图治，但总是失望而归，最后隐居采石矶一带，打鱼为生，也为设计这浮桥埋下了伏笔。

战争是一种充满了奇幻色彩的艺术，出手迅捷的潘美，加上冷静稳重的曹彬，这对战场上的好搭档，让北宋大军迅速到了金陵城下。

另一方的李煜启用了皇甫继勋，据说，这位将军在李煜的盛怒之下，被守城的官兵砍成了烂泥。他不仅不敢自己对敌，而且不让那些已经准备好偷袭宋军的士兵出城。就这样，金陵在宋军的连绵攻势中僵持了五个月。如果，赵匡胤派的主帅不是曹彬，而是其他任何一个主帅，这时候都会忍不住要攻城，但曹彬没有，他容忍李煜派出的江南第一大辩才——徐铉，两次北上，到北宋去求和。这位江南才子站在大宋的朝堂上，质问江南何罪之有，恼羞成怒的赵匡胤终于撕下了自己的面具，吼出了一句传世之言——天下一家，卧榻之侧岂容他人酣睡？

此时，南唐的十万水军败下阵来，金陵孤城边上演了一次决绝的偷袭，奈何宋军早有准备，偷袭的南唐军队最终全军覆没了，宋军在尸体堆里，发现了很多将帅的符印，原来最后出战做敢死队的，都是将军们自己。

这时曹彬开始装病，他拖住了宋军进城的脚步，此时金陵已经油尽灯枯了，曹彬和将士们约法三章——破城不妄杀一人。曹彬此时佯装虚弱的背后，是赵匡胤赐予的天子之剑，狰狞地望着所有的部将。公元975年11月27日，一切都结束了。

南唐覆灭，宋军的攻势锐不可当，赵匡胤的用人艺术也算得上登峰造极：锐利如尖刀的潘美跨江大作战，既要当先锋，又要护住和主力军队之间联系的生死浮桥，他的军事才华和战斗力显现得淋漓尽致。而曹彬，这位看似毫无功勋、冷静持重的主帅，在最后发挥了极大的稳定作用，攻城意味着人员的伤亡，意味着财产的破坏，而曹彬的冷静换来了相对完整的金陵。这对于渴望财富的赵匡胤来说，十分重要。

三征北汉，未竟的事业

赵匡胤积极准备出兵，进攻北汉。前两次他进攻北汉，其中一次甚至是御驾亲征，但都没有啃下这块硬骨头。这第三次北伐，是赵匡胤在显示自己的实力，还是他从根本上认为北汉是大宋版图上必须有的板块，抑或是他为了证明自己倾尽所有也要拿下曾经让自己两次没有成功的这块土地，没有人知道。

但是，可以知道的是，赵匡胤确实没有按照他自己的行动规律来做事。以前，每当大宋消灭一个比较大的国家，他都会有两三年的时间来消化、解决当地的矛盾，处理当地存在的各种问题，发展民生，让那些土地上的子民从心中彻底归属于大宋。

但这次刚刚平定江南的大国南唐之后不到半年，赵匡胤就要出兵北汉了。所有的人都知道，当时的北汉已经到了国弱民困的地步，不再是一个富饶或者强大的国家，占领北汉的好处远远没有南唐带给北宋的礼物实在。要攻打北汉实际上就是与契丹为敌，对于当时宋朝的人民来说契丹的威名即使没有亲身体验，但也都有所耳闻，而赵匡胤真的准备好对战契丹了吗？

历史就是这么不可捉摸，在赵匡胤推动历史的进程中，总有一些是他也不能控制的。战争一旦开始，人就会失去理智。对北汉的征讨，从赵匡胤枕边不容他人酣睡的个人心愿迅速变成了宋朝朝廷，甚至百万子民的共同心愿，一切都这么顺理成章，人人都知道北汉不堪一击，人人都知道北宋必胜的结局。

公元976年的阴历八月，赵匡胤终于下达了北征的命令，这是他第三次挥师北上，这一次赵匡胤命令侍卫马军都指挥使党进作为河东道行营马步军都部署，徽北院使潘美是都监，虎捷右厢都指挥使杨广义是都虞候，郭进是行营马步军都监，此次北伐兵分五路：第一路由郝崇信、王政忠出兵汾州；第二路是阎彦进、齐超等部出兵沁州；第三路是孙晏宣、安守终出兵辽州；第四路是齐彦琛、穆彦璋出兵石州；第五路是郭进率兵出代州。五路军队齐头并进，进攻太原。

这一次，宋朝和前两次比起来，国力更雄厚，兵力更强大，战将更加轻车熟路，宋朝用的是百战精兵，承接着平定江南的虎狼之势力，打算一举攻下太原城，彻底灭亡北汉。北汉的刘继恩现在已经无法集结重兵了，他集结了为数不多的守城部队，向契丹发出了求救信号。

但是，现在的契丹和当年火速支援北汉的契丹已经不一样了，首先，它已经和宋朝互相通交了使臣，有了礼尚往来。然后是刘继恩的北汉，近年来已经没有什么油水可捞了。刘继恩抱着一线希望向新任的契丹皇帝求助，希望他能够看清赵匡胤的真面目，帮助自己击退宋兵。

再看宋朝的出场大将，都是驻守西北边疆多年的老将，他们对太原了如指掌，有的甚至不止一次带兵杀到过太原城下，这样的任务对他们来说再合适不过了。其次，潘美、党进还有其他众将领，都是锐不可当的战将，他们如同锋利的尖刀，渴望着将北汉撕成碎片，这场战争中赵匡胤派出的都是迅捷勇猛的战将，没有温和善良的曹彬。

当年九月，契丹也给北汉的刘继恩回应，契丹皇帝派出了南院宰相耶律沙、冀王塔尔，带领契丹重兵前来支援北汉，援救他们于水深火热之中。

所有的信号都表明一场血战近在眼前，处于巅峰时刻的宋朝军队和刚刚从辽穆宗昏庸中解放和苏醒过来的契丹铁骑将直接交锋，两军对垒，生死难卜，北汉花落谁家也很难预料，这场战争的结局甚至可能改变历史的方向。那些在战场上杀红了眼的将士甚至感到身上膨胀的血脉，那是大战前的兴奋和激动，那是对胜利的渴望和对恶战的恐惧，每个人都处于一种被激化的状态，人人都在期待两个北方强国的终极对决。

就在所有的人都感到危险临近的时候，一个消息如同晴天霹雳，掀起了千层浪。这个消息足以震天动地，足以让数万宋朝兵将在瞬间僵住——他们的皇帝死了。那位英明神武、雄才伟略的帝王，不可一世的皇帝，那位在他们出征前还为他们送过行，本该还在开封的皇城里等着他们凯旋的皇帝，竟然离世而去了。

赵匡胤的突然死亡引起了极大的震动，首先是已经兵临太原城下的宋朝军队又硬生生地折了回去。遗憾的是，赵匡胤征战北汉的愿望，到死也没有完成，他在自己的雄兵猛将就要占领太原城、攻下北汉的时候，离开了人世。

赵匡胤终究是带着遗憾离开了这个世界，当初他决定在平定南唐这个大国之后第三次北征北汉，是为了让一场空前绝后的胜利来分散国内某个异军突起的力量对自己的威胁。灭亡北汉，让大宋的威望迅速提升，再没有比这更好的胜利成果了。这样一个征战的胜利，能够帮助赵匡胤在对大一统无限渴望的人中提升自己的权威，使自己君临天下的霸道无人能敌。

但是，所有人都没有想到，这样一个英明的皇帝就这么悄然离世了，甚至他的死也成了千古疑案。如今，无论现代人如何扼腕叹息，如何绝望畅想，这个皇帝的死去都是截断北伐的原因。而他终究没有在宋朝的开国期间实现他一统天下的梦想。

烛影夜话

宋朝的一大疑案就是关于太祖皇帝赵匡胤的死，他死得太突然，太具有传奇色彩，所以千年之后，仍然有执不同观点的人为此争论不休，赵匡胤遗留下的公案——斧声烛影，也成为至今都无法揭晓的历史谜题。不同的人根据不同的历史记载，得出了不同的观点，争议的焦点在于，赵光义是否谋杀兄长，得位不正。

无论是赵光义杀了哥哥，谋得皇位，还是赵匡胤硬逼着弟弟继承了皇位，以实现"金匮之盟"的诺言，这些都已经不重要了，重要的是，赵匡胤已经离奇死去了。而赵光义作为兄弟继承了皇位，这有别于一般王朝皇位传给嫡长子的惯例。

宋朝的官方历史上，只留下了只言片语——癸丑夕，帝崩于万岁殿，年五十。也就是公元976年，阴历十月二十日夜晚，赵匡胤死在了皇宫中的万岁殿里，时年50岁。没有记载过程，没有记载原因，只是一个简单的叙述。

人们总是对这些简单得有些过分的帝王去世过程感到分外好奇，而且最后皇位传给了赵匡胤的弟弟赵光义，按照历朝历代的祖训，皇位一般会传给嫡长子，所以这蹊跷的传位也是让众人不断产生各种猜测的原因。没有人亲历现场，所以，以讹传讹也难辨真假。关于赵匡胤的死，人们都喜欢用"斧声烛影"这段公案对他的死因进行揣测。

这揣测起源于一个和尚的描述，他在《续湘山野录》中说：当赵匡胤和赵光义都是平民的时候，他们遇到了一个道士，当时赵家兄弟很穷，但这个道士准确地预测出了陈桥兵变，赵匡胤成为九五之尊的日期，因此，赵匡胤很是迷信这个道士。但从赵匡胤当了皇帝之后，这个道士就不见了，直到他临死前，道士才又出现了。赵匡胤很高兴，就告诉他，自己一直找他，想问问自己能活多久。

道士说："如果在今年癸丑夜，天气晴朗，你就能再活12年，如果天气很坏，你就必死。"到了这天，赵匡胤在皇宫的太清阁上遥望天空，天气晴朗，星星璀璨闪烁，他感到十分高兴，但是突然间天色骤变，大雪夹着冰雹从天而降。这时赵匡胤召来弟弟光义，屏退了宫女太监，两人在宫中喝酒。守在外面的人隔着窗户看到赵光义不时地离席后退，三更的时候，两人都走了出来，所有宫人都看见赵匡胤拿着玉斧戳雪，然后跟赵光义说，好好做，好好做。

然后赵匡胤独自回到寝宫睡觉，鼾声震天。到五更的时候，宋太祖死了。当天晚上，赵光义一直在皇宫中，他马上接受了哥哥的遗命，在哥哥的灵柩前继位称帝。

司马光则认为，赵光义并没有在皇宫过夜，是一个太监找来了赵光义。当晚，赵匡胤死后，他的皇后宋氏命令宫中太监出宫召贵州防御使赵德芳，也就是赵匡胤的二儿子，这应该是让德芳继承皇位的意思。根据司马光的记载，这个太监没有找来德芳，而是找来了赵光义。宋太后见到赵光义很惊讶，然后立刻称赵光义为皇帝，请求他照顾自己母子性命。

再后来，还有很多研究历史的文人不断根据自己的理解对当初的一段谜团进行解释，而每个人的解释都不可能还原全部的真相。

而对这段疑案，人们不断地追究是想证明什么呢？在他们的心中，都有一个天平，天平衡量的是赵光义获取皇位的手段是不是正当。

往前追溯，从当时发生的一些事情中或许能看出些许端倪。从开封祭祖回来，赵匡胤就已经开始了自己的行动，他在公务繁忙的时候还能抽出时间来一个月内"三幸光美府邸"。在古代皇家制度中，皇帝是不随便到某个大臣家里的，包括自己的兄弟，对于皇帝的到来，那是"圣眷优渥，高厚隆宠"，而这也是个信号，赵匡胤要栽培三弟赵光美。

赵光美登上大宋政治舞台的作用只有一个——牵制赵光义。当初赵匡胤狠心拿下了赵普，打破了政治平衡，让赵光义一个人变得强势起来，但是赵匡胤并没有后悔，因为如果当初打压了赵光义，那么权倾天下的赵普也会让他进退维谷。现在，赵匡胤想扶持光美，以牵制光义，这是完美的想法。赵光美没有根基，没有功劳，但只要帝王扶持，就能像当初扶持赵光义一样——赵光义西征后蜀时，赵匡胤遥授君命，甚至连地图都给他画好，标注得一清二楚，只要赵光义照做，就能立下赫赫战功。

如今，光美虽然没有根基，但赵匡胤也可以像扶持赵光义一般，如法炮制，他可以成功地制衡二弟，又不致一人独大。随后，光美让德昭接见吴越王，让德芳做当日酒宴的主持，把儿子们慢慢推上政治的舞台，赵匡胤的设计堪称完美。

但是，赵匡胤的疏漏就在于，他没有料想到自己一向温和善良的二弟会忍心痛下杀手，他没有料到，作为一人之下、万人之上的兄弟已经受够了这样在一人之下的感觉，迫不及待地想要坐在那至高无上的宝座上。

无论赵光义是怎样获取皇位的，无论赵匡胤是死于疾患，还是死于兄弟之手，这次突然的死亡确实给北宋带来了深重的影响。

攘外必先安内

登上皇位后，宋太宗赵光义开始一步一步迅速而又有条不紊地治理天下。

首先是安内。宋太宗深知"攘外必先安内"，所以他先从整顿皇族开始。

赵匡胤的皇后再次被封为开宝皇后；赵匡胤的长子德昭被封为武

功郡王，封永兴军节度使、京兆尹兼侍中，位列宰相之上；太祖皇帝的次子德芳由贵州防御使升迁至山南西道节度使，同平章事；赵氏的三弟赵廷美（为避讳皇帝的名讳，本来是匡美，后是光美，再又是廷美）封齐王，开封府尹兼中书令，位列宰相之上。

从即时起，赵匡胤和赵廷美的后代都享受和现任皇帝赵光义的子女们同等待遇，儿子们并称皇子，女儿们并称皇女，以显示兄弟三人存亡连体，永无二心。

如此大面积加官晋爵，如此大范围出让自己的利益，宋太宗连自己的儿子的未来继承权都无所保留。如此大方的他自然得到了他想要的东西——人心稳定。

诸位朝中高官，亦是人人有赏，就算是宰相这种没法再升的职位，都可附加上一些额外好处。

原来的宰相薛居正被加封为左仆射，沈伦被封为右仆射，卢多逊被封为中书侍郎、平章事，曹彬由枢密使加封了同平章事，楚昭辅由副枢密使升为枢密使，潘美虽征战在外，也被加封为宣徽南院使，其他大大小小的官员都纷纷有赏，同时大赦天下。

掌握大局后，宋太宗开始了他的以文治国之道。

他先是把自己的名字改为"炅"，紧接着就改年号为"太平兴国"，表示要成就一番新的事业。

此时的赵光义更加注重提拔和培养自己的亲信。在任职开封府尹的十五年里，他趁职位的便利，组织了这股震荡大宋政坛的政治势力。那时他不断笼络人心，有意结交朝中要员，楚昭辅和卢多逊等人都在他的交往范围内。宋太宗继位之后，其幕府政客大多得到了升迁和提拔，太祖皇帝的重臣被逐步替换。同时，宋太宗还罢黜了一批开国宿将，如赵普、向拱、高怀德等人，大大削弱了这些老将的权力和职位。

不过宋太宗改革的首要措施乃是扩大科举取士的范围和人数。让很多身世平凡但是才华卓越之士入朝为官，为朝廷效力。宋太宗在位期间，朝廷取士人数众多，士子们一旦金榜题名，就能够青云直上，这些被宋太宗从平民中选拔出来的人才自然也感激涕零，甘心为宋太宗效犬马之劳。宋太宗继位后第一科"飞龙榜"，让进士们走上了历史舞台。其中包括状元吕蒙正、榜眼李至、探花温正舒，以及王化基、臧丙、马汝士、王沔、张宠、陈恕、宋泌、吕佑之，还有张齐贤。这些人在宋朝的政治舞台上像黑马一样迅速奔腾，他们中至少有四个人当上了宋太宗朝的宰相。其他人中知制诰、尚书这样的高官更是比比皆是。这样，宋太宗即把权力牢牢地掌握在自己手中，将整个朝廷逐渐变成服从自己的机构。

而重用科举士人的政策也获得了回报，宋太宗依靠他们做成了两件大事：

第一，把全国所有州县的行政权完全收归中央；第二，迅速整顿钱币，规范金融市场。

宋太宗风行雷厉，皇权自唐中叶安史之乱后再次获得了至高无上的地位。

初见成效的以文治国之法，又刺激宋太宗下达了更多的政策——修书、修崇文馆。修书能够彰显一个国家和一个朝代对自己民族的交代，也体现了当朝国君的一种修养。宋太宗在公元977年初命令翰林学士编纂了《太平广记》和《太平御览》。修书完成之际，宋太宗又下令修崇文馆。从崇文馆的修建，可以看到宋太宗"扬文抑武"的决心。

经过各种变革和朝政措施，宋太宗的亲信大臣掌握了朝中大权，宋太宗的皇位也坐稳了。

宋太宗立太子

公元996年的八九月，宋太宗两次派人去辽国求和。辽国都没有答应，理由是宋朝没有递交正式的求和国书。宋太宗也没有其他表示，这件事无疾而终。

这是宋朝意向上的和平建议，已经达到了最初的目的。但是宋朝君臣并未因此有胜利的喜悦，反倒生出无尽的耻辱感。因为大宋自建立以来，一直以居高临下的姿态不断对辽国进行强硬打压，以强硬之势疯狂进攻，并不断取得胜利，甚至曾有收复燕云十六州的雄心。如今，这些愿望都不能实现了。宋朝已经明显衰弱，至少从兵力上说，被大大地削弱了。

当年九月，宋太宗把寇准从青州召回，在宫中掀起了自己的裤腿，让寇准看自己的伤。宋太宗这么做的目的是告诉寇准，也许自己时日无多，希望他归朝帮助自己稳定朝局。

寇准少年得志，性格强悍，注定了他起伏跌宕的命运。他素来以直谏闻名，史料记载，寇准在大殿中上奏，皇帝震怒而站起来，他居然拉着皇帝的黄袍，硬要他坐下，继续上奏完事情才算结束。王夫之也曾感慨，这个出身于书香门第、只不过是一个侍从的人却能够不畏惧天子震怒，这种勇气可以和魏征相媲美。

一年春天大旱。宋太宗向群臣询问原因，大臣都说是自然规律，但是寇准说，天人之间是互相影响的，此时天旱，是因为刑法上不够公正。

宋太宗一时不知如何是好，觉得自己如此勤政，寇准居然还当众说自己不公正。待平静下来后，宋太宗想到寇准是话里有话，于是立刻追问寇准说的是什么案子。

寇准就让宋太宗把中书、枢密两府的官员都找来，然后指出，参知政事王沔的弟弟王淮和祖吉都是贪赃，祖吉贪污得少，却被杀了；王淮贪了上千万银两，不过受了杖刑，最后还官复原职，这就是不公。王沔当场认罪，寇准当场升官，当年他31岁，升为左谏议大夫、枢密副使、同知院事，这是前所未有的。

寇准的性子一直刚正不阿，他与枢密正使张逊不和。一次，寇准和温仲书一起骑马，一个疯子拦住了寇准的马，然后高呼了三声万岁，张逊知道以后就向宋太宗告密，说寇准有谋逆之心。寇准和张逊在皇帝面前激烈争吵，宋太宗大怒，他们都被贬官流放。然而，宋太宗虽然外放了寇准，却深知寇准的才干和秉性，心怀牵挂，常打听他在青州过得怎么样。

当年九月，宋太宗就把寇准急召回京城，让他看了自己的伤势之后，直接问寇准，谁可以托付神器。宋太宗在北伐时被辽军射伤，如今伤病缠身，他一直在想继承人的问题，这次更直接问寇准自己选哪个儿子做皇帝。

寇准的回答是，皇上选择继承人的时候，避免向三种人咨询，一是皇帝的女人，二是宦官，三是近臣。寇准说的近臣指的就是自己。从古至今，只要近臣参与立新皇帝，总没有好事。他想明哲保身，告诉宋太宗自己不便多说。这种睿智，足以证明寇准不是只懂直言犯上的莽夫。这时宋太宗低头沉思了很久，屏退左右，问道："襄王行吗？"寇准于是说，知子莫若父，您既然觉得他行，那就马上决定。

于是宋太宗的三儿子，襄王赵元侃从皇子中脱颖而出，被封为开封府尹，改封为寿王，成为准皇储。宋太宗因此了却一桩心事，拜寇准为参知政事（副丞相）。

而这一年的九月，宋太宗的生命有了转机。峨眉山的僧人茂贞及河南道士王得一，用独门秘方把赵光义的箭伤控制住，宋太宗又重新振作，处理天下繁杂纷乱的大事了。

但命运是注定的，宋太宗的生命快到尽头了，这是任谁也无法改变的自然规律。就在宋太宗死前的最后两年，他还是一如往常处理政事家事，精明而强悍。

先是西南方面，他奖励了镇压起义军有功的太监王继恩一个宣政使头衔，而不是"宣徽使"。从而使王继恩无法接触政事；再派张咏进成都，他到成都没多长时间，就上报朝廷，说不用从陕西向成都运送军粮了，四川方面已经囤积了两年左右的军粮。宋太宗非常高兴，对张咏大加赞赏，因为皇帝的忧虑之一被解除了。

此后，宋太宗因为蜀川之乱下了罪己诏。诏书中他坦诚自责自己用人不当，那些人在蜀川刻薄剥削，把好好的百姓逼成了强盗。此罪己诏为宋太宗赢得了民心。

淳化五年的十月，宋太宗开始为新任开封府长官三儿子赵元侃寻访贤臣。所用者都为正直贤良之士，宋太宗希望他们能辅佐三儿子将来的帝业。

而在西北方面，宋太宗对党项采取了怀柔政策，双方和平往来，党项人仍不时来大宋朝进贡。宋太宗在党项使者张浦面前炫耀武力，并直入主题，说希望李继迁归顺宋朝，永保富贵。

对内，宋太宗则罢了刚正固执的吕蒙正的宰相之位，取而代之的是吕端，其为人秉性善良而软弱，自然这也是宋太宗为三儿子以后登基执政铺路。吕蒙正太固执，宋太宗尚且管制不了，何况自己刚出道的儿子？

吕端出身高贵，他的父亲吕崎曾经在后晋时当过兵部侍郎，他的大哥就是宋初时的参知政事副宰相吕余庆，但吕端的仕途并非一帆风顺，他曾因与开封府尹、秦王赵廷美的关系而被宋太宗发配；又因与准皇储许王赵元僖的关联而被贬。然而，宋太宗明察秋毫，能够知人用事，不久之后吕端官复原职。宋太宗要升吕端为首相，有人认为吕端糊涂，宋太宗却说吕端小事糊涂，大事不糊涂，还把他比作姜子牙，吕端和姜子牙一样大器晚成，这一年吕端已经60岁了，但是宋太宗无比信任他。"从现在开始，所有的中书府的事情都要经过吕端的详细斟酌之后，才由我再看。"这是宋太宗给吕端的特权。

公元995年的阴历八月十八日，宋朝至道元年，宋太宗昭告天下子民，立襄王元侃为皇太子，改名为"恒"。同时大赦天下，诏令赵恒兼判开封府（官位在开封府尹之上）。

不久宋太宗病倒，无法料理国事，最后他死在了万岁殿。万岁殿，是宋太宗的起点也是终点，22年前，就在那个风雪交集的夜里，在斧声烛影中他夺得皇位；而22年后，宋太宗竟在这里驾崩。

宋真宗继位

公元997年3月，宋太宗因为箭伤发作而终。此时，赵恒是宋太宗钦点的太子，理应登基为帝。但是后宫的皇后李氏和宦官王继恩却私下勾结，想要扳倒太子，他们的理想人选是已经被宋太宗贬为庶人的赵元佐。

李皇后多年来一直偏爱元佐，但她由于常年处在深宫之中，没有本事左右朝政，所以这场太子风波的发动者是王继恩。在宋太宗时期深受恩宠的大太监王继恩担心一旦宋太宗逝世，自己便失去了权势，而寿王是太子，是既定的王位继承人，若拥护他为帝，这是自然的事，但是若选元佐而替之，元佐肯定会很感激他，这样岂不是对自己更有利？

在病情加重的时候，远见卓识的宋太宗已经开始着手巩固太子的地位了，他将吕端推到了众人的视线之中，上演了一出辅助太子继位的戏码。

吕端当上宰相的时候已经年过六十，而且在启用吕端之前，宋太宗还专门写了《钓鱼诗》，自诩为周文王，将吕端比作大器晚成的姜子牙，这显示出宋太宗对其寄予厚望。吕端确实也不负所托，将针对太子的宫廷政变消灭于无形之中。

宋太宗病重之时，吕端进宫中探望，发现赵恒不在宋太宗旁边，当时就担心宫中可能有不测。他立刻在笏板上写了皇帝病危的字样，派人给赵恒送去，要赵恒速速到榻前伺候。没过多久，宋太宗就驾崩了。那时王继恩进来告诉吕端，说李皇后召见宰相，请吕端到中书商议新皇帝继位的问题。

吕端虽然明白这话外之音，但是佯装不知，故意告诉王继恩，宋太宗已经提前写好了遗诏，放在书阁之中。还要王继恩和他一起去找出来，看先帝到底要谁继承皇位。王继恩听了吕端的话非常紧张，想要自己先找到遗诏，然后将它偷偷毁掉。

王继恩迫不及待地抢先走进书阁，结果被吕端反锁在书阁里。王继恩这才醒悟过来，他中了吕端的计，可惜为时已晚。此时吕端火速到了中书政事堂。李皇后看见吕端一个人来了，就直接问，自古都是年长者继位才合乎祖训，现在谁最应做皇帝？她的意思是应该由元佐继位。吕端义正词严地回答，先帝将赵恒立为太子，就是为了现在，不能再有异议。李皇后没有得到王继恩的支持，在吕端的凛然回答之中惊慌失措，也就不再说话。

太子赵恒顺利到福宁殿继承帝位，却于帘后见文武百官。吕端又担心此时是有人假冒赵恒，硬是不拜，上奏卷帘，确认是真太子赵恒之后，才回到大殿之下，率领着文武群臣参拜新皇。

吕端没有费一兵一卒，将这场可能掀起腥风血雨的宫廷之争化为乌有，太子赵恒顺利地成为新皇，也就是宋真宗。

宋太宗长子元佐自始至终没有参与此事，甚至毫不知情，而且他是宋真宗的亲哥哥，并没有受到牵连。宋真宗恢复了他的楚王爵位，赏赐有加。元佐却不再与宋真宗见面，一生清高自傲。

吕端在宋真宗继位的时候立下大功，因此备受信任。吕端生病，宋真宗都要去他家中亲自探望。吕端66岁的时候因病去世。宋真宗赠他为司空，谥正惠。

赵恒性情温和，他继位之后就下旨恢复了赵廷美的秦王爵位，追赠德昭为太傅，德芳为太保。

宋真宗的做法和其父赵光义的做法背道而驰，但是，他这样做就是为了"安反侧，释宿怨"。宋真宗希望自己可以整治纲常，消除宋太宗的不良影响，让一切重头再来。

同样，这时宋朝的本质也已经发生了一个翻天覆地的大变化。

宋太祖确立了宰相的三权分立，军、政、财鼎立，宰相无法专权。宋太宗不断更换宰相，更加削弱了相权。

但是到了宋真宗时，情况变了。吕端在首相的基础上又加封为右仆射，宋真宗对他也是毕恭毕敬，每次见面，无论何种场合，宋真宗都会站起来对宰相作揖行礼。

另有两位参知政事副宰相即李至和李沆，地位也很尊贵。宋朝的宰相们又大权在握了。

宋真宗继位之初也想为自己树立威信，收拢民心。他非常清醒地认识到，除了奖励亲族、大臣们之外，更要对老百姓们施以恩惠。可是该如何做是一个难题。此时宋真宗身边的王钦若开始发挥作用了。

当宋真宗还是皇太子、开封府尹的时候，王钦若曾对他有救命之恩。

至道二年，赵恒刚当上皇太子不足半年，开封府下属的 17 个县上报旱灾严重，颗粒无收。赵恒仁慈，下令免税，但是有人进谗言，说太子此举是收买人心，而灾情没有那么严重。

宋太宗立刻着人调查，赵恒心惊胆战，因为就在半年前，宋太宗已经表现出对他的不满。现在若说他收买人心，无异于火上浇油。

负责调查的官员核实了灾情，还了赵恒清白，王钦若即是负责调查的官员之一，赵恒当时已是对他感激不尽。

此时王钦若为宋真宗献上了锦囊妙计。宋真宗立即采纳了他的意见，下令在全国范围内免收那些没有交足的赋税，释放因此关押的犯人。

如此一来，百姓感恩，而朝廷也未消耗一分一毫，却收拢了最为宝贵的民心。接下来事情按部就班，宋真宗开始组织自己的领导集团，制定施政纲领。

国家大事不过是军、政、民、财四个方面。军政要稳，他依靠宰相和参知政事决策大事，而对于民和财，宋真宗自有主张。

政治已经改革重组，位居高位的都是些德高望重的人，如吕端、李至、李沆等，这样的组织稳定而高效，足以安定天下。

军队方面，宋真宗将曹彬官复原职，重新成为三军统领，而曹彬的威望和资历都足以安抚军心。

民政方面，宋真宗继位不久，就下诏"国家大事，足食为先"。而且他努力践行自己的诺言，制定了"预买绢"的政策，每年春天都会由国家贷款给农民，秋收后再还。这样在开始得到了农民的拥护。

财政方面，宋朝的钱粮管理部门称为"三司使"。一种解释认为，是说盐铁、度支、户部三司的总长被称为三司使；另一种解释认为，三司每个部门都有一个领导，三司使就是盐铁部使、度之部使、户部使三位"使"。

宋真宗根据需要浮动政策，将发展的中心放在民生和经济上，三司权力收归一人，可以灵活调用，三司地位也有所提升，仅比东西两府小半级，宰相或者枢密都无权过问三司事宜。

宋真宗开始开源，但是更注重节流。宋朝的绝症被后人总结为"冗兵、冗吏、冗费"，从宋朝建国就朝着这个方向发展，到了宋真宗年间，这个局面已经形成。宋真宗开始大规模裁员，三四年时间，裁撤官吏就达 19 万人。

这些不过是宋真宗治理国家的几个具体的任务，但窥一斑而见全豹，宋真宗正以自己的方式尽心尽力地投入治理好大宋朝的事业中去，正如东升的旭日，徐徐上升，而且尽力地释放自己的能量。

紧锣密鼓坐江山

宋真宗登基之后，勤勉从政，丝毫不敢懈怠。因为，此时的大宋已经开始积贫积弱。宋真宗面临的局面复杂危险，他必须紧锣密鼓地平息起义，还要时刻防范几个邻国进犯。

在契丹、党项人的眼里，宋真宗未满而立之年不足为患，于是邻国又开始蠢蠢欲动了。带领党项人打天下的李继迁时刻关注着宋朝的形势，一旦时机有利便会立即出击。得知宋太宗逝世宋真宗继位后，李继迁立即派人进了开封城，他又要求和。在宋太宗年间，李继迁已向宋朝求和多次，当时无论大宋和党项的战况如何，李继迁都只是自称罪臣，而且自称为赵保吉来自保，这等于承认自己是宋朝子民，以此来取悦宋朝政府。王德用在不久之前的战斗中还将他的据点乌池、白池捣毁了，他都没有敢反击。宋真宗刚继位，李继迁竟然派人求和，其厚颜无耻的程度令人汗颜。

可是宋真宗同意了李继迁的求和，而且给予他无比丰厚的回报，承认了他占据的夏州和银州，还将绥州等三州赐予他，并封他为定难节度使。此时，李继迁终于恢复了其祖先对定难五州的所有权，20 年的征战没有解决的问题，居然就这么求来了。

与党项之战几乎拖垮了大宋，宋朝为之付出了数万将士的鲜血和生命，数以万计的财富和兵器，可是宋真宗最后居然将定难五州拱手送与李继迁。

不过，这个决定并非宋真宗一个人的鲁莽，而是保守和革新两派大臣协商出来的结果。这次与党项的和解给宋朝带来了短暂的安定，接下来宋朝就可以一心应对即将来临的辽国的大规模进攻了。

此时的辽国国力强盛，在萧太后的治理下，辽国的疆域、军队的战斗力、国家财富的积累都达到了鼎盛时期。萧太后在辽国进行了一系列改革，改革包括让汉人参政；开科举制，用汉人的学问作为考试题目；改革赋税制。经过改革，辽国的综合国力有了很大提升，对宋朝的威胁也就更大了。

宋真宗登基之后，曾对辽国人提过议和，但一直未得到回应。其原因是耶律休哥死了。耶律休哥一生战功显赫，他是宋朝收复燕云十六州失败和雍熙北伐失败的最主要原因。在辽国，他是英雄人物。

耶律休哥死后，契丹人开始下诏全国，征讨北宋。这次萧太后又一次披挂上阵，率部出征。

宋朝只能迎战，宋真宗任命傅潜总领北方战事。派给他的副将是张昭元和宦官秦翰。还有三位先锋田绍斌、石普和杨琼。兵马达到了八万多人。宋真宗还在开封府集结了二十万禁军，准备随时增援北方战事。

辽军势如破竹，很快突破了宋朝的边境线，他们的第一个目标是保州。在那里，他们遭到了三位宋朝将军的袭击，率队的是副先锋石普和杨琼。一场恶战后，石普和杨琼渐渐不支，幸而还有行营押先锋（总先锋）田绍斌。田绍斌率部接应，宋朝军队在黑夜之中全力进攻，最后宋军大获全胜！

但辽军马上又回来进攻，只是这次转向了保州西北的威虏军。这座战略意义非凡的军城直接关系到辽国能否打开一条直通大宋的通道，他们希望速战速决，但是，小小的威虏军在强攻之下竟然能够顽强抵抗，辽军久攻不下。

守将是保州缘边都巡检使——杨延昭，他时刻戒备辽军，在辽军到达之前就到威虏军城，现在把敌人拖在威虏军后，向前线总指挥傅潜请援。

杨延昭以三千之师对抗城下的辽军全部主力，居然守了一个多月，辽国久攻不下。能够以少对多，是因为杨延昭采取了很多聪明的手段，比如，在夜里把水泼在城头上，使得威虏军城墙结冰厚重，敌人无法攀爬。

攻城无果，辽军改变策略突然向纵深地带插入。其兵分两路，一路进攻祁州、赵州一带，另一路则是以萧太后、辽圣宗和韩德让为统帅的主力，他们向东攻克了河北重镇乐寿县。这场攻击正好击中了宋朝防御的致命之处。

如果想阻拦辽国铁骑，只能用宋朝的野战军了。但是与辽开战一个多月期间，傅潜和他八万多人的部队却一直行踪神秘，没有他们的任何军报。

此时河北的情况急剧恶化，辽国切断了开封和河北的路段，没有消息沟通，开封城顿时大乱。

面对如此紧张局势，宋真宗在大臣们的请求下御驾亲征，于宋咸平二年的十二月五日启程。宋真宗率领二十多万禁军向河北挺进，此时距开战时间已有三个多月。

宋真宗的禁军行军十多天之后，到达大名府，这个时候终于传来了傅潜的消息，他率领精兵在定州驻扎，一直按兵不动没有任何损失。当辽军进攻威虏军时，他没有采取任何行动；当辽军放弃保州，向宋朝纵深穿插时，他依然没有采取任何行动，只是象征性地派了三千人马挑战辽军。

各路将领们纷纷向傅潜请战，傅潜既不应战也不言语，众将领无奈，直到这时，傅潜才说出了自己的打算："敌军气焰嚣张，如果正面遭遇，我军的气势会被挫伤。"傅潜最后允许范廷召率八千骑兵、两千步兵迎战辽军，而且许诺在后面接应范廷召，此时，宋军终于开始反击了。

范廷召冲出了定州，杀向了辽军占据的瀛州，但是他深知自己兵单力薄，就向高阳关都部署康保裔求援，和康保裔约定合攻辽军。

康保裔在瀛州西南分拆自己的精锐部队火速支援范廷召，但次日清晨，康保裔和他的剩余部队发现范廷召没有接应，自己孤立无援，被辽军包围得密不透风。孤立无援的康保裔和他的部下在辽军的包围下全军覆没。

而此时的傅潜仍是按兵不动，宋真宗终于被激怒了，于是撤掉傅潜职务并将其处死，以儆效尤。傅潜严重延误了战机，当宋军重新集结，开始发动进攻时，却发现敌人已经不见了。辽军突然撤退，宋朝禁军无法追击，而宋真宗派出的五千名精锐骑兵也是无功而返。

关键时刻，范廷召杀向了敌军。虽然辽军人数数倍于范廷召率领的宋军，但他还是在莫州东三十里的地方追上了辽兵，而且获得大胜。辽军主力没有回头迎战，而是撤出了宋朝国境，这场战争就此结束。

澶渊之盟

公元 1004 年，宋朝的国内政局发生了些许变化，"圣相"李沆病逝。

宋真宗开始给帝国选宰相。因为在李沆死之前，"暴中风疾"的吕蒙正也顶不住了，他的政治生命已经被迫终结。这时的宋朝面临着内忧外患，选相一事刻不容缓。宋真宗想到当下的几位参知政事以及枢密院的长官，冯拯、王旦、陈尧叟、王钦若、王继英……似乎都有所欠缺，不是合适人选。

最后宋真宗定的人选是毕士安，毕士安是代州云中人，之前他做地方官，然后调到京城，历任开封府尹和翰林学士兼秘书监。此人以仁德闻名。宋真宗曾问他："想要你当宰相，主持政事已经不是三天两天的想法了。现在天下正值多事之秋，你认为谁可以当你的助手？"

毕士安却说："宰相的位置必须有才华的人才能胜任，我本愚笨，不能当此重任。寇准忠贞正直，性情刚烈，而且能够谋断大事，他才能担当宰相的职位。"

宋真宗立马回绝，因为他觉得寇准太刚烈任性，恐怕难以服众。

但是，毕士安为寇准力争，他说寇准刚正不阿、正气凛然，能够舍身殉国，只有这样，才能秉公执法，去除当道奸邪小人，之所以有众多流言指向寇准，是因为他正气浩然，才高八斗，被人嫉妒。如今的国事繁多，皇帝的仁德能够惠泽国内，安民富国，但是边境外敌猖獗，这刚好能够让寇准施展才华。

宋真宗最后采纳了毕士安的意见，不过因为觉得毕士安素来仁德，应该出任宰相，就让毕、寇二人都出任宰相，而毕士安兼修国史，是首相，寇准做毕士安的副手。毕士安胸襟开阔，以大局为重，立相之事与他自身利益切实相关，但他能站在国家的立场冒险力保寇准，足以说明他是能够考虑全局利益的人。

宋真宗景德元年闰九月，契丹国主和萧太后率辽军进攻宋朝。契丹的先锋萧挞凛率领着二十万大军越过了瓦桥关，攻下高陵，直抵澶渊，直冲中原而来。宋廷惶恐不安，众位大臣为是战是降争论不止。宋真宗万分焦急，问各位宰相该如何处理。宰相合议之后，认为皇帝御驾亲征是最佳方案，但是宋真宗迟迟不肯动身，他一直在犹豫。

边防告急的书信一夜之间就成堆叠放了，寇准扣住告急信，泰然自若。宋真宗忐忑地召来寇准，问其对策。寇准直接告诉宋真宗，只要他直接到澶州督战，一定会令守城将士士气大振，到时候战争就会迎来转机。但是王钦若和陈尧叟力主让皇帝尽快逃跑。王钦若和陈尧叟都与寇准平级，此二人一个是参知政事副宰相，另一个是枢密副使。他们对契丹的进攻意见一致，都是请求皇帝逃跑，一个请皇帝逃到成都（陈尧叟的老家），另一个请皇帝到金陵（王钦若是江南人）。

宋真宗并没有采纳逃跑的建议，他终于下定决心披挂上阵。

其实宋真宗是在寇准、高琼和将士们的催促下，被逼无奈，才决定动身到澶州去。宋真宗一登上澶州北城门楼，将士军心大振，立刻反攻辽军。此时，辽军三面围城，宋军就在要害处设置弩箭，辽军先锋萧挞凛带兵察看地形时，进入了弩箭阵地，萧挞凛中箭身亡。辽军见到主帅阵亡，立刻溃散逃亡。

萧太后得知此噩耗，心痛不已，也开始恐惧宋军的战斗力，而宋真宗御驾亲征率领的部队也马上就到城下，萧太后知道再也无力对抗宋军，只得求和。萧太后下令暂停攻城，虚张声势震慑宋朝守军，而实际上是准备议和。

寇准反对议和，认为如果辽国想要议和，除非他们对大宋称臣，并归还幽州之地，以此保宋朝百年平安。寇准的意见并未被采纳，宋真宗一心求和，他派使者曹利用到辽军谈判。曹利用出城之前，宋真宗还叮嘱他，如果要赔款，即使每年一百万两也要答应辽国的要求。

寇准在旁边听了很痛心，便趁曹利用离开行营时紧跟其后，一出门，一把抓住曹利用的手说："赔款数目不能超过三十万两，否则回来的时候，我要你的脑袋！"

曹利用深知寇准的厉害，便小心地与辽人商议，终于把合约签订了下来，他回营禀报宋真宗：

宋辽约为兄弟之国；

辽圣宗称宋真宗为兄，宋真宗称萧绰为叔母；

宋每年给辽银十万两，绢二十万匹，称作"岁币"；

双方罢兵，各守旧疆！

宋真宗听罢，顿时神清气爽，心中的大石头终于落地，认为曹利用做得很好，以很小的代价便换取了和平，对曹利用说："曹卿家不辱使命，回朝后朕自有重赏。"

这便是历史上鼎鼎有名的"澶渊之盟"。对于长期所向披靡的中原王朝来说，这是一个转折，号称强大的大宋王朝，却被契丹如此压制，拱手相让自己的土地，而且与其约为兄弟之国，并且岁岁纳贡。

"各守旧疆"的盟约令宋太祖和宋太宗魂牵梦萦的燕云十六州合理合法地成了辽国的领土。获得燕云十六州，敌方骑兵便可在华北大平原上直趋南下，从真定至东京，宋朝将无险可守。

只知丁谓，不知皇帝

宋乾兴元年（1023年）二月十九日，宋真宗已经病入膏肓。病榻之上，他充满留恋而又担忧地看着这个世界，手中的权力再大，也大不过命运的召唤，死后的大宋能否照旧，是他最不该考虑却又不得不去考虑的问题。

"皇太子聪明睿智，天命已定，臣等竭力奉之。况皇后制裁于内，万务平允，四方向化。敢有异议，乃是谋危宗社，臣等罪当万死。"丁谓的长篇大论，正是让皇帝放心离开，即使身后剩下的是孤儿寡母，但大宋王朝依然姓赵。

然而处心积虑的保证背后往往隐藏着不为人知的阴谋，丁谓的保证从宋真宗死的瞬间开始失效，他开始筹谋独掌朝政的机会。

当然丁谓并未采取谋朝篡位继而黄袍加身的办法来攫取大权，因为没有军权的文臣即便权势再大、声望再高，也很难成功地逼宫夺位，但历史上立一傀儡皇帝以正令名、自己则隐藏在幕后乾纲独断的权臣却不乏其人。而要实现这一点，有三个必不可少的条件，第一，孤儿寡母好欺负；第二，群臣软弱能驾驭；第三，宦官听话常联络。

丁谓的计划从拟定诏书开始。皇帝死后，诏书就是一切，一切都要按诏书来执行，而口说无凭立字为证，这也给"假传圣旨"留下了很大空间，所以丁谓一看到诏书执笔人副宰相王曾小心谨慎地刚刚写了几个字，就突然叫停："有个字你多写了。"

群臣大惊。篡改诏书是株连九族之罪，这样的事怎能出差错？丁谓又指着诏书问："王曾，'皇太后权同处分军国事'，有这个'权'字吗？"

群臣再次震惊。"权"在这里是代理、暂行的意思，有"权"字，刘娥仅仅是暂时辅佐；若无"权"字，刘太后便可终身辅佐，成了名正言顺的武则天。这已经不是简简单单地篡改遗诏，而是违反大行皇帝遗愿的大逆不道之举。

大臣都知道，丁谓这是公然的造反，然而所有人都保持沉默，整个大殿死一般地寂静。谁都知道，此时说话意味着什么。然而总有人会受内心正义力量的驱动，而不会屈服于权力的淫威，与那些冒死篡改诏书的人一样无所畏惧。他就是王曾，他反对的方法很简单——直接把笔扔掉。

接下来丁谓的反应才真正让王曾吃惊，他竟然——忍了！而且示意王曾捡起笔来，毫无疑问，这个"权"字被保留了。

丁谓自然不会善罢甘休，提出了一个让人莫名其妙的提议："淑妃应该晋升为皇太妃。"这完全出乎所有大臣的预料，刚才是要让太后专权，现在又要立个皇太妃与太后东西两宫分权，完全是前后冲突自相矛盾。

然而即使自相矛盾，也一样再次遭到王曾的反对，不过王曾没扔笔，而是缓缓放下："刚才没听到这一句。"

这仿佛是两个绝顶高手的对决，四目相对，身后风起云涌，寒气逼人，那交战的目光几乎都在大殿中流动，大臣们个个噤若寒蝉。

较量的结果看起来是丁谓失败了，当天的遗诏完全按照皇家的意思完成了，然而丁谓才是最大的赢家。丁谓的两个问题，一个探出了自己在高层群臣中的认可度，另一个探明了刘太后在群臣中的认可度。丁谓妥协了两次，但他也胜利了两次，知道群臣可驭，刘太后可欺，唯一敢对抗自己的只有王曾而已，丁谓知道自己期盼已久的时机终于成熟了。

于是丁谓信心满满地开始了自己的清算，他要借此树立自己的权威从而驾驭群臣，不管他们曾经官有多高势有多大位有多重，一视同仁。清算完眼前的朝臣，又将矛头对准了与他积怨颇深的寇准、李迪等人，于是寇准被冠以恶名，贬至崖州，南海之滨。

开封城里有慈悲心的人看到离去的使者，都暗暗落泪，因为在这两位使者的坐骑上各以锦囊包着一柄长剑，那是赐死之意。

这是丁谓的心理战，区区贬官，并无死罪，却让使者腰佩长剑。如果还记得赵光义执政初期的"李飞雄事件"，那就能明白一柄宝剑的威力了。结果，李迪见此阵势真的自杀，幸亏被儿子救起，这杀人不见血的阴谋才没有得逞。而寇准则表现得无所畏惧了，照旧饮酒不误，果真老臣风范。

不管怎样，丁谓震慑了众臣，获得了群臣或表面或内心的支持，声望权势一时人人侧目。夺权的第一步完美实施，丁谓便开始放心地实施第二步计划了。

当王曾正在参照东汉体例为宋仁宗母子的座次排位寻找依据的时候，丁谓出现了，他环视了一下刚才还争执不下的大臣，一种万人之上的感觉油然而生，于是提议："鉴于皇帝太小，太后操劳，每月初一、十五两次朝会算了，大事则报，无事则歇，如何？"

此言一出，政事堂的大臣们愤怒不已，却又敢怒不敢言。皇宫深处，太后皇帝本不住一处，如何商讨政事？而且一月两朝，一年才24次朝会，这怎么加强君臣联系？再退一步说，万一皇帝、太后病了，深居后宫，谁来保卫他们安全？如果加大太监的权柄，既掌宫廷护卫，又掌传递政令，时间久了，太监与大臣相互勾结，整个宫廷和后宫就得重新洗牌，历史上这样的例子比比皆是，这简直就是明火执仗地篡权谋反！

此时王曾又站出来了，试图反抗到底。丁谓却说出了更让大家惊讶的话："我是首相，把我的动议送到后宫，看太后听我的还是听你的。"

这是一着险棋，要剥夺太后的权力还要让太后亲自同意，看似很没有道理，然而太后深居宫中，也不知道前方大臣到底站在哪边。如果反对，支持者会有多少？这是一场心理的博弈，最让人想不到的是——刘太后同意了！丁谓明白，现在人人都是小心翼翼如履薄冰，不知最后谁会得势，还没看准，连太后也不敢乱说乱动——丁谓抓到了人心中的"七寸"，一击得中！

不久之后，小皇帝赵祯借口不舒服，不理朝政，太后就想移政一处，全部由自己处理。政事堂群臣束手无策，只好再请丁谓，丁谓风风火火赶来，先征祖训，后寻经典，再陈利弊，直把太后说得哑口无言，再也不敢动此念头，接着面对群臣，怒不可遏地训斥一番，告诉他们如此"简单"的事情以后直接驳回。

这是一次正面的交锋，丁谓一箭双雕。既打消了刘太后擅权的念头，又在对手面前冠冕堂皇地乘胜追击，还再次印证了自己在群臣面前的权威和说话的分量，至此可算是将太后和群臣彻底制服。连他们都屈服了，那些负责内外联系望风而倒的太监怎会不归附于他，堂堂大宋，一手遮天的不再是后宫皇帝，而是丁谓，一个权倾一时的宰相。

国家大事由丁谓为首的文官申报草拟，批准后又由丁谓党羽贯彻执行，皇帝年幼又与太后相距甚远，所谓批复，仅仅是个形式而已。皇宫内外，庙堂江湖，丁谓的全权掌握，不似皇帝胜似皇帝！

女皇梦碎

刘娥是有这个野心的。当然有野心并不意味着她没头脑，有头脑就肯定不会罔顾天下，大逆不道地直接废掉小皇帝自己称帝。称帝的事不是一厢情愿，需要众人扶持和抬举，需要一步一步来，直到条件成熟。

刘娥就是这么做的。早在王钦若死之前，她已经开始按部就班地实施自己的宏伟梦想了。那就是名分上的逐步改变。《论语》中曾有"名不正则言不顺，言不顺则事不成，事不成则礼乐不兴，礼乐不兴则刑罚不中，刑罚不中则民无所措手足矣"的圣训。由此可见名分礼节的重要性。天圣元年，年刚过，刘娥就将自己的生日定为长宁节，仪制规格跟皇帝相同。再接着定制自己出行的辇车"大安辇"，出行规格几乎与皇帝等同，再接下来就是加官晋爵了，当然是将自己的父祖三代全部追封为王。

到了天圣二年，刘娥的举动就开始让人警觉了。宋真宗皇帝的谥号、皇太后和小皇帝的尊号都在这年九月册封。刘娥竟提出要在天安殿为自己举行册封之礼，关键在于天安殿是皇帝接受朝贺的宫殿，这是公然地越轨。于是王曾站出来反对，双方妥协，变成天安殿发册，文德殿受册。接下来，刘娥开始在衣服上做文章，要全部改成朱红色，而在宋朝朱红色是皇帝专用的颜色。但小不忍则乱大谋，文臣们忍了。天圣四年，刘娥又指使皇帝出面，提出在次年的元日朝会他要先去向皇太后上寿，再去天安殿受朝贺。让朝臣们包括中外使者亲眼看到皇帝先身穿衮袍（未加冕）向刘娥行跪拜之礼，献两杯酒，之后才去天安殿接受百官朝贺，这是在昭示天下，刘太后自己才是真正的无冕之王，距离那大宋的皇位只有一步之遥。

凭什么？凭她把持朝政的功绩吗？天圣年号的六年来她所有的功绩不外乎以下几条：整顿吏治、兴修水利、完善科举以及发行交子。可是她对吏治根本没有做出制度上大的改变，仅仅是留下了几条警告臣子不要贪污的训诫；而所谓的兴修水利，不过是范仲淹等人的主动提请，她顺势同意而已。至于完善科举，她增添了武举这一项，不过在重文轻武的宋朝也并不多么值得称道。至于最后一项交子，是在历史上留下大名的一项举措，但细究起来，也是四川人民自己的发明，张咏入蜀之后又加以完善，直到张咏死后，她才以朝廷名义接受改进。所以所谓的功绩，换成别的皇帝，仅仅算是守成有绩，称得上合格，但绝够不着优秀。但刘娥一旦大权在握，也就无所顾忌了。

天圣七年，她终于急不可耐了，那些焦躁的异样开始出现在她的身上。

她开始拔除那些自己前进路上的障碍。曹利用首当其冲，他不但资格最老，而且性子过傲，根本不服管教，有他在，女皇的大梦怕是做不成。一月，枢密使曹利用被罢免，贬房州，然而被宦官所逼，中途自尽。被贬起因超出意料，竟然是被牵连的。原来是他侄子在赵州横行不法，竟然大醉之后身穿皇帝才能穿的黄衣，要求属下臣民对他山呼万岁。被捕后承认，是伯父曹利用让他干的。

这确实是大逆之罪，重者株连九族。但也有先例，比如寇准，不也就仅仅被骂两句吗？但为何曹利用会被如此重罚？细究起来，还在于他的高傲。原来，他连参见皇后的时候都敢心不在焉，垂帘之外，一边与太后应答，一边用手指敲打自己的带鞓，连太监都看不过去了，告诉太后："先帝在时曹利用也不敢如此无礼呀！"皇后自然心中不悦，但更过分的是他连皇太后发过来的升官发钱的条子也是爱理不理，时批时不批。不久便被太监利用，成为他徇私不忠的铁证。更不能容忍的是，他在某些公开的场合，竟然想与皇帝平起平坐。

然而这些就能成为他被贬官逼死的依据吗？他的罪名有：私罪（面见太后手敲带鞓）、不谨慎（骂太监）、僭越。如果将这件事与当年六月发生的另一件事联系起来就不难理解了。这年六月，开封城大暴雨，玉清昭应宫被雷击起火，此本天灾，然而在"天人感应"思想的联系下，首相王曾负有"管理不谨"之责，直接罢相出京。

半年之内，两位顶级大臣就一死一贬，而他们恰恰要么是性子太傲，要么是阳奉阴违，不服刘娥号令。除掉他们，也算除去了女皇路上的心头大患。还剩下一个，自己亲手提拔上来的鲁宗道呢？对于刘娥想篡位的企图，他坚定地持反对意见，不管是反对建刘氏七庙，还是反对"大安辇"走在皇帝之前，绝对义正词严，义无反顾。然而刘娥的运气总是那么好，这个大宋的道德礼仪护法者仅比曹利用晚死了一个月，在二月太后还没来得及动手时就先行一步了。这可尽除了太后心中的心腹大患了。

于是，七月，刘娥就开始大刀阔斧地为自己铺路，先是换人，将资历浅、年轻、听话的换上来，吕夷简替代王曾，陈尧佐替代曹利用，次相为夏竦、薛奎。不管忠奸，先换血，只要拥护自己就好。一切准备就绪后，这年十一月，郊祀天地大礼，这可是一年中最神圣的一天。然而小皇帝又要像年初那样，先为太后贺寿，再到天安殿受朝贺。大家都明白，这是太后刘娥背后的指示，是太后的公然挑衅。

怎么办？沉默，集体的沉默。然而宋朝善待天下士大夫这一条祖制得到了应有的回报，不像之后的明朝，皇帝暴虐士子，士子也德行败坏，敢以身事国的寥寥无几。有宋一代，文统延续，道德垂范，无惧生死维护正统的士子忠臣大有人在。

此时范仲淹挺身而出。他虽然刚来做京官不久，却无畏无惧，直接上书"天子有事亲之道，无为臣之礼；有南面之位，无北面之仪。若奉亲于内，行家人礼可也，今顾与百官同列，亏君体，损主威，不可为后世法"。孝顺之事要分场合，后宫之人还是少来前殿为好。

范仲淹是抱了必死的决心，却吓坏了举荐他的晏殊。晏殊怕受牵连，赶来相劝，却又激发了范仲淹的斗志，直接再上一本，要求皇太后还政于小皇帝赵祯。然后范仲淹就开始了漫长的等待，等着太后大发雷霆，贬官或者赐死。他已无憾，为了名节，为了心中那儒生的光辉梦想和道德感召，他无怨无悔。然而他一直平安无事，刘娥毫无反应，后来才明白他的奏折一直被压在政事堂不曾上递。还是官职太小，身为秘阁校理，连越级上奏的权力都没有。他一身高洁，不愿与这群朝臣同流合污，上书自贬出京，终于如愿。

范仲淹之后是宋绶，翰林学士兼侍读学士，语气稍微缓和，要求把军政大事之外的皇权还政赵祯。结果一样，还是贬官出到应天府。他之后有林献可、刘涣以及无数知名不知名的官员，前赴后继，绵延不绝，甚至在刘娥做出了将上奏反对者贬到岭南的重罚之外后，还是一样纷纷痴心不改。最后刘娥终于疲惫了，同时也恐惧了。道统不灭，人心难服啊！她可以改换最高的朝廷命官，让他们俯首听命，可除非她将整个官场都来个大换血，否则断难成就梦想，随心所欲。刘娥渐渐竟有些畏惧了。

天圣八年以后，再难见她有什么特别突出的与皇帝争权的行为了。曾经雄心勃勃的女皇梦就这样悄悄凋零破碎了。

赵祯亲政

于是，刘娥尸骨未寒，那成功保守了二十多年的秘密就一下子爆发了。

如果能理解一个人对近在咫尺的亲生母亲竟然一辈子未曾说话、未曾尽孝，而且这个人现在还掌握着整个帝国的生杀予夺的大权，那就能明白赵祯，这个被无辜地蒙蔽了二十多年的皇帝知道真相的时候的心情了，那不是一边倒地悲痛，而是愤怒。

赵祯立刻派人去查李宸妃的葬地，并派兵包围了刘太后的哥哥刘美的住宅。一旦查出的结果令皇帝震怒，那么刘美的下场可想而知。然而事情并没有赵祯想象的那么残酷。李氏就葬在洪福院。赵祯坐上牛车直接过去，下车直奔棺椁，他要亲眼看看，母亲是否真如八皇叔所说的是"死于非命"。

很多人的命运就在棺椁打开的那一瞬间定格了。他看见自己的生母平静地躺在其中，四周充满水银，身上是太后的衣服，没有半丝受苦的痕迹。赵祯一颗悬着的心落地了，很多人的厄运也一起消散了。

自己是宸妃所生没错，但生母并未死于非命，看来八皇叔所言并不全对，"人言岂可尽信，大娘娘平生分明矣"，赵祯低头叹息，他的担心消除了，包围刘美住宅的士兵撤离了，然而他的心又重新被痛苦缠绕，"子欲养而亲不待"，不管天子还是人臣，这样的苦痛都难以承受。

或许他真的无法愤怒，在封建礼教之下，主奴之别实在太过森严，奴才的一切都属于主子的，更何况奴仆所生的孩子，即使是大户人家，小老婆所生的孩子都得叫父亲正室为母亲。所谓的夺子之恨，往往很难去恨，因为这就是封建的制度。刘娥并非十恶不赦，她并没有加害皇帝的亲生母亲，甚至连李氏的弟弟李用和，一个流落街头的小工，都被细心找到，一步步扶持，刘娥已经做到了仁至义尽。所以，于礼于法，赵祯无法发泄自己的愤怒。

然而无法公开发泄自己的愤怒并不意味着不能发泄。赵祯一定要想办法替自己死去的生母报仇，让自己能够心安。他首先对刘娥的葬礼不管不问，采取一种无视的姿态；其次，即使自己的母亲死了，也要让她成为太后，享受最高级别的待遇。

称病不去参加葬礼可以不过大臣一关，但要违背祖制，在太庙之中来个一帝两后，却不可能得到群臣的同意，即使皇帝又能怎样，也并不能任何事都随心所欲。经过反复拉锯多番较量，君臣各自妥协，终于达成了一项协定。不管刘太后还是李太后，既然没法都去太庙，那就都不去吧。去太庙陪宋真宗的成了他的第一任夫人——郭太后。那刘太后、李太后怎么办呢？太庙之外再建新庙"奉慈庙"供奉二老，而且不分彼此，主仆关系被一概抹平。这就是赵祯所能做的最大限度的事情了。这也是封建礼教的威力，即使贵为皇帝，即使明知生母无辜受难，生前甚至身后受尽歧视，身为人子却无法彻底地还给她公道。

这就是明道二年开始的时候发生的事情，历史将一个温和却又真实的赵祯展示人前。然而为母亲争取名分不能算是大事，甚至不能算是正事，因为作为一国之主，后边还有更重要的事情要做。

最重要的一项议题就是大政谁属，此时刘娥已死，皇帝长大成人，依照礼法，皇帝亲政自然是顺理成章之事。可是现实往往事与愿违，刘太后虽然死了，后宫却还有不少太妃，刘太后身后竟然留下了书面遗诏，要自己的好姐妹，也就是"小娘娘"杨妃，继续垂帘听政，"保护"她们的儿子赵祯。

于是，刘娥死后的第一次朝会上问题就出现了。文武百官排好队列正要去见皇帝，一个阁门使（负责礼仪传接）拦住了他们的去路：大家别忘了老规矩，要先去朝见太后。

静寂。没有皇帝的明确表态，然而一旦去了，就真的是一去不复返了，以后就成定式了，再次变成太后执政。然而，每当这时，总会有能臣想出绝妙的办法。只见一个大臣站了出来，大喝一声："谁命汝来？"只一声，四个字，一切就结束了，那个阁门使立马消失，杨太后垂帘的梦就此破碎。看起来这很戏剧化，然而细细想来其实一点都不简单。大喝一声的那个人是蔡齐，御史中丞，这是全体官员的监察者，他也是一个对刘娥不满的刚正不阿之人。最关键的是那四个字，"谁命汝来"，一下子就将对方置于名不正言不顺之地，杀伤力实在太大。

于是，四个字就将一切变得明朗起来，皇帝要亲政，而且皇帝是讨厌刘太后的。于是，大臣纷纷见风使舵，争先恐后地揭发刘娥的不是，每个人的一言一语、一个证据，都在激发赵祯的怨气，将宋朝推向一场清算运动。然而有一个人再次表现出了与众不同之处，他以自己的良知和责任维持着公道，成了风暴之中稳定朝局的中流砥柱，他就是范仲淹。而此时，他才刚刚重返京师。他告诉赵祯，其实刘太后也保护了您10年，多想一下她的好处，过去的事就让它过去吧，现在还有更多的事情要做。范仲淹当年反对刘娥最激烈，遭受打击也最严重，或许他最有资格和机会去复仇和清算，然而此刻他进谏皇帝不再追究前事，赵祯一下子清醒了，于是一切到此为止。

范仲淹出于良知和责任，一颗至诚的爱国之心，然而早有人为了一己私利，直奔主题，那就是新一届内阁的组成问题，他就是吕夷简，原则只有一个，当年与刘太后关系密切的敌人；反对刘太后的朋友。这次吕夷简可谓费尽心机，所有重臣的名单由他跟皇帝拟定，吕夷简本人必将成为皇帝一人之下万人之上的显赫权臣。

　　然而再周密的计划，也抵不过枕边风。赵祯将此事告诉了自己的郭皇后，没想到郭皇后平淡地笑笑："吕夷简不是刘太后的人吗？"是啊！不是刘太后的人他能做到首相吗？原来最该惩罚的人就在自己身边，自己还把他当成了心腹，还要让一个女人来提醒，自己实在是太愚蠢了。于是，临时做出改动，第二天在朝堂之上当众宣旨的时候，将吕夷简贬出京师，出判澶州！吕夷简一时间茫然不知所措，直到找到宫里的太监阎文应询问缘由，才恍然大悟。

　　于是，新一届的领导班子算真正的全是亲信了，他请来了自己的老师张士逊、李迪分别担任宰相、副宰相，真正属于赵祯的时代到来了，这一次他成了真正的皇帝，天地之间，乾纲独断，天地终于变得广阔无边。这一年接下来的时光里，他纵情恣意，充分享受着权力带给自己的成就感和快乐。他先是为宋真宗时期名臣寇准平反昭雪，赠中书令，复莱国公，接着就将宋真宗朝的另一位名臣钱惟演逐出京城，调去洛阳。原因很简单，前者是刘娥的死敌，后者是刘娥的亲戚，赵祯在任性地发泄。接下来，早年那段受伤的感情经历需要得到补偿了，他的四周除了太监就是红粉知己，即使是"宋仁宗"，此时的他也沉醉在温柔乡里了。

宋仁宗遇刺

李元昊的死，对宋仁宗来说当然是一个好消息，但是宋仁宗皇帝恐怕在一段时间内还没有心情为此感到高兴。因为就在元昊去世后的第三天，他遇到了大宋开国以来几乎从没有过的事——皇帝遇刺。

庆历八年正月十八日夜里，四个刺客手持兵刃，翻越宫墙，一路上没有遇到什么阻碍，一直闯到皇后居住的福宁殿门前。直到此时他们才被人发觉。一名宫女听到了动静，出来察看究竟，被刺客砍断了手臂。

此时，整个宫内外只有宫女和太监，而宋仁宗皇帝生于承平之世，长于深宫之中，暴力流血事件对他来说抽象而遥远。于是当他听到宫门外的喊叫声，竟然还想打开宫门看个究竟。

关键时刻曹皇后起到了决定性的作用。作为名将曹彬的后人，皇后临乱不惧、指挥若定，她坚定地拉住了自己的丈夫，要求太监宫女们紧闭宫门，不许任何人出去，同时命令太监从侧门去找都知官王守忠，让他带兵救驾。还命令太监宫女提水备用，因为刺客如果找不到皇帝，很可能会放火焚烧宫殿。

果然，不久之后刺客便放火了，火一直烧到帷幔之上。幸好宫内早有准备，火很快就被扑灭。此时护驾官兵也赶到了，当场杀死了三个刺客，另一个刺客且战且退，逃到了宫城的北楼。

宋仁宗皇帝和曹皇后脱离了险境，但是对于这样一起严重的政治事件，必须追查刺客的身份。于是，很快就查出了三个被杀的刺客分别是崇政殿的亲从官颜秀、郭逵、孙利，另一个逃走的刺客则是亲从官王胜。

想要知道幕后的主使者，就必须抓到活口。但是，从捉拿王胜开始，这件案子开始变得微妙起来。成百上千的官军竟然一拥而上，将王胜斩成了数截，此案顿时陷入了僵局。

接下来的事情就更加微妙了。无论从哪个角度讲，行刺皇帝都是大案一件。但是夏竦居然提议，这件事应该大事化小，内部追查，不能全面调查。他认为如果大张旗鼓地调查，会使心存叛逆者感到恐慌，让国家不安定。更奇怪的是，宋仁宗皇帝竟然接受了夏竦的建议，宣布由侍御史和宫中太监主持调查此事，外朝大臣不得参与。

最后的处理意见是，皇城司也就是负责皇宫保卫的相关人员全部流放。但是因为当天夜里的值班宿卫首领杨景宗是杨太妃的从兄弟，宋仁宗为人宽厚很重感情。为了保住杨景宗，他亲自出面驳回了御史台的奏疏。而总管大太监杨怀敏也被宋仁宗赦免。最后，北宋历史上这一次刺驾案件，就这么不了了之，草草收场。

如果仔细分析一下这个行刺案，四个并不强悍的刺客，跑到帝国的中心去刺杀皇帝，显然并不是一次精心策划的行动，似乎主使者并不真正想要皇帝的命。而刺客都是宫内的官员，对于皇宫的守卫情况非常熟悉，从这一点来看，策划者很可能也是宫中的人。宋仁宗皇帝为什么要压下这个案子，将其低调处理呢？最大的可能就是宋仁宗皇帝已经知道主使者是谁，他清楚自己有能力控制这个主使者，也明白这个主使者不会真正危及自己的生命。

究竟谁是这个主使者？有人对此做出了一些猜测，最大的嫌疑犯应该是从这件事中获得了最大收益的人。

首先是曹皇后，她的果断坚定在这次事件中起到了最关键的作用，但是这次事件的发生地就是曹皇后的寝宫。虽然在调查的过程中，有人借此攻击曹皇后，但是以宋仁宗的宽厚，是不会相信这种攻击了。不过这足以说明，曹皇后并不是此事的最大受益者。

真正受益的是一位并不显赫的人物——张美人。张美人本出身于小官员家庭，父亲早死，她幼年就做了歌姬。但她不是一般的歌姬，而是宋太宗最小的女儿、宋仁宗的姑姑、魏国长公主家的歌姬。正如汉代的卫子夫一样，在宋仁宗去姑姑家串门的时候，发生了一次美丽的邂逅，于是张美人从此成为宋仁宗生命中最重要的人之一。

虽然张美人在宫中的地位并不高。但是她对宋仁宗有着他人所不及的影响力，某种意义上说，她的话能够决定大宋的命运。譬如一代名臣文彦博，以他自己的能力和品行足以位列三台，但是他的另一个身份很少有人提到：他是张美人的干伯父，张美人的父亲曾是文彦博手下的门客。能力加上关系，成就了文彦博的相位。

行刺事件过后，宋仁宗皇帝向满朝文武隆重宣布：张美人立下的最大的功劳，是当歹人来袭时，张美人紧紧地守护在皇帝身边，可以说她挽救了大宋。这是再明显不过的信号。夏竦何等聪明，立即建议"讲求所以尊异之礼"，经过翰林学士的指点，同中书门下平章事陈执中才明白这是暗示要给张美人晋级。但是皇后在前，皇后不赏，却独尊美人，岂不是尊卑无序。陈执中不敢在史书上留下骂名。于是在夏竦的建议之下，张美人经过多年的蛰伏，终于一鸣惊人，平步青云从美人升到贵妃，地位仅次于皇后。

张美人是此次事件的最大受益者。而步步紧跟皇帝的夏竦却被贬出了京城，理由是京城的天空没有云彩，而且发生了五次地震。既然夏竦是举世闻名的奸人，那这肯定是上天在警示皇帝。所以夏竦就不明不白地离开了京城，去河南府就任知府。

通过这次行刺事件，宋仁宗皇帝成功地推出了张美人，如果没有这次事件，张美人恐怕永远都不会爬到如此高位。再联系到前面对刺客的灭口事件，以及宋仁宗的低调处理，答案便呼之欲出了。

文彦博在这次事件中，似乎一言未发。可能他已经从张美人处得知了事情的原委，不要过于积极，这本就是一次演习，就让皇帝用自己的方式把这个游戏完成吧。夏竦就是跟得太紧，也许引起了宋仁宗的怀疑，才丢掉了枢密使的职位。

不过，这些都只是猜测，没有真凭实据，事情过去很久之后，殿中丞吴奎还上书要求彻查此事，宋仁宗的态度仍然令此事也只能是不了了之。

假太子案

在生病的这些日子里，宋仁宗突然发现原来这个国家没有了他，照样运行着，他的大臣们还是很热衷帮他打理着江山，没有谋反的意思，他的心里有了几分安慰。不过大臣们在一边热心地帮他打理江山的时候，也在热心地帮皇帝寻找继承人，毕竟皇帝年纪不小了，却没有一个孩子。

皇祐二年（1050年）的一天，有两个人往皇宫里横冲直撞，而且旁若无人悠然自得，卫士们立刻出面将他们拦住了。

"干什么的？"卫士喝问。

青年仰头不理，神态倨傲。那个和尚庄严神圣地说了一句："不得无礼，这乃是当今圣上龙种，太子也。"

大宋朝当时谁都知道，皇帝有过三个儿子，可都没活过3岁，哪里来的太子？

于是两人被赶了出来，他们离开皇宫之后直奔闹市，站在人群最多的地方，开始演讲。和尚说那个青年的母亲在二十多年前是宫中的宫女，本来平安无事，只是一次宋仁宗醉酒之后临幸了这个宫女，后来宫女被赶出了皇宫，谁知她离开皇宫的时候发现自己已经怀有身孕，便生下了这个孩子，并抚养成人，所以这个站在众人当中的青年，就是全体大宋臣民盼了许多年望眼欲穿的皇太子。

这样的传闻很快传遍了开封城，于是这两个人被抓进官府，由开封府尹钱明逸负责审问，只见那位"皇太子"一言不发，一脸的冷峻和高傲，一直凝视着他，很久才冷冷开口道："明逸安得不起！"如此亲切而又包含着对臣子的蔑视的称呼和高居上位者才有的语气震慑了钱明逸，他不由自主地站了起来。

就是因为一时举措不当，钱明逸被弹劾了，罪名就是办事不力，让造谣者回到民间继续传播造谣，致使在京城里关于皇帝私生子的传说有了很多新版本。进入弹劾程序，皇帝本人终于知道了这件事情，然而宋仁宗记不清二十多年前的往事了，于是就将此案交由知谏院包拯处理。

历史上的包拯没有传说中的神乎其神，却也英明睿智，在判案方面十分老到，只用几天的时间，事情就水落石出。当然，太子肯定是假的，青年的母亲确实曾在宫里做过宫女，不过临幸的事情纯属捏造，这位宫女出宫之后嫁给了一个叫冷绪的医生，先是生了一个女儿，第二胎才是个男孩，名叫冷青。

事情已经很明了了，冷青难逃惩罚，被斩首示众。虽然知道结果已经明了了，但开封城的居民并不高兴。大宋多年没有太子，也意味着就没有稳定的未来，现在一个青年男子突然健康地出现，这不能不说是失望已久后的重大惊喜，却又被证明是空欢喜一场。

就这样，宋朝走到这时，已经有 45 年没有太子了。而且纵观两宋历史，凭空出现的皇太子是真实存在的。历史证明，只要确实与皇室沾亲，普普通通的平民百姓也能一夜之间黄袍加身。中国的皇族很有特点，他不属于哪个特别的人群，只要有胆量和能耐揭竿而起，打了江山，坐了宝座，就能当皇帝，大臣们也甘于臣服，历朝历代不断变换，却历朝历代都有死心塌地忠心之至的人。

正是受假太子事件的震动，立太子之事被提上了日程。对于此事，文官集团几乎是空前地团结和一致，他们每个人都使出自己的绝招，用尽所有的才能，一定要说服皇帝，赶快办成这件帝国最重大的事件。

而这时候的宋仁宗皇帝也没有办法了，这样长期拖着也不是办法，何况自己的身体状态自己也知道，如果不在有生之年把这件事情敲定，难免会引起身后的政局动荡。就这样，历史即将拉开新的序幕。

"身心俱病"的宋英宗

嘉祐元年（1056 年）之后，赵祯的身体状况急转直下，他的健康问题让宰执集团的大臣们担心不已。

当朝重臣欧阳修、韩琦、司马光等人就先后向宋仁宗皇帝进言，劝他早立皇储。每况愈下的身体也让宋仁宗感到了事情的严重性，嘉祐七年，他经过重重考虑，决定立他堂兄之子、他的养子赵曙为皇太子，封钜鹿郡公。

嘉祐八年的一个平静的夜晚，宋仁宗赵祯在完成了他的历史使命之后悄然离开了人世。然而这个夜晚注定又是不平静的，他的突然崩逝给北宋王朝带来了新的考验。

宋仁宗的死发生在夜深人静之时，由当时的宋仁宗皇后、后来的太后曹氏封锁消息，再加之宰相韩琦的处变不惊，皇帝崩逝的消息在凌晨才传出宫外。这一切都是为了防止皇权的旁落，在皇帝崩逝的消息传出之时，皇太子赵曙已经赶到皇宫。

然而面对即将到来的皇位的时候，后来的宋英宗赵曙反应失常了。当时宰相韩琦手捧黄袍，请赵曙即皇帝位。他礼节性的推辞之后转身想要离开这是非之地，仿佛这里的一切都与他无关。然而皇位必须有人继承，韩琦等人努力了这么久等的就是这一天，他们不会这么轻易地让赵曙离开这里。在众人的坚持和努力之下，赵曙终于勉强地穿上了黄袍。

继位仪式在继续进行。面见百官之时，赵曙的表现更加失常，他面无表情，神情呆滞。在先帝灵前未流一滴泪水，对曹太后也出言不逊。曹太后当年亲自抚育他，后来又助他登上皇帝的宝座，他却当着群臣的面说出"太后待我无恩"之言。

嘉祐八年的十一月，是为大行皇帝举行葬礼之日，让人意外的是，作为继承人的宋英宗赵曙却称病留在了宫中，并未参加宋仁宗的葬礼。仁义道德尚存，知谏院司马光为了使赵曙明白自己的行为不合伦常已经触怒了太后和群臣，如果事情再不加控制地发展下去，他的行为将不为天下人所容。司马光在调查了太医院近期的诊脉记录，发现皇帝"六脉平稳，体无内疾"之后，要求惩处太医院的医生。

赵曙屈服了，他出现在大行皇帝的灵堂之上。这时与他同在的还有宋仁宗的遗孀曹太后。丧礼之上，所有人都为宋仁宗皇帝的去世痛哭不已，只有赵曙面无表情，史书上对他的记载是"卒哭"。

　　"卒哭"，就是结束哭泣的意思。在中国的传统丧礼之中，哭是对逝去的亲人表达追思和内心伤痛的一种方式，然而到了赵曙的时代，哭与不哭已经不是衡量一个人孝敬和痛苦的标准了。作为一个皇帝来说，他的举动不仅不符合常理，甚至丧失了一个国人应有的传统礼仪道德。不知道赵祯在天之灵看到他的这些行为，是否会为他当初的立储决定感到悲哀。

　　在现实之中，宋仁宗的遗孀曹太后却真真实实沉浸在痛苦之中。她对赵曙的表现极其失望，她开始怀疑自己当初的决定有误，这时是不是该另选仁德之人来治理这个国家。但宰执集团并不这样想，宋英宗由他们的支持而立，一旦被废，他们马上就会从当初的拥立功臣变为现在的无德无才之人。为了打消曹太后对宋英宗的疑虑，消除她心中废帝另立的想法。首相韩琦带领宰执集团面见太后，韩琦对太后称，现在皇上龙体有恙，一切都是无心之过，请太后不必过于在意。欧阳修也附言道，太后仁圣之德，天下皆知，如今皇上身体不适，太后应对他多加关心多加包容。

　　曹太后毕竟是妇人，再加上她内心善良，对权力本无太多贪恋之意，她后来将大权归还宋英宗时也可见一斑。在宰执集团的苦心劝说之下，宋仁宗丧礼这件事也就不了了之。

　　这样一来，所有的人都认为皇帝病了，而且病得不轻，这也是当时能给出的对宋英宗这些反常行为最合理的解释。然而透过历史的蛛丝马迹，还是可以看到一些历史的真相，虽然这有可能只是冰山一角。宋英宗真的病了吗？仅仅以身体之"病"就能解释赵曙这一系列的反常行为吗？他是身病还是心病？

宋朝的十八个皇帝中有八个因没有亲生儿子而由旁系继承皇位，赵曙的皇位得来似乎也不超出常理。宋英宗赵曙，原名赵宗实，因为宋仁宗无子，幼年时他以皇子的身份入宫，作为皇位的继承人之一教养。他的经历和他的父亲赵允让如出一辙，唯一不同的是赵允让最后没有继承上皇位，而赵曙却在宋仁宗死后登上了大宋皇帝的宝座。

寄养的生活是非常痛苦和难耐的，何况他并非宋仁宗亲生的儿子。如果宋仁宗一直没有儿子，他也是有继承皇位的希望的；但一旦嫡系血脉的皇储诞生，他就将放弃现在的皇子生活离开奢华的皇宫。可以这么说，赵曙在继位之前就是活在巨大的希望和失落之中的。皇宫的生活虽然富足，不用为生活琐事担忧，但内心的压力是巨大的。身在宫闱，每一天都步履维艰，稍有不慎，不但皇位不保，甚至会有性命之忧。他就在这样的希望和担忧之中慢慢成长了起来，在他的心中一直存在着一个阴影，那就是他的父亲赵允让。他不希望他像自己的父亲一样在一辈子的惊喜和恐惧之中最终与皇位失之交臂，以失落来终老一生。

宋仁宗去世之前的赵曙克己守礼，淡泊名利。可是在继承皇位之后一切都不一样了，他对待下属和侍者不再像以前那样宽容，对自己的养父母也不再孝顺。是什么让这个原本乖巧守礼的皇子在如此短的时间内迅速转变？这一切都和他的"心病"有关。他在得到皇位的巨大惊喜和恐慌之中迷失了自己。

拉开新法的帷幕

宋神宗一心想变法图强，在当时只有王安石是最好的人选。宋神宗准备让王安石出任宰执主持变法，却遭到了朝中老臣们的反对。韩琦、富弼、唐介、吕诲等人都认为，王安石的政治主张太过理想化，且他为人不够豁达，性格固执，处事又不够稳健，难以与人相处，帮助管理朝政尚可，但根本不适合做宰执大臣。

年轻的宋神宗有着似乎与其年龄不符的"小心谨慎"，他并没有直接听信韩琦等人之言，放弃启用王安石的想法，而是多次接见王安石，与他探讨治国之道。

王安石受到宋神宗召见之后上《本朝百年无事札子》，全面总结并批评了宋朝前期的政局，经过多次的接见和探讨，宋神宗终于认同了王安石的政治主张。熙宁二年，王安石出任参知政事，北宋朝著名的熙宁变法即将拉开历史的帷幕。

新法的目的在于"富国强兵"，而他在宋神宗心中扎根的根本原因却在于军事。军事问题凝聚了宋以来一百余年所有中原人的沧桑与苦痛，宋朝自幽燕之役、雍熙北伐以来就一直没能扭转令人感到屈辱的外战记录。但宋神宗想要改变这个不堪的现状，是他公开承认宋太宗赵光义是死于契丹人的箭伤，在这之前，这是一个人人明白却不能说的"秘密"。宋神宗不想像宋真宗和宋仁宗两朝一样用金钱去买所谓的和平，更不愿与侵占自己国家领土，残害自己子民的边境异族"称兄道弟"，他心里清楚金钱不能买来宋王朝万世的"和平"，他要在他的时代夺回燕云十六州，荡平西夏吐蕃，让宋朝拥有如汉唐一般的恢宏气象。

年轻的宋神宗曾经身穿战甲去后宫参见他的祖母曹太后，身为武将之后的曹太后见宋神宗如此装束状百感交集，顿时热泪盈眶，不能自已，可见屈辱的外交给宋朝带来多少的痛苦。

　　然而要打仗必须有强大的财力支持，以宋神宗朝现在的经济状况根本无法支持收复边疆这样的大战。想要扭转当前的经济状况，为国库增收从而支持以后必然要开始的战争，办法如前面所提到的无非两种，一是开源，二是节流。当时大部分朝臣是主节流之法，变法之前河朔地区发生重大的水灾，宰相曾公亮提议省免郊祀典礼时对大臣的赏赐，当时很多人赞成这一点，就连当时的翰林学士司马光也不例外。而王安石却认为国用不足是理财不慎造成的结果，这样做只是杯水车薪，不能从根本上解决问题。王安石认为"善理财者，不加赋而国用足"，但这一观点遭到了许多臣子的反对。司马光认为王安石"不加赋而国用充足"的说法只不过是变相抢夺民财，盘剥百姓，在他之前，汉武帝朝的桑弘羊就曾用过，后果低劣不堪，根本不值一提。

　　王安石"不加赋而国用足"的想法确实是超出了时代的限制，自然不被当时的时代所理解。王安石更认为法家的"经术"是用来治理社会的妙药良方，纵观前朝历史，以"法"治国而强盛起来的例子不在少数，迂腐之人不会用"术"，才会认为"术"是害人之物。宋神宗自幼好读《韩非子》，对法家"富国强兵"之术有浓厚的兴趣。一次，宋神宗向王安石询问如何才能治理好天下？王安石答曰："择术为先。"他向宋神宗进言，希望他效法尧舜，做一代明君，造福天下苍生。王安石的治国想法和他内心强大的抱负契合了。

　　"变风俗，立法度"是王安石认为的治国首要任务，"变风俗"，儒家学说最大的目的就是让风俗纯朴；"立法度"，儒家从来都是以笼统的仁义道德来"治国",是从来瞧不起法家之"术"的。从现实角度来说，法家的学术是有重要的治世意义的，但在宋朝儒学盛行，甚至已经到了开始僵化的地步，普遍认为"韩非险薄，无足观"，法儒根本不相融，要以法家之术进行变法谈何容易？

况且变法涉及内容之深，开展过程之艰难都是难以估量的，处理每一个问题都必须小心谨慎，稍有不慎，就会满盘皆输。更重要的是，如何才能让每一个官员和百姓都能理解新法并实实在在地去实施它。如若不然，宋神宗朝的变法将会像二十多年前的庆历新政那样，有计划却实施不力，最后变得一无所成。

宋熙宁二年，宋神宗任富弼为首相，王安石为参知政事，开始变法。宋神宗这样的安排是有他的用意的。由于王安石和新法在当时并不得人心，宋神宗任富弼为首相，希望以他三朝老臣的威望来镇抚局势，安定人心，而变法的具体内容和实际操作都由王安石来领导完成。这样的安排不仅有助于朝局的稳定、新法的推行，也可以在一定程度上保护王安石，给推行新法一个良好的政治环境。

宋熙宁二年二月，宋神宗为变法特别设立了"制置三司条例司"。顾名思义，它以国家的财政总署三司省为根基，是专门制定户部、度支、盐铁三司的条例部门，由参知政事王安石和枢密院院事陈升之主持。在这之后，王安石又向宋神宗推荐了吕惠卿、章惇、蔡确、曾布、沈括等他认为对新法有帮助的人参与并协助变法。

这些人中较为著名的有后来的权相吕惠卿和领导平定荆湖叛乱的章惇。吕惠卿，字吉甫，生于公元 1032 年，泉州晋江人。他年轻时在真州做过推官，后被调进京城。一日，他和王安石偶然见面，两个人在政治上聊得非常投机，王安石因此推荐他进入变法集团，成为王安石变法的中坚力量。史书记载在熙宁变法推行的过程中，"事无大小，安石必与惠卿谋之"。后来吕惠卿极大地影响了变法，在历史上骂名不断，这或许也是王安石事先料想不到的。章惇，字子厚，福建浦城人，是吕惠卿的同乡，他也是在历史上颇有争议之人。

既然万事俱备，改革就指日可待了。然宋朝泱泱大国，国事千头万绪，改革将从何入手呢？俗话说"万事开头难"，只有选取了最稳定、最有效的突破点，迈出最稳健的一步，才能为日后新法的全方位展开铺平道路。

熙宁二年七月，经制置三司条例司议定，颁布了新法第一条法令——"均输法"。"均输法"的内容很简单，即由朝廷拨出五百万贯钱和三百万担米作为起始的周转经费，由发运使根据京师库藏和各地物资的实际情况来购买政府所需要的物资。与此同时，将各地多余物资由政府进行统一销售，这样不仅可以增加国库的收入，更可以有效地稳定物价，同时也减轻了农民肩上的负担。它既迅速地让皇帝、官员和百姓看到了新法的效果，又没有触动以农业为根基的中国古代国家最大的命脉。

那么"均输法"出台的原因又在哪里呢？

作为北宋王朝的国都，整个开封府的繁荣在很大程度上取决于周边小城镇、农村的供给，这是一个不变的道理，即使是现在社会也是如此。在太祖赵匡胤时期朝廷设立了发运司，由发运使来负责淮、浙、江、湖等六路的漕运，把全国各地的物资运往开封。但由于发运司作为一个执行机关本身的权力不足，执行调运任务时受到各方面的牵制，供需得不到有效调控，漕运也因此发生了混乱。往往开封府需要的东西运不来，不需要的又积压成山卖不出去，再加之地方对一些物资进行强制性摊派，宋朝的百姓对此的压力都很大。

针对这个制度的弊端，"均输法"适时地出台了。在新的法令之下，发运司的权力大大增强了，具体地说，就是现在由发运使去了解开封和全国的物资状况，并由它来决定具体物资的运输，收上来的物资由朝廷向官员、市民等人发售。具体由原开封府度支判官、陕西转运副使薛向担任发运使，实施"均输法"。

"均输法"一颁布就引发了不少非议，这应该也是变法派事先就预料到的。由于它由国家来承担物资的运送和销售，因此在一定程度上打击了自由经济，触犯了商人的利益。宋朝的商业尤为发达，商人，尤其是大商人的利益和封建官僚以及贵族有着割舍不断的联系，商人的利益被触动，毫无疑问地也就在某种程度上影响了官僚贵族的享受。"自均输法实行，豪商大贾皆疑而不敢动。"苏轼之后，苏辙、冯京、谢景温等人不断地对"均输法"展开政治攻击，认为其扰乱秩序、法术不正，理应废除。而事实上，"均输法"确实有利于国家商业的稳定，更有利于国库的充盈，这和新法"富国强兵"的宗旨也是相吻合的，王安石等人在当时推出这个法令也是可以理解的。

拨开"青苗法"的疑云

在"均输法"之后，同年九月，又一项新法出台，这就是历史上非常著名也引发争议不断的"青苗法"。"青苗法"的出台，开始触及维持中国最基础的命脉的农业。

"青苗法"也称"常平新法"，简单来说，就是国家以储藏的粮食为成本，每年分两季向缺粮缺钱的农民发放贷款，并收取一定的利息。农民所贷之款同夏秋两季所缴纳的农业税一起交还给朝廷。

北宋以前的隋唐两朝，盛行的是"常平仓"。就是由国家出面，在农作物丰收的时候出钱稳定市价收购，防止谷贱伤农；一旦灾年出现，国家就把收上来的谷子以较为低廉的价格卖给缺钱缺粮的农民。很显然，这是一项利国利民的好政策，毫无营利性，如果国家财力雄厚可以支撑，造福百姓，博取民心，又有哪位君主不愿意去做呢？有一利必有一弊，有这么多的好处，贪官污吏们又怎会甘心把这些粮食白白发放给毫无地位的平民百姓。由于官员的腐败，"常平仓"法的实施并不像预想的那么好，不少人利用这一政策为自己牟私利。在北宋的财政制度中，凡是考取功名的、出家为僧为尼的人和家庭都无须向朝廷缴纳税款，也无须服兵役等一系列徭役。如此一来，沉重的税赋和徭役负担都加在了穷苦的农民身上，加上官员和富商勾结贪污，农民没有了粮只能向民间的高利贷借款，而在宋朝民间的高利贷利息居然已经高达月息六分、年息七十二分的程度。

"青苗法"的具体实施方法是将全国各地广惠仓、常平仓里的粮食都由朝廷收集上来，兑换成现钱，在河北、京东、淮南三路，分夏、秋两个青黄不接的季节，由国家出面把钱贷款给农民，让他们渡过危难。在庄稼收成以后，加两成的利钱将这些所贷钱粮归还给朝廷。

北宋立国百余年来，农业、工商业和手工业都迅速发展，与此同时，北宋政府长期实行"不抑兼并"的国策，大地主、大商人的势力日益膨胀，矛盾急剧上升，"青苗法"的出台必然触动地主、商人和官僚们的利益。不出所料，"青苗法"刚出台，又立即遭到了反对。反对派的官员认为平民百姓不善管理，就会见钱眼开，到时候朝廷贷给农民的款在收取的时候就会有很大的问题，而"常平仓"法施惠于民，百利而无一害，应继续沿用。然而宋神宗一心想要收复失地，统一河山，本来国库已经入不敷出，再继续实行"常平仓"法，庞大的军费又从何而来呢？"青苗法"以国家的名义贷款给百姓，既可以帮助百姓渡过危难又可以收取利息，对于国库增收有着不可估量的作用。

　　想法是好的，但"青苗法"在后来的实施过程中出现了问题，很多事实也不断证明，往往一些好的想法都是在操作上出了问题才导致失败。为了缓和当时的矛盾，经朝臣研究商讨，原定将在河北卖"度僧牒"的钱作为启动资本在陕西试行"青苗法"，不动用国家的粮食储备。但后来在具体实施过程中不仅动用了广惠仓、常平仓里的粮食，试行范围更是超越陕西，扩大到了河北、京东、淮南三路。而此时变法派与守旧派的对抗，骤然上升到水火不相容的程度，守旧派认为王安石"大奸似忠，大诈似信，外示朴野，中藏奸诈"。

　　"青苗法"出台之后，变法派吕惠卿作为王安石的得力助手，被晋升为太子中允、崇政殿说书，能够直接和宋神宗每日讨论时政，交换关于新法的意见和看法。而这时首相富弼却以年老多病为由向宋神宗提出了辞官还乡，富弼是反对变法的，当初宋神宗任他为首相，为的就是用他的威望平息众怒，来缓解变法所承受的压力。富弼走后，王安石终于被推到了前台，反对派以前所未有的声势开始一轮又一轮地攻击变法，新法压力倍增。

　　一日，吕惠卿在崇政殿为宋神宗讲述"先王之法"，他认为事物一切都在变化发展，礼法也有一个不断完善的过程。根据《周礼》，"先王之法"中在每年正月的布法象魏，周王巡视天下，刑法轻重缓急的改变，这些都是"先王之法"的变化。如今实施新法，是时事所趋，且新法的推行于国于民都有利，并没有违反"先王之法"。而以司马光为首的反对派却认为吕惠卿这是曲解经义，"先王之法"从来都是不可变的，一旦改变必将受到上天的惩处。这显然是针对新法进行的辩论，只是以说《周礼》为幌子而已。接下来，司马光发动百官弹劾"制置三司条例司"，认为治国应以儒家之"德"来服众，不应贪图小利而放弃大义，以"奸邪"之法来迷惑君主，应该重效古人之法，废除新法。

斗争在继续，改革也在继续。在"青苗法"颁布后的十一月，"农田水利法"也出台了。"农田水利法"鼓励官民积极开垦荒地、兴修水利。地方官府更要把本辖区内所有荒地的情况调查清楚，方便"农田水利法"的施行。果不其然，守旧派又以"道义"的身份站了出来，司马光就多次写信给王安石劝他不要一意孤行，放弃变法，更在信中列举出王安石"侵官、生事、征利、拒谏、招致天下怨谤"的罪名，认为新法再不废除，国家将会形成"父子不相见，兄弟离散"的局面，到时候天下大乱，一发不可收。王安石在给司马光的回信中写道："人习于苟且非一日，士大夫多以不恤国事，同俗自媚于众为善。"坚持自己变法的态度。

但自古以来，哪一项改革没有经历流血和斗争呢，熙宁年间的新法也是一样，纵使阻碍重重，王安石还是坚持着，他始终认为变法改革是改变宋朝朝局的唯一正途。然而理想总是来源于现实而高于现实的，从大名府寄来的一封奏折给新法带来了现实的考验。

这封奏折由前朝宰相韩琦所写，他在奏折中用事实向宋神宗描述了"青苗法"在实施过程中所出现的弊端。首先，韩琦提出"青苗法"在执行时与它发布时所说的条例根本不符。"青苗法"在颁行时强调严禁任何摊派，但在实施过程中出现了严重的摊派行为。其次，他认为农民生活殊为不易，一旦粮食歉收，还不上朝廷的贷款，必将受到严刑峻法，到时必将激起民愤。"青苗法"表面上似乎给国库增加了收入，看似是缓解农民压力的好政策，实则是害国害民的邪政。

这时年轻的宋神宗似乎忘记了变法的宗旨——富国强兵，农民只是税收的一小部分，更大的部分在于城镇的富户。王安石认为新法本身就是济贫困、抑兼并的，不然在既要改变民生的情况下又要筹集庞大的军费就算是神仙也做不到。事实上，宋神宗对新法的怀疑和动摇是因为政治经验不足。事物总是存在着两面性的，就如同新法，给空虚的国库带来了收入，给穷苦百姓带来了福利，必然损害另一个阶层的利益，韩琦等人只是站在官僚阶级的角度看到了新法对自身利益的损害，却没有告诉宋神宗新法的好处。

然而政治经验不足的宋神宗面对韩琦的奏折第一次内心动摇了，他开始怀疑他所支持的新法是不是正确的，难道他原本认为利国利民的新法在现实中却在残害自己的子民？内心的恐惧是强大的，熙宁三年的二月，宋神宗亲自下令废除了"青苗法"。五月，撤销了为新法的制定和推行而成立的"制置三司条例司"，将其职权全部收归中书省执行，宰相王安石也因病离开了朝廷，新法暂时陷入了一个被动的局面。

新法的复苏与深入

在"青苗法"废除的日子里，宋神宗虽然对此疑虑重重，但小心谨慎的他似乎明白不能只听信韩琦等人的一面之词而将自己苦心经营的新法毁于一旦。从来没有离开过开封城的宋神宗秘密地派了两个亲信太监，张若水、蓝元震离开皇宫深入民间，到实地去调查"青苗法"到底实施的如何。张若水、蓝元震回京之后向宋神宗报告说民间"青苗法"推行得很好，韩琦奏折中所谓的"摊派"之说更是不存在，后来宋神宗也的确承认派了两位内侍出京调查"青苗法"的施行状况。

宋熙宁三年十二月，王安石与韩绛升为宰相，这样一来，可以说是赋予了王安石对新法的完全施行权。宋神宗此时更颁诏天下，命各地查处阻挠推行新法，对新法施行不利的人都严重究办。而在这之前，一项新的法令——"保甲法"颁行了。"保甲法"规定：相邻居民十户组为一保，五十家为一大保，五百家为一都保，实施刑事连带责任制；每户抽出一人参加官府组织的军事训练。在这之后，宋朝只要发现有一小股或兵或匪的造反者，都得动用京城禁军出去平叛的状况改变了。各地居民自己组织民兵队伍担任自己所在区域内的治安工作，从而代替了原来的地方军队，不仅节约了军费，还有效地维护了地区治安。此后，"保甲法"推行全国。

"保甲法"颁行之后，宋朝军队的数量在逐渐减少，这样军队每年的耗费也就相对减少了，"保甲法"的推行给宋朝多年以来"冗军"的局面带来了清新的空气。再加上以民为兵，国家和百姓的战斗力都大大增强了，这对今后出战西夏和辽国都有很大的帮助。此时反对派却以让农民练兵会耽误农业生产，减少粮食产量，更会危害国家治安，一旦农民暴乱，正规军队又减少了，根本无法控制局面为由来攻击"保甲法"。但事实证明，"保甲法"确实是行之有效的一项政策，在"保甲法"颁行之前，宋朝大小叛乱频仍，自从有了"保甲法"，终宋神宗一朝，再没有任何叛乱发生。

自此，新法重新上马之后又进一步深入了。在"保甲法"施行的同月，"免役法"又颁行了。"免役法"又称"募役法"，它规定农民可通过向政府缴纳免役款项来免除他原有的差役。除农民外，原来没有差役的各类民户，包括官户、仕宦人家等都须向国家缴纳数额为免役款项百分之五十的钱款。这部分钱叫作"助役钱"，钱收上来之后，国家用它来专门招募人员担任原本百姓要服的兵役。"免役法"还规定，为了防止灾年收不上"免役款项"，征收时除了每年须交的固定款项外，再多收两分，称"免役宽剩款项"。

在"免役法"之前，宋朝施行的是"差役法"。"差役法"规定把宋朝国民按家产的数额分为九等。在这九等国民中，后五等比较穷困的无须为政府当差，而上四等人家由于经济较为宽裕，须为政府分忧，为国出力。上四等人家为政府当差的称"衙前"，这些人分散在政府的各个部门干一些杂事，例如，管理政府收上来的物资等。而"衙前"是没有收入的，完全是义务劳动，这都无关紧要，可怕的是一旦失职就要受到严厉的惩罚。但宋朝上四等人家里，许多家庭是无须服役的，如出家人、女户、单丁户等，如此一来，"衙前"的任务基本上都是由三、四等户来承担。长此以往，百姓的压力非常大，他们除了要承担生产劳作之外，还要无条件地为政府服务，这样一来，民间的生产力发展被严重地制约了。

"免役法"出台以后大大改变了这个局面，百姓们只需缴纳一定数额的免役钱，就可以免除差役，用这些时间和精力来发展生产，创造收入；国家收了免役钱后招募人员当差，社会上的闲散人员就减少了，也有助于社会治安改善。而且，具体工作人员由政府统一招募，工作效率也得到了极大的提高。

但"免役法"的推行又触动了官僚集团和社会上层人士的利益，因为"免役法"规定，除了农民之外，一切民户，当然包括从前不必缴纳役钱的富户和官僚家庭，都需缴纳"助役钱"。士大夫认为"役人之不可不用乡户，犹官吏之不可不用士人"。就连当时的庆历名臣文彦博也劝说宋神宗皇帝，说："祖宗法令具在，各项完善，倘若擅自改变，恐怕会失去民心。"年轻的宋神宗却认为"民为重，社稷次之，君为轻"，只要是对百姓有利，新法就可以推行，况且士大夫阶层受孔孟礼义教导，更应放弃自身的利益，为民着想。但事实上，不是所有士大夫都像宋神宗皇帝那样仁慈且胸怀苍生的。纵观历史，中国自有科举以来，有多少人走上仕途真是为了心中造福苍生的理想。对于大多数人来说，孔孟的仁义道德只是进入仕途的一件工具，毕竟天下不是自己的，还是当官享乐来得重要。这也是王安石后来要改变科考制度，整顿吏治，改变宋朝官场风气的一大原因。

宋熙宁四年五月间，开封府辖区内的东明县居民来到开封府大衙哭诉"免役法"推行以来给他们生活带来的困苦。由于当时开封府府尹的不闻不问，一千多名百姓居然冲进了宰相王安石的私宅。这件事让整个开封沸腾了，御史中丞杨绘上书弹劾王安石等人利用新法盘剥百姓，致使百姓无路可走这才来到京城告状，这严重影响了社会治安，如此下去，全国即将动乱，新法当立即废除！但经过调查，事实是东明县的县官贾藩擅自修改了东明县的户籍等级，使原来的下等户都变为了上四等，这样百姓交不起"助役钱"才来东京告状，而且乡民集结来到开封后，他就逃离职守了，这并不是"免役法"本身的问题，而是有人在利用新法来抨击变法派。

由此可见，新法在当时的推行是多么困难。尽管如此，在宋神宗和王安石的坚持下，它还是缓步向前走着。其实从变法开始到现在，不难看出变法过程中出现的问题，很多和下层官员的执行不力有关，官员的反对和自身的腐败给新法带来了层层阻碍。

　　针对这些问题，熙宁四年的二月，王安石提出全面改革科考制度。这是一项至关重要的决定。当时宋朝的官员，无论是中央的还是地方的，许多人在反对新法，这给新法的制定和实施带来了极大的不便。变法急需人才，然而只有王安石、吕惠卿等人是万万不够的。科考制度改革后，诗赋不再成为考试的重点，当时参加科举要考的是经义、论、策等，这些都是可以体现一个人具体的治国才能的。除此之外，朝廷还特别设立了法律专科以此来吸纳更多的有才之士。

　　熙宁四年十月，王安石改变了原本的太学教育制度，开始实行"三舍法"。这项制度将全国各地选送的太学生分为外舍生、内舍生和上舍生三等，进行层层选拔，上舍生考试名列上等的可以直接授予官职。后来在熙宁六年的三月，朝廷在国子监设立了"修撰经义所"，王雱（王安石之子）和吕惠卿参与修撰《诗义》和《书义》，王安石撰写《周礼义》，后经王安石亲自修改定稿，合称《三经新义》。《三经新义》发行之后宋神宗非常高兴，赐予王安石尚书左仆射兼门下侍郎的头衔，这部书在后来作为教科书颁行太学，并以它作为以后科举考试的标准。

　　这些法令都丰富了科举选拔官员的形式，也提高了选拔出来的官员的能力，为新法日后的推行起到了不小的作用。

第二次罢相

交趾自宋太宗赵光义时期封国之后，一直是宋朝的属国，连年向朝廷进贡。第一任国主黎桓死后，由其子黎龙钺接位。黎龙钺后被弟黎龙廷所杀，宋真宗时，交趾大校李公蕴杀国君黎龙廷自立，宋真宗封李公蕴为交趾郡王。李公蕴做了交趾王之后，王位代代相传，到了宋神宗朝，交趾王为李公蕴的子孙李乾德。章惇、熊本平蛮之后，李乾德深感威胁，于是决定先发制人，攻打宋朝。

当时的情况是交趾方面的六万军队分两路开始对宋朝进行侵扰。一方面，交趾的水军已经渡过北部湾占领了钦州和廉州；另一方面陆军已经到了广南西路的重镇——邕州，形势十分危急。此时朝廷方面的军队还未到达，邕州知州苏缄带领两千余人死死守在了邕州城。这场守卫战打得十分惨烈，缺钱缺粮缺兵，后来还出现了干旱和瘟疫，一个多月里双方都损失巨大。由于寡不敌众，邕州城最终还是被交趾军队攻破，知州苏缄全家都在战争中死去。

面对这样的情况，王安石亲手拟定了《讨交趾诏》，派出武将郭逵带领宋朝军队去广西平乱。当时广西全境的军队只有不到一万人，根本无法抵抗交趾的入侵，交趾军队在广西境内肆虐横行，军民伤亡极其惨重。郭逵到达广西之后相继收复了邕州、廉州、钦州等失守的城池，并率领宋军一举攻入了交趾境内，大败交趾人的象兵部队。李乾德的军师刘纪被活捉，交趾太子李洪真战死，宋军所向披靡，占领了广源州、门州等地。交趾王李乾德抵抗不住终于向宋朝方面投降，这次的战争以宋朝绝对的胜利而终结。战败后的李乾德不久就遣使向宋朝入贡，并将他侵略宋境以来所掠夺的兵民财产都悉数交还朝廷。

宋神宗将顺州及其余二州六县的土地都赐还给交趾，李乾德对此感激不已，发誓从此再不反叛。

战争过去之后，朝廷内部又发生了混乱，令人失望的是，朝廷没有如宋神宗所料在王安石归来之后就步入正轨，内部政治斗争仍然在继续。首先，原首相韩绛开始因为吕惠卿的打压倍感屈辱，王安石回朝之后，他又因与王安石政见不能统一因而向宋神宗皇帝辞官。其次，王雱、吕嘉问、吕惠卿等人相互攻击，吕惠卿因贪污案离开京城。宋神宗面对变法派内部如此内讧，渐渐对王安石失去了从前的信任，变法改革危机重重。

屋漏偏逢连阴雨，在如此关键的时局下，沉寂了多时的"天变"又一次出现了。熙宁九年十月，彗星的光芒划破了宋朝的天空，天象如此，反对派又站了出来，称"闻民间殊苦新法"，新一轮的攻击就此又拉开了帷幕。连续经历了大旱、大风、土夹雨的宋神宗又一次恐慌了，他担心地向王安石垂问"天变"的原因。而此时的王安石相比第一次罢相时更加心力交瘁，这年的六月，他的儿子王雱因为改革派内部的互相攻击，因病离开了人世，王安石为此痛苦不已，精神受到了严重的打击。如今改革派内部得力之人基本上因为政治斗争离开了王安石，朝局如此，他一个人已经是无力回天了。其实在第一次罢相的时候宋神宗与自己之间就出现了裂痕，这时反对派又开始对他进行政治攻击。宋神宗与他共同经历如此多的考验，天象一变，他还是开始怀疑王安石，质疑变法。受到多重打击的王安石又一次向宋神宗请求辞相。

而此时宋神宗的心情也是复杂的，他始终不明白为何他一直认为利国利民的新法却从来得不到朝臣的认可，自变法推行以来，朝廷就一直处在混乱当中，再加上天象频繁地变化让他原本就紧张不已的内心压力倍增。神宗一直信任王安石带领的变法派如今内讧不止，让他不得不开始怀疑王安石对他的忠心。这次没有过多挽留，宋神宗同意了王安石辞相，王安石再次回到金陵去做一个地方官，退居金陵之后，王安石开始潜心于学问的研究，"青山缭绕疑无路，忽见千帆隐映来"，从此再也不过问政事。

罢相之后，远在江宁的王安石也没有被宋神宗所忘记，熙宁十年宋神宗皇帝赐他为集禧观使，到了元丰元年又封王安石为尚书左仆射、舒国公等职。元丰三年改制时，王安石又被封为荆国公。事实上，这些职位和荣誉对于离开朝政之后的王安石都无关紧要了。

改革仍在继续

王安石走了，宋神宗失去了最得力的助手，改革的使命落到了他一个人的肩膀上，今后的路将要由他独自去行走。让人欣慰的是王安石的努力让宋神宗朝的局势得到了很大的改观，回望过去的几年，变法改革虽然引起了不少争端，但事实证明国库确实是比宋神宗继位时充盈了不少，熙河也已经收复，南方的叛乱经过几次的平定也恢复了平静，西北军也在逐渐强大。面对渐渐好转的态势，宋神宗所要做的就是维持下去，这时变法已经可以从开始的激进逐渐转向平稳的道路了。

这时的宋神宗经过初期的改革斗争已经羽翼渐渐丰满，由他独立支撑起这个帝国的时候到了，他将从王安石的辅佐之下走到前台，亲自主持变法。为此他特意将年号从"熙宁"改为"元丰"，以此显示一个新的时代、属于他的时代即将到来。

王安石离开后宋朝的宰相之位空缺，宋神宗必须再次寻找一个有德有才的人接替王安石的位置来帮助他处理朝政。宋神宗的目光开始在整个宋朝扫视，最终落在了一个叫吴充的人身上。

吴充字冲卿，建州浦城（今属福建）人，和前首相王安石是儿女亲家。吴充为官多年，也是宋朝的老臣了。不料吴充上任之后居然向宋神宗建议，把反对派司马光、韩维等人起复回朝共同治理朝政，他的建议显然是想要废除新法，把宋朝的政治拉回原点，司马昭之心路人皆知。他的建议遭到了蔡确等人的强烈反对，蔡确马上上书宋神宗，弹劾吴充利用私权想要毁掉宋神宗一手创建的新法和这么多年以来的良好局面。新法一旦废除，朝局必将动荡，到时候天下百姓就会苦不堪言，而皇上也会因此失去好不容易获得的民心，吴充其心可诛！坚持新法的宋神宗当然不会轻易听取吴充的意见，把自己多年的政绩毁于一旦，他罢免了吴充，另选"三旨宰相"王珪接替吴充之职，但王珪为人胆小怕事，明哲保身，一味地顺承帝意，实际的重担还是由皇帝一人担任。

宋元丰年三年，太皇太后曹氏突然病倒，且病情十分严重。宋神宗自幼就与祖母感情深厚，太皇太后一病，宋神宗为此担心不已，在繁忙的朝政中还每日抽空去探望。一日，宋神宗和太皇太后的弟弟曹佾一起去慈寿宫探望曹氏的病情，坐了一会儿之后，宋神宗向祖母请示因有政事需要处理，先行告退，实际是想让祖母与他的弟弟说说知心话。但在宋神宗还未离开慈寿宫之时，曹氏就对弟弟曹佾说道："今日皇上带你入宫，是因你与哀家有姐弟情分，骨肉至亲。如今哀家有疾在身，皇上才格外开恩，许你进宫探望哀家。皇家内院不是你久留之地，你还是快走吧。"

原来太皇太后一直不许曹佾入宫，更不许曹氏家族干预国政。曹佾听姐姐如此吩咐，于是立刻退出寝宫。太皇太后的病情随着时间的流逝日益加重，宋神宗衣不解带，通宵守候在祖母病榻前，宋神宗这样的举动令曹氏感动不已。然而生死由天，并不是人力可以控制的，曹氏也知自己命不久矣，于是命宫女扶她打开一个小箱子，将一叠奏章亲自递与宋神宗，命宋神宗等她辞世后再看，还吩咐他不许因奏章之事而开罪于人。在这之后，太皇太后又提笔写下"博爱亲民"四字，赐予宋神宗，希望他能够爱惜子民，造福苍生，做一代明君，遂与世长辞。

曹氏过世后，宋神宗伤心不已，他打开祖母给他留下的奏折，大惊。这些都是当年宋仁宗立父皇当皇太子之时，群臣劝谏宋仁宗的奏章。宋神宗见状，放声大哭。他与曹氏虽不是至亲血脉，倘若当年不是皇祖母扶持，他与父亲怎会有今日？于是尊谥为慈圣光献太皇太后，继而进封曹佾为中书令。

太皇太后的丧事操办完毕，转眼间就到了六月。为了改变宋朝多年以来的"冗官""冗费"局面，宋神宗以《唐六典》为依据开始着手整顿宋朝的官僚体系。自宋太祖赵匡胤建国以来，宋朝为了制约官员的权力，设置了许多部门来互相牵制。权力确实是被制约了，但官员和行政部门过多造成了职权分配不均，许多职位根本就是尸位素餐，国家行政机构过于庞大，到11世纪中叶宋朝全国官员总数量已超过2.5万名，有些官职没有定员，根本是徒有虚名而已。并且官员除薪金及俸禄以外的一切费用都由国家负担，包括服装费、生活费等。加之官员中官僚主义作风日益严重，办事效率和活力都严重下降，"冗官""冗费"成为宋朝官僚制度的一颗毒瘤。

尽管如此，太祖以后就根本没有人去触动过他。宋神宗进行这次改革的目的就是精简国家行政机构，改变宋朝官场萎靡不振的不良现状。

元丰三年八月，宋神宗开始着手于中央官制的改革，根据《唐六典》，颁行三省、枢密院和六部的新官制，并下令命翰林学士张藻与枢密副承旨张诚共同办理此事。宋神宗下旨规定以阶易官，凡旧有虚衔，一律罢去，改革后的阶官为二十五阶，比原来的四十阶少了十七阶，等等。这样一来，宋朝的官制有了很大的改变。宋神宗在元丰年间的官制改革，在一定程度上改变了宋初以来混乱的官僚体制，使宋朝"冗官""冗费"的局面得到了极大的改观，同时也奠定了北宋后期甚至延续到南宋的官僚基本制度。宋神宗的这一举动也充分表现了他坚持新政，继续变法改革的心愿和决心。

除了改变官制之外，宋神宗在军事等各方面都在进行着变革，王安石走后，新法并没有式微，而是以新的姿态在一步一步向前走着。

正当宋朝借着改革变法在逐渐强盛的时候，西夏方面却发生了一件大事，正是这件事促使后来宋朝与西夏的战争。

夏毅宗去世之后，年仅8岁的皇子李秉常继位，即后来的夏惠宗。由于新皇帝年纪太小，西夏此时的政权落入了太后梁氏的手中。逐渐长大的李秉常想夺回属于自己的权力，但是由于太后掌权太久，怎肯轻易将这大权交出呢？为了夺回皇权，李秉常决定向宋朝请求支援，他下令西夏废除番礼，实施汉礼，以此来向宋朝表示友好。他还向宋朝派去使者，称倘若宋朝支持他夺回皇权，他愿意将黄河以南属于西夏的土地——富饶的河套平原都拱手让给宋朝。面对李秉常的示好，宋朝也做出了回应，宋神宗一方面派出使者去西夏谈判，另一方面开始积极备战。但此时，李秉常废番礼，向宋朝示好的举动让梁氏家族非常不满，想要夺权的举动已经为他的母亲梁太后所察觉了，她非常愤怒，于是下令把皇帝赶出皇宫，关押在木砦。

　　李秉常主动对宋朝示好，如今西夏国发生内乱，宋朝正好借此机会一举消灭西夏，牵制辽国和吐蕃，一显大宋国威。更何况河湟之地已经收复，王韶在《平戎策》中所说的收复西夏的时机也已经成熟，这是一个千载难逢的好机会，宋朝无论如何都不能坐视不管。此时孙固上书言道："常言道，'出兵易收兵难'，陛下应当小心审慎，此时万万不能轻言用兵！"宋神宗听孙固言后默然了，但这时的辽国已经在东北边境蠢蠢欲动，宋朝如果不及时采取措施收复西夏，难免辽国会先入为主。到时候，辽国和西夏结为一体，对于宋朝的军事威胁将空前增长，后果不堪设想。基于上述原因，宋神宗皇帝决定派兵西征，收复西夏。

　　大军出征必须有一个有才有德之人作为主帅，于是孙固又向皇帝请奏道："陛下将命何人做西征军统帅呢？"宋神宗说已命李宪作为主帅，他参加过熙河开边，想必会比其他人更有经验。孙固听宋神宗如此说就再无他话了，宋神宗于是颁下诏书，命李宪、高遵裕等五路并进。高太后听闻此事，连忙劝说宋神宗道："且还是收回高遵裕一路吧，别路怎样哀家不知。但高遵裕万万难以担此大任，派他出征势必贻误军事，望皇儿三思。"宋神宗不解，高太后又说道："他乃我从夫，哀家深知他的为人。他别事不提，就只一样，气量狭小，是绝不能容忍别人的功劳盖过他的。"对于高太后的劝说，宋神宗没有考虑，后来也正是因为高遵裕气量狭小，不容刘昌祚功盖于他。于是在攻打灵州之时大失良机，导致宋军在灵州一役中惨败而归，这些都是后话。

元丰四年七月，宋朝派出军队共计三十五万，由参加过熙河之役的太监李宪为主帅，开始兵分五路（李宪熙河路，高遵裕环庆路，刘昌祚泾原路，王中正出河东路，种谔出鄜延路）进攻西夏。这几乎是宋神宗朝以来规模最大的一次军事行动，宋神宗几乎为这场战争赌上了自变法以来的全部成果，此战如果收不到预期的效果，宋神宗将要背负千古骂名，因此，他身上的压力是巨大的。

西征大军由太监李宪、王中正和外戚高遵裕带领，浩浩荡荡向西行去，一场大战即将拉开帷幕，而前方仍是一个未知数。元丰四年八月，平定西夏的战斗打响，为了牵制西夏的主要兵力，由左翼的李宪部首先发起进攻。八月中下旬，李宪出兵熙河，开始向新城挺进。

在宋夏两国的边境线上两军相遇了，熙河兵团大败西夏骑兵，斩杀西夏兵两千余人，并且占领了西夏建在女遮谷的军需仓库，宋军初战告捷。为了使熙河兵团按宋神宗的设想起到牵制敌人的作用，大战之后，李宪在附近的兰州城建立了宋军的军事据点来吸引西夏的主力部队。不出所料，不久之后，西夏的援兵赶到兰州，把兰州城重重包围起来。宋神宗军事布局的第一个目标达到了，由于西夏主力军团被李宪牢牢牵制在兰州，到了九月，西征大军对西夏展开了史无前例的猛烈进攻。

好消息一个接一个地传来，首先是种谔的鄜延军先发制人，在米脂城附近的山谷大败西夏梁永能的骑兵部队，俘获西夏枢密院七名将领，斩杀敌人八千余人，获得的战利品不计其数。梁永能战败逃跑之后，米脂城投降。在这之后，种谔又率领鄜延军攻占了银州和夏州，向盐州方向前进。鄜延军攻下盐州之后，直接向灵州杀将而去。接下来，熙河兵团开始向西夏的核心天都山（李元昊所建，原西夏皇宫所在地）挺进。李宪部在天都山和西夏精锐部队展开生死较量，最终攻占下了天都山，一把大火将李元昊当年所建的西夏皇宫烧得灰飞烟灭、片瓦不留。

壮志未酬身先死

宋神宗多年的军事理想在永乐城大败之后破灭了，在这之后他的心情一直都郁郁寡欢，不久就染上了疾病。

这一日，皇后向氏看宋神宗心情阴郁，闷闷不乐，便邀皇帝与她共游御花园，希望以此来排遣宋神宗心中的烦闷。不料园中景致不但提不起宋神宗的兴致，对景伤情，反而给他徒增感伤。回到后宫之后，宋神宗便头疼发热，感染了风寒，太医诊治了多日也不见好转。元丰七年的秋天，宋神宗在一次宴会上突然把酒杯都打翻，全身抽搐，已露出重病的征兆。元丰八年的正月，宋神宗病情加重，卧床不起，随后病情一直未见好转，反而越来越重。三月，在位17年的宋神宗带着深深的遗憾、痛苦和对自己的谴责离开了人世，带着他深深的无奈和失望离开了这个纷争不断的世界，这时他年仅38岁，谥号体元显道法古立宪帝德王功英文烈武钦仁圣孝皇帝，后葬于永裕陵。

"老臣他日泪，湖海想遗衣"，这时一代名相王安石听闻宋神宗的死讯，泪流不止，提笔为宋神宗皇帝作了一首哀悼诗。王安石回想过去，这位壮志未酬的皇帝曾经与他并肩作战多年，与他一起共同抵抗反对派的攻击。即使他在变法的途中几次动摇，对他也有所怀疑，但他对新法的坚持，心怀苍生、至君尧舜的理想无时不在感动着王安石。宋神宗的英年早逝带来的必然是变法的失败，不出王安石所料，宋神宗一死，新法就被全面废除。而他，不久之后也因抑郁之症，一病而亡。王安石死后，谥号"文"，后来的宋哲宗赵煦追赠他为太傅，并命大文学家苏轼撰写了《王安石赠太傅》的"制词"。

宋神宗死后，继位的是他的第六个儿子——后来的宋哲宗赵煦，改元"元祐"。由于当时赵煦的年纪过小，不能处理朝政，由宋神宗的母亲、后来的太皇太后高氏垂帘听政。宋神宗的死使变法派失去了最强大的靠山，由于高太后一向反对新法，对儿子推行新政本来就非常不满，也曾经多次极力劝阻过宋神宗。宋哲宗继位之后，高太后立即召回了司马光等反对派旧臣前来辅政，废除了熙宁新法中的大部分措施，这就是历史上著名的"元祐更化"。新法在宋哲宗朝的废除，实际上是庆历新政之后北宋改革又一次向士大夫和贵族阶层的投降。北宋的历史在宋神宗去世之后重新回到了起点，在这之后又将开始朝新的方向发展，这些都是后话。

熙宁、元丰年间的新法就这么轰轰烈烈地来了又去了，关于历史上这场著名的改革，关于宋神宗和王安石，关于变法派和反对派，历史上的争议数不胜数。

首先，应该清楚的是变法的根本阻力来源于它的根本目的，那就是战争。宋朝的历史发展到了宋神宗朝，已经形成了一个基本的模式。由于宋朝前期在边战一败再败的屈辱历史，后来的皇帝只要能够用其他方式维系和平，根本不愿轻易言战。以当时士大夫的角度来看，他们所奉行的是孔孟之法，战争劳民伤财，有违圣贤之道，不到万不得已万万不能为。而年轻的宋神宗却不满于现在的状态，一心要改变这一格局，于是他找到了与他志同道合的王安石，变法改革开始了。这样的举动自然受到士大夫阶层的反对，他们认为国家本来相安无事却主动去引发战争，打乱国家的正常运转，根本是王安石利用新法迷惑皇帝，想要一人之下、万人之上。他们却没有看到，如果放任边疆不管，养虎为患，终将酿成大祸。用金钱维系的所谓和平又能撑得了几时呢？战争是一时的，而宋朝以后的太平错过了这个时期却是用钱再也换不回来的。

从这个角度来看，变法是势在必行的，在宋朝当时的情况下，宋神宗不找王安石也会找其他人。至于怎样变法，有两条道路可选，第一条是急变，第二条是缓变。宋朝如此庞大的一个国家，要对它进行彻底的变革谈何容易。事情宜缓不宜急，王安石原本的想法也是如此。改革艰难，举步维艰，一个不小心，就会举国大乱、民不聊生。然而战争所迫，必须为国库快速增收。不得已，宋神宗和王安石才选择了这样如此凶险的变革之路，熙宁新法涉及内容之广，在农业、商业、军事、教育等各个方面都远胜范仲淹当年的庆历新政，只是因为当时军事这个亟待解决的问题导致操之过急，因而利弊互见。

变法者注定是孤独的，新法一开始就不出所料地受到反对派声嘶力竭的攻击。王安石和变法派内部所受到的压力是不可估量的。新法的基点是在有利于百姓的同时通过各种途径为国库增收来支持未来要发生的战争，这样势必从各个方面损害了士大夫阶层的利益。站在自身的利益角度，士大夫阶层一边以皇帝不是在与平民阶层统治国家，而是在与士大夫阶层统治国家，所以不能为了平民百姓而损害士大夫的利益为由阻碍着新法的推行，一边又没有发挥他们自身原本应有的帮助皇帝治理国家的作用，而是为自己的享乐在贪污腐化。

自登基始，锐意进取的宋神宗就一心想通过变法实现他心中远大的理想。终其一生，他都在不懈地坚持着新法，从未放弃。但他在新法的实施过程中一次又一次地动摇和犹豫，这又是为什么呢？事实上，年轻的他政治经验太浅，又太过于追求变法自身的完美。试想，一场变革怎么可能不改变一个国家原本平静的波澜不惊的状态就取得成功呢？他不明白，没有一场变法是在平静中度过，没有一场变革是不用付出鲜血和生命的代价的。在新法给宋朝带来新气象的同时，他也不断地在怀疑。

　　而对于变法派和反对派而言，两派之间存在分歧，根本原因是变法本身存在的弊端。改革派本身推行新法站在皇权的角度上讲是无可非议的，但新法在实施过程中出现的一系列问题在某些程度上否定了新法本身。后来，变法派内部互相攻击，使变法集团成了一盘散沙，也是新法运动不够成功的一大原因。而反对派站在绝对对立的一面对新法横加指责，进行全面的否定。两派的斗争致使新法的推进阻碍重重，发展到了后来，利益之争已经超过原本道德礼义的底线，而新法的成败也演变成两派斗争的幌子，开始慢慢违背了它一开始"富国强兵"的初衷，逐渐演变成宋朝历史上最大的党争。这不得不说是变法带来的消极作用了，政治斗争的最终结果是两败俱伤，宋朝的政局从此也陷入一片混乱，不仅新法的实施没有得到有效的推行，更严重的是影响了国家的运转。

　　宋朝的变法从一开始就建立在一个堕落腐化的士大夫阶层之上，所以它的失败从某种角度来说也是必然的，前朝庆历新政的失败就是一个鲜明的例证。士大夫阶层的腐化不仅是造成变法图强之举失败的根本原因，从更深的层面上来看，这也是宋朝内外困顿如此、萎靡不振的根源之一。

一代名相王安石，治世才华无双，为人勤俭且无奢欲，为当世所赞扬。他帮助宋神宗锐意进取，推行变法，但因时代不容，用人不当等多种原因，两次罢相，为之倾尽一生心力的变法最后也以失败告终。王安石顶着时代巨大的压力，为天下百姓的利益推行新法，变法的失败是历史的局限，而不应是他个人的过错。纵观北宋历史，王安石的才华，他的"天命不足畏，人言不足恤，祖宗不足法"的超越时代的大无畏精神也值得我们欣赏和赞扬，不愧"一代名相"之称。

起复司马光

皇太子赵煦，是宋神宗赵顼的第六个儿子，不谙世事的他就这样糊里糊涂地被推上了皇帝的宝座，看似最简单却也是最合理的原因：在现存的皇子中，他年龄最大。这一年，他仅有10岁，还是一个孩子，哪懂得什么所谓朝廷大事，更谈不上理政的能力。赵煦在位的第一个年号称作"元祐"，意思是说他和他的祖母高太后一同执政，但是实际上一切的军政大事的最高决策权全掌握在高太后手中。堂而皇之，铁腕女人高太后便开始了9年的垂帘听政。

《续资治通鉴》评论她："临政九年，朝廷清明，华夏绥害。杜绝内降侥幸，裁仰皇亲私恩，文恩院奉上之物，无问巨细，终身不取其一，人以为女中尧舜"。

一个女人，竟能被冠以"尧舜"之名，可想而知，她的历史影响力不是可以简单地一笔带过的。

高氏的曾祖父是宋初名将高琼，祖父是名将高继勋，母亲是北宋开国元勋曹彬的女儿，姨母是宋仁宗皇后曹氏，可谓身世显赫。自小在宫中长大的她经历了许多重大的宫廷事件，见识相当不凡，绝非普通女子可相提并论。她拥有优厚的家世背景，再加上自己的不凡才识，身居皇后的高位，再加上当时的形势，自然会有一番非凡的作为。

高太后垂帘后，"以复祖宗法度为先务，尽行宋仁宗之政"，养民生息。她治下的9年，百姓安居乐业，呈现一片繁荣和谐的景象，史称"元祐之治"，堪比汉朝的"文景之治"和唐朝的"贞观之治"。

高太后虽从小养尊处优，却不奢侈铺张。她崇尚节俭，以朴实著称，"恭亲见度越前古"，常教育皇帝说："一瓮酒，醉一宵；一斗米，活十口。在上者要尽量减少浪费，提倡节俭。"高太后的衣饰常用布衣，不用丝锦；宫中膳食，只用羊肉，因为羊吃草，不吃粮食，而牛因能耕田，则严禁食用。

高太后的弟弟高士林曾长时间在朝廷做官，但一直都没有得以升迁。宋英宗觉得很过意不去，于是想为高士林升官。当时的高皇后谢绝了宋英宗的美意，她说弟弟士林能够在朝为官，对他们家来讲已经是一种恩典了，做官凭借的是个人的能力，切不可碍于自己皇后的身份而成为家人升官的捷径。宋神宗为表孝心，几次要为高氏家族修建府邸，高太后认为太奢侈无论如何都不肯答应。她最后接受了朝廷赏赐的一片空地，但由高家人自己出钱建造房屋，没用国库一文钱。高太后贵为一国之母，却深明大义，不滥用权势，实在是难能可贵。

如此清正廉洁的一位皇后也难怪被后人奉为"女中尧舜"，足见其治下朝政清明。虽然谨慎细心是女人的一种特质，但养尊处优、身居高位的高皇后仍能事无巨细地打理自己的生活琐事和朝中大事，并且拥有公私绝对分明的处世态度，实在令世人大加赞赏。

高太后是个不折不扣的死硬守旧派，政治主张尽显其盲目和固执。宋神宗在位时，就以"祖宗之法变不得"为由，对变法横加阻挠，还曾与宋仁宗皇后曹氏一起在宋神宗面前哭诉王安石变法败坏祖宗家法，害苦天下百姓。高太后已经习惯了高高在上的地位，极力反对一切变法革新。如今高太后辅佐孙儿主持朝政，大权在手，有关变法的一切将被无情地撕成碎片，一切革新也将灰飞烟灭……

高太后垂帘听政，急需得力的助手，满朝的文武百官没有一个能入高太后的眼，于是，她突破了朝中的范围，将眼光投向在野人士、归隐西京洛阳的司马光。

对王安石变法，司马光始终感觉有些不妥，从始至终他都坚决反对。但是王安石背后有宋神宗的强大支持，而自己只是一个并无多大权势的文官，并无多大发言权，如果在朝堂上公然表现反对变法，无异于以卵击石。深谙世事的司马光很有自知之明，他并没有顽固地同变法派斗争下去，没有伺机报复和恶意中伤对手，相反，他选择了回避和退让。处在这种时局中，很多事没有必要太过较真，急流勇退也未必不是明智之举。于是司马光主动向朝廷请命，辞官回乡，归隐山林，不再过问朝中之事。

不过，宋神宗皇帝的驾崩，使政治极为敏感的司马光觉察到自己的政途将出现一个转机。虽然司马光 15 年来一直归隐山林，但他始终没有忘记关注当下的国是，朝廷下一步的走向他已心知肚明。果然不出所料，高太后垂帘听政后的第一件事就是召回反对变法最坚决的司马光。司马光不负太后所托，果断地采取各种措施来平复在他看来已经失范的朝廷秩序。他立即打出"以母改子"的旗号，全面废除新法，也就是历史上著名的"元祐更化"。

司马光不顾当时的时局一味地废除新法的各项措施，不可避免地引起了当时支持变法一些人的反对。一时之间形成了守旧派和改革派激烈的争论，朝政一片混乱。

司马光将新法废除殆尽后去世，早就乡居的改革派精神领袖王安石也于同年驾鹤西游。一时间，守旧派和改革派群龙无首，国家政权出现了真空状态。高太后始终是守旧派一方的后台，司马光深得高太后器重，是高太后的股肱之臣，高太后对其信任非常，并委以重任。司马光死后，她仍在执行司马光推崇的许多措施，并起用大批反对新法的官员如文彦博、吕公著、范纯仁和吕大防等人，又将支持变法的官员吕惠卿、章惇等人逐出朝廷，从而激化了统治集团内部的斗争。

当年宋神宗富国强兵的希望早已被这些利欲熏心的臣子抛之脑后，变法沦为两党互相倾轧的工具。而掌权的高太后也没有采取措施去调和两党之间的矛盾，她所做的只是一味地支持守旧派。

宋哲宗艰难的成长之路

宋哲宗只是一个孩子，没有能力掌握朝政大权。这似乎是高太后垂帘听政最好的也是最合理的理由。高太后一开始似乎在竭力维护一个安于本分的好女人形象，在宋哲宗继位时，就一再表示她性本好静，垂帘听政实在是出于无奈。宋哲宗年纪小，不谙世事，作为奶奶的她不得不为自己的孙子妥善地安排朝中大事。就这样，"无奈"的高太后将朝廷大权紧紧地握在自己的手中，表面上总是为自己的"无奈"寻找托词，心中却是无限欢喜。在高太后垂帘听政时期，朝中事情事无巨细都由她与几位大臣处理，此时的宋哲宗倒是成了局外之人，对朝政几乎毫无发言权。大臣们也认为，宋哲宗年纪尚小，根本就不懂得如何处理朝政，理应由太后来辅助幼帝管理朝中大事。当时的宋朝大臣们似乎只知有太后而不知有宋哲宗，每次上朝，大臣们向来是向太后奏事的。高太后也没觉得有什么不对，俨然一副宋朝女皇帝的模样。每次上朝，宋哲宗总是与高太后相对而坐，大臣们每次向太后奏事的时候，根本就不会转身向宋哲宗汇报，以致宋哲宗根本看不见朝中大臣的正面。当时的辛酸苦楚和无奈也只有宋哲宗自己最清楚了。身为一国之君，宋哲宗并无实权，实乃有名无实的傀儡皇帝。

如果说宋哲宗年龄小，没有能力处理朝政是高太后垂帘听政的原因，也是说得过去的，历朝历代辅政的女人也屡见不鲜。等皇帝长大成人，自然应该把朝政大权归还给皇帝本人。然而，很多时候往往事与愿违。人一旦安于某种状态，再去做某种改变就会存在一定困难。高太后虽然不是皇帝，却身居皇帝的高位已达数年之久，尽管是垂帘听政，但的的确确在行使着皇帝的权力。直到宋哲宗已经长到 17 岁，权力欲极强的高太后仍然将朝政大权握在自己的手中不肯归还，积极参与听政。而大臣们似乎也已经习惯了高太后听政，忽视了已长大成人的宋哲宗，对这种状况没有表现出丝毫不满，依然坚持有事先奏太后，有宣谕必听太后之言，也不劝太后撤帘。

这时的宋哲宗已经不再是之前的小孩子了。在古代社会，一个 17 岁的普通孩子完全可以被看作成年人了，更何况是一国的君主呢？17 岁也是一个敏感的年龄，是人成长的一个重要阶段。宋哲宗已经长大了，有自己的想法，也有能力来掌管朝政了，在他的内心深处早已受够了这种傀儡状态的折磨，他需要得到别人的重视，需要实现自己帝王的价值。

然而高太后和大臣们从不提起还政之事，在他们的眼中，宋哲宗只是个孩子，不过是挂了个皇帝的头衔而已，不会有多大作为的。或者说，是他们一直就希望宋哲宗是个孩子，不需要太大的作为。

在处理朝廷大事方面，宋哲宗似乎是被忽略了帝王的身份，但是高太后在宋哲宗的教育方面不敢有丝毫的放松。一国之君应该有什么样的学识和素养，高太后是心知肚明的。毕竟是一国的君主，怎可不学无术，岂不贻笑大方？

作为一个帝王，从小接受到的教育可以说是相当严苛的，宋哲宗也不例外，他从小就受到大臣既恭敬又严肃的教育。"近朱者赤，近墨者黑"，环境对一个人的成长有着不可忽视的作用，高太后也深刻地意识到了这一点。由于从小就住在宫中，能与宋哲宗接触较多的是侍读大臣。高太后就是想通过大臣们从小对宋哲宗点点滴滴的教育，使宋哲宗成为一个恪守祖宗法度、通晓经义的皇帝。因此作为侍读大臣，无论是学问上还是人品上，都必须是超群拔俗之辈，吕公著、范纯仁、苏轼和范祖禹等人就曾担任过宋哲宗的侍读大臣。

另外，宋哲宗的日常生活也受到高太后的严格约束。为了避免宋哲宗过于沉溺女色，误了朝政，常常令宋哲宗晚上在自己榻前阁楼中就寝，还为其安排了20个年长的宫嫔照顾他的起居。高太后的所为虽是为一代帝王着想，但实际上等于限制了他自由活动的空间。

高太后采取这些措施，本意是为了照顾和保护宋哲宗，但她的方法有失得当，或者可以说是过于严苛，这使年轻的宋哲宗感到窒息，无形之中加重了他的逆反心理。太后对于这点却始料不及，这都是后话。

高太后是一个铁腕女人，垂帘听政，一手包揽政务，难怪有"女中尧舜"之称。在宋哲宗的教育与生活等方面，这个做奶奶的也考虑周到，尽量都为宋哲宗安排妥当。年少的宋哲宗只能被动地去适应奶奶为自己施加的高压政策，实属无奈之举。如果说，高太后只是针对宋哲宗本人还说得过去。然而，这位心思缜密的女人不光要对宋哲宗施压，就连宋哲宗的生母朱德妃也不放过，这实在让宋哲宗难以忍受。

朱德妃出身寒微，幼年时的经历极为坎坷，其生父早逝，母亲随后改嫁，当时跟随母亲的"德妃"并不受继父的喜爱，出于无奈，她只得寄居在亲戚家里。她是作为秀女被选进宫里的，刚开始只是宋神宗的侍女，后来生了赵煦、蔡王赵似和徐国长公主，身份才有了改变，但是直到元丰七年才被封为德妃。

朱德妃性情温和，对高太后向来是毕恭毕敬的，按说高太后也就没有必要对她施加什么压力了，然而或许是出于某种隐忧，或许是担心赵煦母子联手威胁到自己的地位，总之，一切潜在的可能性必须被扼杀。高太后对朱德妃进行了非常严格，甚至可以说是苛刻的控制。赵煦以身为帝王的身份，朱德妃却未能母凭子贵，仅被尊称为太妃。更难以忍受的是每天必须看太后的脸色行事，整日如履薄冰，尽管不去争不去计较，但还是躲不过被排挤，个中的辛酸苦楚更无人倾诉。

傀儡皇帝赵煦

赵煦这个皇帝并不是那么好当的，仅仅 10 岁而已，能懂得什么朝廷大事呢！在高太后和大臣们的眼里，只是一个什么都不懂的小孩子而已！事实也是这样！倘若是生在普通百姓人家，一个 10 岁的孩童还应该在跟小伙伴们无忧无虑地玩耍呢。但是生在帝王之家的赵煦恐怕是没有这种权利了，他是一国之主，担负着天下的重任！

然而他的奶奶高太后可是一个强势的女人，有着不同于普通女人的胆识和魄力。自从赵煦继承皇位以来，她就垂帘听政，忙了起来。垂帘听政这一做法，似乎并没有引起朝中大臣们的异议，在大臣们看来似乎是合情合理的。一方面，高太后出身名门，胆识过人，对朝中大事也有一定的了解；再加上她秉性清廉，深得大臣的信任与敬仰。另一方面，赵煦年龄尚幼，而高太后又是赵煦的奶奶，作为奶奶帮助孙儿处理政事也不算是越俎代庖，毕竟是一家人，于情于理都说得过去，高太后自然就顺理成章地掌管起了朝中大权，这一掌权就长达 9 年。在这 9 年中，宋哲宗虽然身为一国之君，却没有发言权。

首先是宋哲宗的年号上。赵煦在位的第一个年号称作"元祐"，意思是说他和他的祖母高太后一起执政。一个皇帝的年号竟然要把自己的祖母绑在一起，而且表面上说是与祖母一起执政，但实际上是由祖母全权负责朝廷的一切军政大事，年幼的宋哲宗基本上是没有任何发言权的。高太后俨然以君主的身份面见大臣们，对大臣们的奏折也是逐个批阅。而此时的宋哲宗呢？"一切都是年龄惹的祸。因为朕小，不能参议朝中大事；因为朕小，太后和大臣们就可以当朕不存在吗？更为荒谬的是，因为朕小，朝堂之上，大臣就可以仅向太后奏事，并以背相向吗？真是岂有此理！那朕的存在还有何意义？干脆朕将皇帝之位让与太后算了，成全了这位当朝的'武则天'罢！等着吧，总有一天朕会长大的，太后会老去的，笑到最后才是真正的赢家。你们这些敢无视朕的奴才，会知道朕的厉害的！"

一通无奈的牢骚过后，一切还得照常进行。宋哲宗现在能做的就是乖乖地听从太后的安排。而他唯一愿意做的，或许就是等着自己慢慢地长大，成为名副其实的皇帝，而不是活在太后的阴影之下。

是的，高太后做得实在是太多了，多得有点过分了。朝中大事由她把持，宋哲宗的教育由她负责，就连宋哲宗的生活她都不放过。真是一位"心思缜密"的女人。殊不知她的过分干涉只能引起赵煦的反感。一个正处在成长中的孩子，是有叛逆心理的，过分关注不是爱他，而是害他。他需要自己的空间，需要为自己的成长做主，需要为自己的未来规划。一个普通的孩子尚需如此，更何况是一国的君主呢，他身上肩负的可是全天下的命运！

若高太后是真心为孙儿好，那她着实应该放手了。她应该明白，以后的路是要赵煦和大臣们共同走的，毕竟赵煦才是真正的帝王。她所做的应该是逐渐地将军政大权交给赵煦。让大臣们意识到真正的皇帝是赵煦，而不是她这个太后。这个年幼的皇帝更需要他们的扶持，路是一步一步走出来的，能力也是一点一点培养出来的。皇帝虽小，但总有一天会长大的。雏鹰不能飞只是暂时的，翅膀还不够硬，但总有一天它会搏击长空的。赵煦也一样，他需要得到太后和大臣们的重视，每天练习处理一点政事，潜移默化，日子久了，自然就会得心应手。这样，太后就有时间颐养天年，大臣就会对未来的君主充满信心，赵煦也会很快地成长起来了，何乐而不为呢？

这个权力欲极强的女人丝毫不肯放下自己手中的大权，她已经习惯了高高在上的样子，她更喜欢对自己的孙子颐指气使，让后人永远铭记宋朝的历史上曾经出现过一个很有作为的太后，或者可以与唐朝的武则天相媲美。这种想法是那么美妙，这种想法同样又是那么自私。她的这种做法无形当中对年轻的宋哲宗带来了深深的伤害。宋哲宗无奈，尽管是"高高在上"的帝王，却一直活在奶奶的影子下，徒有其名而已，难以实现自己的价值，这无疑令人对他亲政之后对国家大事的处理能力担忧。

元祐八年（1093年），高太后病逝了，死时带着很深的忧虑。她仿佛知道死后会发生什么，把之前贬出朝廷的一些重臣召了回来，重新起用。这是她为保住自己创建的理想社会留下的最后一道屏障。

就这样，高太后的死标志着她垂帘听政的时期终于结束了，宋哲宗赵煦终于不用再做影子皇帝了，一切行程都将要步入正轨了。

宋哲宗绍述

尽管9年前的赵煦只是一个孩子而已，但这9年的时间足够他成长。在这9年里，他经历了太多，也忍受了太多。他一直致力于做一名受人敬仰的好皇帝，但是太后没有给他机会，大臣们也没有给他机会。在这9年里，赵煦更多的是以沉默来对抗高太后的专横跋扈，沉默中暗含着他的不满与叛逆。宣仁高太后登仙后，宋哲宗屡次与臣僚们追忆高太后垂帘时的情景，都说："朕只见臀部。"可见赵煦对高太后的独断专行、宰执大臣对太后唯命是从的境遇，早已心怀不满。毕竟自己才是真正的一国之君，岂能甘愿做一傀儡皇帝？

历史总是在重复着发生，不同的朝代总会发生许多类似的情节，同一朝代也难免会采取许多相类似的措施。高太后垂帘时，积极采取措施，打击变法派，首先就是召回归隐15年之久的守旧派大臣司马光。不知是在有意仿效高太后这一做法，还是政治本身就是一个怪圈，不管当政者是谁，都难以脱离这一窠臼。宋哲宗亲政后，也是先从整治领导班子入手，立即召回章惇、蔡卞、黄履和张商英等人。章惇等人曾是宋神宗变法时的重要人物，当时畅言变法是为了朝廷的社稷与国家的富强。然而此一时彼一时，经历了元祐时期旧党的残酷倾轧之后，他们的政治抱负在党同伐异过程中遭到严重的扭曲。当他们复出时，他们与亲政的宋哲宗一样，不是满心为江山着想，而是怀着强烈的报复心理。

如果说高太后垂帘听政时，以司马光为领袖的旧党对新党的打击是一种政治上的倾轧，那么到了宋哲宗时期，新党重新得到重用时，他们对旧党的做法就完全是一种政治上的报复行为了。

宋哲宗亲政后，朝臣窥探到了宋哲宗对高太后强烈的不满情绪，开始大讲高太后的坏话。在朝为官，见风使舵，看君主的脸色行事，这大概也是一种求生之道吧。

用人不疑，疑人不用。宋哲宗深谙其中的道理，之前的旧党大臣很显然不合宋哲宗的心意了，他在寻找能为自己办事的大臣。元祐九年二月，李清臣为中书侍郎，邓润甫为尚书左丞。

领导班子的改选只是第一步，政策也有了质的变化。李清臣在殿试发策时直接否定元祐政治，令"绍述"之意呼之欲出。"绍述"是绍圣年间使用频率最高的政治术语，其本意就是继承前人的做法，按既定方针办，对宋哲宗而言，就是继承其父宋神宗的遗志与事业。此时执政苏辙对李清臣的策论题表示不同意，并列举了汉昭帝罢去武帝晚年苛政等例子。宋哲宗对苏辙将宋神宗比武帝勃然大怒，范纯仁替苏辙说了几句好话。苏辙被贬，吕大防和范纯仁也先后被罢相。显然，此时已不同于往日了，宋哲宗的报复心很重，旧党不会有好日子过了，新党看似有备而来。

谏官张商英因元祐时没能受到重用而积怨在心，开始猛烈抨击司马光、文彦博，说他们误了朝廷、误了百姓。他甚至把高太后比为吕后与武则天，认为高太后在位时以皇帝自居，独断专行，使朝廷上下一片混乱。他时刻提醒宋哲宗，希望他不要忘了自己在元祐时期所受的耻辱。

作为变法派的拥护者，章惇在元祐元年罢政出朝，直到宋哲宗掌权时入朝拜相，并且他在宋哲宗期间始终独居相位。他永远不会忘记刘挚和王岩叟等人对新党的攻击，正是因为他们，他才被贬出朝廷。现在这么好的一个机会他怎么可能放过他们呢？章惇主持绍述的做法也很简单，但也是相当极端的，那就是将元祐年间废除的新法全部恢复，对元祐诸臣全部予以放逐和打击。章惇在宋哲宗的支持下，将旧党的主要人物吕大防、刘挚、苏轼、梁焘等人贬到岭南。邵圣四年，章惇等人频频上奏，宋哲宗又开始对元祐大臣进行了新一轮的打击。元祐群臣被点名的越来越多，活着的被越贬越远，官职越变越小，死了的被追夺赠官和美谥。司马光和吕公著不仅追夺赠官和谥号，连宋哲宗当年亲笔为他俩题写的碑额和奉敕撰写的碑文也被追毁。章惇与蔡卞等三省官员还要求将他俩"掘墓劈棺"，有人认为发掘坟墓不是盛德之事，宋哲宗也以为无益公家，这才罢手。

宋哲宗算得上一个相当情绪化的君主，他并没有为大宋的江山社稷真正考虑，他的心中更多的是报复，是在追求一时的快感。他的双眼已被强烈的报复心理给蒙蔽了。而他手下的那帮大臣也绝不是一批社稷之臣，他们以宋哲宗为靠山，打压报复当初让他们落魄的旧党。

江山社稷对他们来说远没有自己的利益重要。情绪化的君主带领的是一帮利欲熏心的臣子，试问这样的江山社稷还能维持多久？

宋哲宗的这种"绍述"使原本积贫积弱的北宋王朝更加积重难返。北宋灭亡固然还有外敌因素，但就其内政而言，"元祐"和"绍圣"年间的激烈党争是主要内因，其中"绍圣"年间的党争破坏性更大，其后政治混乱越发不可收拾。

"绍述"实际上是宋哲宗与章惇君臣在政治上以牙还牙，打击政敌。这种做法，逞一时而贻害无穷，身为一国之君的赵煦怎会不知，饱读圣贤之书的百官们又怎会不懂呢？诚如《宋史·宋哲宗纪》所说："党籍祸兴，君子尽吃，而宋争益敝"。

一个朝代没有一位圣明的君主是不幸的，如果再加上一帮心术不正的大臣，这个朝代可真是无药可救了。赵煦都无意治理天下了，更何况他的臣子们呢？这是一个失败的领导，一套失败的领导班子，在这套领导班子的带领下，这个朝代只能呈江河日下之势了。

高太后的垂帘和司马光的上台使得党争激烈化，导致了绍圣后宋哲宗和新党的反扑，这或许是在高太后和司马光预料之中的，但他们已无力扭转这种态势。

宋哲宗陨落

二十几岁理应是一个人风华正茂的年龄，朝气和活力应当是处在这个年龄段人的标志。然而宋哲宗的生命在这时走上了下坡路。宋哲宗的健康状况急剧恶化，从少年时起积累的老病复发了。赵煦是个早熟的孩子，小小年纪便做了皇帝，接管整个大宋的江山。然而他这个皇帝做得特别不顺心。10岁到19岁对一个孩子正是长身体的最重要的阶段，可是宋哲宗的心理一直是处于一种压抑，甚至是仇恨的状态，这种负面情绪摧毁了他的身体。据记载，宋哲宗少年时有宿疾，时常咯血。身为一国君主，经常咯血，这是何等的大事，理应动用全国的力量为皇帝治疗。然而高太后掌握着朝中的大权，她竟严令不许病情外传；不准请医生；咳嗽时不许用唾壶，要用手帕接住，之后内侍藏起来，不许任何人知道。自幼体弱多病的宋哲宗似乎注定了在生命的旅途中不会走得太远。

元祐八年的九月，垂帘听政的高太后终于撒开了手中的权力归天了，但即使是在弥留之际仍然没有忘记告诫宋哲宗："先帝后悔变法，为此甚至流出了眼泪，这件事我是非常清楚的。老身死后，一定会有很多人蛊惑皇帝，你一定不要听他们的。"高太后去世之后，18岁的宋哲宗开始了亲政，大权终于掌握在自己手中了，终于不再受制于高太后的高压政策可以随心所欲地治理江山了。

赵煦亲政后，翰林学士范祖禹曾经连上几道奏折，请求皇帝能够坚持元祐时期的政策。但是赵煦置之不理，不顾元祐大臣的阻止，提拔了原先侍奉他的几个宦官。正当他为朝廷缺少和他意志相投的大臣而苦恼时，吏部杨畏就举荐章惇、安焘、吕惠卿、邓润普等人，并讲述了宋神宗建立新政的本意和王安石变法的益处。宋哲宗很是信服，当下任命章惇为资政殿学士、吕惠卿为士大夫、李清臣为中书侍郎、邓润普为上书右丞。高太后在弥留之际对赵煦说的话显然是跟随着她的遗体被埋葬了，赵煦已然长大成人，9年的压抑让他对高太后和她手下的那帮大臣产生了不满的情绪，领导班子的改头换面或许只是赵煦释放不满情绪的开始。

不久，赵煦就将元祐九年改为绍圣元年，正式打出了继承宋神宗事业的旗号，从此朝局呈现出一派新气象。十几日间，元祐年间被贬黜的变法派分子回到了朝廷，而曾经在高太后垂帘听政时期风光一时的守旧大臣们则罢官的罢官、免职的免职，旧党在朝堂上的势力几乎被清除殆尽。变法派在宋哲宗的支持下，再度掌握政权，展开了对保守派的反攻，逐步恢复新法。

本身就满怀不满和压抑情绪的宋哲宗再在一帮报复心极重的大臣们的鼓动下很难保持头脑清醒，就这样，朝廷的悲剧在不断地上演着。此时的变法派已经全然没有了当年富国强兵的宏伟之志，只想报复打压侮辱自己的守旧派大臣。而宋哲宗是站在他们这一边的，一切实施起来会相当顺利。于是御史中丞黄履、张商英、来之劭等上疏，论司马光擅自更改先朝之法，实属叛道逆理，罪名昭著。宋哲宗就追夺司马光、吕公著死后所赠谥号，毁坏了为他们立的碑，保守派的吕大防、刘挚、苏辙、梁焘等人被贬官。随后，宋哲宗下诏："大臣朋党司马光以下，各以轻重议罪，布告天下。"次年八月，宋哲宗又下诏吕大防等人永远不得任用及恩赦。绍圣四年（1097 年），再次追贬司马光、吕公著及王岩叟等已死诸人官职。吕大防、范纯仁、苏辙等人流放到岭南。

堂堂一国君主，并没有将心思完全地放在如何治理江山社稷上，而是不断地对一个已经毫无地位的党派继续毫不留情地进行打压，甚至早已死去的敌人都不能幸免。试问这样的一国君主如何能将自己的江山治理得井然有序，让百姓安居乐业呢？这些负面的心态也给宋哲宗本来就状况不佳的身体增加了负荷。

最终，新党肃清了政敌，赵煦树立了皇帝的威信，然而，朝廷似乎没有就此安静下来，一波未平一波又起！就像当年的保守派一样，当他们共同的敌人被打倒，内部就开始分裂。宰相章惇原先主张文彦博以下三十人都流放到岭外，中书侍郎李清臣持异议，以为流放累朝元老将使舆论震动，不利于朝廷和社会的安定。宋哲宗采纳了李清臣的建议，重罪数人，其余不再问罪。这样，章惇和李清臣开始不和。绍圣四年（1097年），李清臣被弹劾，出知河南府。杨畏在元丰时是变法派，元祐时曾一度附吕大防，高太后死后又最先主张复新法。右正言孙谔说杨畏是"杨三变"，杨畏因此落职。孙谔论免役法，主张兼采元丰、元祐时期的政策。蔡京说孙谔想要给元祐大臣申辩，孙谔又因此罢职。

变法派刚刚在朝堂之上有了一席之地，还没有完全稳住自己的阵脚，就开始内部互相恶意攻讦，其后果相当严重。变法派本来势力就薄弱，内部分裂，更加削弱了。大臣之间的恶意中伤使朝廷没有安宁之日，也徒增了宋哲宗的烦恼。

后宫也不平静，孟皇后被废了，刘氏最终被册立为皇后，能将心爱的人册立为后也不失为一件美事。然而天有不测风云，皇子赵茂刚出生两个月就不幸生病夭折了。丧子的痛苦又将宋哲宗折磨得身心俱疲，本来身体状况欠佳的赵煦终于没能挺过去，也得了一场病，竟致卧床不起，不能视朝。元符三年（1100年）正月初八，驾崩于福宁殿。

宋徽宗登基

国一日不可无君，为大宋皇位寻找合适的继承人被提上了日程。大行皇帝无子，嗣君只能在赵煦的兄弟中遴选了。端王赵佶，是宋神宗赵顼的第十一个儿子，宋哲宗赵煦的弟弟，依宗法礼制，赵佶本没有继承皇位的机会，但是由于宋哲宗没有子嗣，向太后力主，几位大臣附和，赵佶才入主金銮殿，坐上了龙椅，成了天下的主人。风流才子错位做了皇帝，成了北宋的亡国之君。

赵佶生于元丰五年（1082 年）十月十日，据说在他降生之前，宋神宗到秘书省巡视，在东厢房偶尔看见一幅挂在墙壁上的长轴李后主的画像，"剑气人物俨雅，再三惊叹，而宋徽宗生。生时梦李后主来谒，所以文采风流，过李主百倍"。这种天与神授的迷信传说，自然不足凭信，但从宋徽宗身上，也的确可以看到李后主的影子，尤其是在书画方面，赵佶更是表现出非凡的天赋。

北宋是一个文人占优势的社会，重文轻武的偏好从北宋建立之初就明显地表现出来。出身高贵又极具才气的赵佶于是轻而易举地在众皇子之中崭露头角。刚满一岁时，赵佶就被宋神宗封为镇宁军节度使、宁国公；宋哲宗继位后，又晋封其为遂宁郡王；绍圣三年被封为端王；绍圣五年，加封为司空，改昭德、彰信军节度。

赵佶从小便聪颖非凡，深得宋哲宗的好感，获得了向太后的宠爱。在她的眼里，赵佶是孝顺和聪明的。在她的坚持下，风流倜傥的端王赵佶做了皇帝。天下人没有想到，向太后更没有想到，她亲手推开了北宋走向灭亡的这扇门。

向太后力主之下，群臣终于同意拥立端王继位，于是向太后传旨召端王赵佶进宫。就这样，一切行礼如仪，赵佶在宋哲宗的灵柩前宣布继位，是为宋徽宗，这年赵佶 19 岁。

宋徽宗继位之初，没有从政经验，况且他以庶子身份继承皇位，深恐不能镇压四方，不得不请向太后垂帘听政。似乎与高太后不同，55 岁的向太后对政事根本不感兴趣，认为天子已立，她便可以颐养天年了。但赵佶不是一个有主意的人，虽然满腹文采，却无治国之能，几次三番请向太后垂帘，向太后也觉得不好再回绝，便勉强答应下来。不过她已申明，她不会像先朝的宣仁皇太后那样终生垂帘听政的，待朝廷一切政务走上正轨之后，她便要还政于皇帝。

任何一位君主执政之初都会有一腔强国的热情，宋徽宗也不例外。宋徽宗在继位之初，曾经打算励精图治，把江河日下的宋室江山恢复为太平盛世。尽管宋朝弊端甚多，积重难返，但宋徽宗并没有退却，清人王夫之也说："宋徽宗之初政，粲然可观。"尽管宋徽宗最终成了亡国之君，但他执政初年的清明政治仍然应该得到肯定。

宋徽宗继位之初，便大刀阔斧，整顿朝纲。亲贤臣，远小人，刚登基的宋徽宗头脑还是相当清晰的。继位一个月之后，他便果断地任命大名府知府韩忠彦为吏部尚书，真定府知府李清臣为礼部尚书，右言臣黄履为资政殿大学士兼侍读。这三人朝野有口皆碑，为人正直，因言事不合被贬出朝堂，这次又都被宋徽宗破格提拔。宋徽宗的这一做法深得大臣们的一致称赞，连向太后也认为宋徽宗用人取舍皆合公议。

朝廷上有人责备司马光为奸，而天下人皆曰忠；而当今宰相章惇，朝廷上认为是忠臣，而天下人都称之为奸贼，京城中流传说："大惇、小惇（指御史中丞安惇），祸及忠臣。"宋徽宗在藩邸时，就知道章惇是奸邪之辈，他继位时，又是章惇跳出来反对，早已心存不满。元符三年（1100年）九月，章惇任宋哲宗山陵使时将宋哲宗灵柩陷入泥泞之中，直到第二天才从泥泞中抬出，言官们以此为由，说章惇对宋哲宗的在天之灵大不敬，宋徽宗顺水推舟，把章惇贬出朝廷。章惇当权之时，对旧党进行疯狂打击报复，数百人被他撵出京城。现在，他也走上了被贬之路。

　　虚怀纳谏、广开言路对帝王来说是一件不容易办到的事，像唐太宗这样的明主还发誓要杀掉魏征这个田舍翁。宋徽宗在执政之初，在纳谏这一点上，与唐太宗颇有几分相似，从谏如流，决不拒人于千里之外。可惜的是，宋徽宗是一个亡国的君主，执政之初再怎么从善如流也无法抵消之后的罪责，曾经的明智之举也慢慢地被人们淡忘。

　　在宋徽宗的鼓励下，上疏言事的人越来越多，朝廷中也形成了一股颇为活跃的气氛。而且大臣们争论的内容渐渐地集中到了对宋神宗、宋哲宗时变法、废法的评价上。之前高太后垂帘听政与宋哲宗亲政时期，在党派问题的处置上有明显的失误，导致宋朝很长一段时间内派系斗争严重，而且呈愈演愈烈之势。而现在，当时的党争问题又摆在了宋徽宗面前，宋徽宗会怎么处理呢？

　　聪明的宋徽宗灵活地处理了这一问题。经过反复透彻的思考，宋徽宗即向全国颁布了诏书，表明了自己对元丰、元祐两党之争的态度。宋徽宗继位之初对人对事皆以是否合乎情理与是否合乎事宜为评判标准，不偏不倚。他希望做到物尽其用、人尽其才，这是宋徽宗刚开始执政时抱有的美好愿望，可以看出当时的宋徽宗是多么积极上进，并努力做一个有作为的君主。

宋徽宗逃亡

当金人挥师南下，宋朝溃不成军，大面积的疆土沦落到金人的手中之时，宋徽宗终于清醒过来。金人真是背信弃义了，当初的"海上之盟"对这帮蛮人来说没有丝毫的约束力。谁能料想到他们竟然这般薄情寡义。现在什么都晚了。战场上兵戎相见，宋军敌不过骁勇善战的金人。宋徽宗也曾派人游说过金人，企图与金人议和，但是纵然使者口若悬河，金人却不理不睬，他们现在的目的就是攻进汴京，俘获宋徽宗，灭我宋朝。

宋徽宗真的没办法了，他惶然无计，一筹莫展，只得招来大臣宇文虚中共同商计。宇文虚中认为，国事现在已经颓废到这个地步，皇帝应该下"罪己诏"，以改弦更张，革除积弊，或许只有这样才可以挽回民心，使宋人同心协力，团结起来共同抵御外敌的入侵。

罪己诏也就是皇帝自己给自己降罪，承认自己在位期间治理无度导致了现在这样的局面，公开向天下的百姓认错。公开向天下人下罪己诏是令皇帝十分难堪的一件事，这完全背离了宋徽宗平时喜欢听阿谀奉承之言的风格。可是现在朝廷处于极其危难的时刻，宋徽宗也没有其他更好的办法了，于是就采纳了宇文虚中的建议，并让他起草罪己诏书。

宇文虚中花了一夜的时间，替宋徽宗拟好了一份罪己诏书，并在第二天便昭告了天下。这是一份极为沉痛的诏书。古语有云：鸟之将死，其鸣也哀；人之将死，其言也善。在这江山和生命朝不保夕的时刻，宋徽宗坦陈自己多年的错误。他承认当政20多年以来自己的种种昏庸无度的行为祸害了大宋的江山，祸害了黎民百姓。承认他在位期间，奸臣当道，小人得志，大兴土木，横征暴敛，使百姓处于水深火热之中。为了表示自己的诚心，宋徽宗在诏书中信誓旦旦地表示，从现在开始他将大力整顿吏治，废除苛虐的政治，以安抚天下苍生。宋徽宗为了表示自己真的是想要彻底悔过，他还付诸了实际行动，下令废除诸局以及西城所，并将它们所管的钱物都一并付与有司；将以前没收的原来属于百姓的土地还给之前的租佃人，裁减宫廷的费用和侍从官以上的俸禄，总之，一切不得人心的弊政基本上都被革除了。

人非圣贤，孰能无过？知错能改，善莫大焉。在金人兵临城下的危难时刻，宋徽宗终于意识到自己的荒淫无度了，正是他的所作所为把好好的大宋江山拖进了无底的深渊。宋徽宗现在虽然认识到自己的错误，但一个罪己诏就能将他所做的一切抵消吗，就能挽救现在的局势吗，就能弥补他给宋朝百姓带来的灾难吗？答案是否定的。早知今日，何必当初。这一纸罪己诏又岂能将金军送回自己的老巢而还宋朝一个安宁呢？

一切依然照旧，金军的铁骑越来越近了。金军南下的消息使汴京城内人心惶惶。朝廷大臣们此时也是茫然不知所措，他们明白此时的形势已是无力回天了。所以他们只顾忙着尽量遣散自己的家属，运送自己的财物。满朝的大臣基本上是酒囊饭袋，在欺压百姓方面可谓手段各式各样，但是在大敌面前，一个个都束手无策。只记得三十六计走为上策。宋徽宗也没办法了，皇帝之位是保不住了。在宋徽宗的脑子里，他想得更多的是禅让皇位以保全性命，将这个无法收拾的烂摊子交给太子处理。无论皇家贵胄还是文武百官上下奔逃已经蔚然成风，整个宋朝乱作了一团。

在逃跑之前，赵佶还是把京城安顿了一番，他任命皇太子为开封牧。在宋朝，开封牧或开封尹不属于常设官职。在北宋历史上，只有宋太宗、宋真宗登基前曾任开封府尹，后来都登基称帝了。现在宋徽宗下诏命皇太子为开封府牧，还下诏赐予排方玉带，宋徽宗此时的用意已经非常明显了。

就在宋朝上上下下乱作一团之时，金国又派使者带来了一封书信，一下子又使原本紧张的气氛多了几分火药味。原来这不是一般的书信，而是一封声讨宋徽宗的檄文，檄文里尽是指斥宋徽宗的内容，而且言语十分激烈。赵佶看后，十分震惊，之前还犹豫不决的他这时已经有了主意，"既然朕这么不得人心，又被金人说得这么一无是处，就没有必要再留在这个位置上了，让有能力的人来力挽狂澜吧。"宋徽宗决定让太子监国，自己向东南方向逃跑。

消息一传出，太子少卿李纲便去找给事中吴敏商量此事。李纲认为，现在情势危急，金军兵临城下，面临的是国破家亡的危险，此时皇帝却要弃城而逃，让太子监国，收拾这一烂摊子，就现在太子的地位而言恐怕难以服众。在李纲看来，在国家面临生死存亡的危难时刻，如果不另立年号，恐怕很难扭转颓势。也就是要宋徽宗将皇位传给太子。吴敏觉得李纲言之有理，次日便将李纲的话原原本本地告诉给了宋徽宗，还附上了李纲的一封血书。

其实宋徽宗已经知道自己没有办法挽救当前的局势了，金军兵临城下，他想到的只是逃跑和自保，现在对他来讲没有什么比保住自己的生命更重要了，包括皇位。既然大臣们都有此意，他也正好来个顺水推舟，将皇位让给太子，也好落得一身清闲。于是，此时的宋徽宗没有丝毫留恋做了20多年的皇位，他拿起笔，迅速写下了诏书，正式将皇位传给皇太子。

皇太子赵桓得知父皇将皇位传给自己的消息，没有一点欣喜之色。的确，能成为一朝天子是人人梦寐以求的事情，但现在的形势大不相同了，金兵的铁骑已经踏进宋朝的疆土，他们就是冲着京城来的，他们的目的就是取代宋朝。宋徽宗和大臣们绞尽脑汁也没有想出解决问题的方法。宋朝形势危难时刻，宋徽宗唯一的计策就是尽快逃离这已处于水深火热中的京城，把赵桓硬生生地拉到了皇位上去应付这千疮百孔的局面。

宋金灭辽

有宋一代，从建立之初到最终的灭亡，多个政权并立的错综复杂的局面始终存在。在这一历史时期，南部有大理，西部有西夏，北部有辽、金政权，以及后来强大的蒙古政权。宋朝内部积贫积弱，而外部又面临着外族的威胁，对风雨飘摇的大宋朝廷来说无疑是雪上加霜。宋朝初年，国力还算强盛，对付游牧民族的侵扰还算得上游刃有余，然而到了宋徽宗时期，事情就没那么简单了。一方面，宋朝的虚弱在日渐严重；另一方面，游牧民族的成长却又相当迅速，对宋朝的威胁渐渐超出了他们的控制范围，宋徽宗的不幸也就慢慢开始了。

北宋刚建立初期，最让皇帝头疼的是北方的契丹和西北的西夏。其实西夏势力较弱，还不是北宋的对手。宋哲宗在位时，西夏就与北宋的部队交战过几次，但频频受挫，于是偏安一隅，不再主动干扰中原王朝的边界了。但是契丹就不一样了，契丹是一个骁勇善战的民族，在五代时期势力就比较强大。后晋的石敬瑭就为了讨好契丹人，将燕云十六州地区拱手相送，还做了耶律德光的"儿皇帝"。北宋初期宋太宗在位之时，契丹军队屡屡打败宋朝军队，声势大振。随着契丹人典章制度的日臻完善，宋仁宗期间，契丹人就建立了政权，国号为辽，与北宋呈对抗之势。

"马上得天下"，但不能"马上治天下"，治理一个国家远比建立一个国家要难得多。人往往都会有一种惰性，一旦安于某种状态，就容易因过度放松而丧失进取的精神。契丹人建立了辽国，就居功自傲起来，认为自己不可一世，于是就沉湎于安逸的生活，导致战斗力大打折扣。这时候，他们的东北方一个劲敌在悄然成长，这是辽国人万万没有想到的。

女真首领完颜阿骨打不满辽国对女真的欺压率众起兵反抗，并于政和五年（1115 年）建立政权称帝，国号为金，就这样，在中原王朝北宋的边界地区，辽国和金国就与北宋形成了抗衡之势，对北宋构成了极大的威胁。一山不容二虎，可就现在的形势来看，不止两只老虎在虎视眈眈地盯着对方，而是三方都想独占鳌头。一场以实力论英雄的较量即将拉开帷幕。

得知金国政权的建立后，宋徽宗深知政权并立的局面会对自己的统治带来极大的威胁，于是非常着急，一直在苦苦寻找良策。

金国成立以后，积极地对辽国展开了军事进攻，辽国的东京、上京、中京纷纷陷落，眼看辽国的半壁河山沦落到金人的手里，辽天祚帝也在苦苦向各方寻求援助。

得知金军大举攻辽、辽军节节败退的消息，宋徽宗和大臣们欣喜若狂，认为事情有了转机。原来宋徽宗一直希望收复燕云十六州，也在寻找收复的良策，只是苦于辽国的兵力强大，一直没能完成这一夙愿。金军的进攻让宋徽宗看到了希望。"既然辽军如此不堪一击，我朝如若能与金人结成联盟，共同抗击辽国，照目前这种战争的态势辽国必败无疑。到时候既能为我朝清除一个劲敌，又能收复丧失已久的失地，岂不两全其美？"宋徽宗把事情想得太简单了，幻想着靠投机取巧的做法解决所有的问题，他错了，他的这种荒诞的想法将宋朝导向了一发不可收的局面。

宋徽宗派赵良嗣为使者，向金国表达了想要与之结盟的意愿。经过协商，宋金最终达成协议，金人表示愿意与宋朝联合夹攻辽国。双方约定，金攻取辽国的中京大定府，宋攻取燕京析津府。共同灭辽之后，燕云十六州地区归宋，其余归金国所有。

在南北夹击的情况下，辽国最终投降，辽国灭亡了。在对辽作战的过程中，宋朝的表现实在是太差劲了，几次对辽作战几乎没有取胜的。宋军虚弱的本质完全暴露在金人面前。虽然事先已经订立好了盟约，声明打败辽国后将燕云十六州归还给宋，但现在金人完全不把宋人放在眼里，态度发生了极大的转变。最终金人仅归还燕京及蓟、景、顺、涿、易六州给宋朝。而且金人在撤离燕京地区时，把城内官员百姓家的金帛财物洗劫一空，仅仅将一片狼藉的空城留给了宋朝。宋徽宗又不得不为了维持这座空城的发展投入了大量的人力物力，但是宋徽宗似乎没有意识到自己的损失，他和官员们一直沉浸在收复燕京地区的喜悦之中，完全忽略了自己为这座空城所付出的巨大代价，也没想到宋朝马上就成了金国的下一个目标。亡国的钟声敲响了。

金人打败了辽国，又从宋朝得到大批的财物，实力大增，欲望也大增。此时，宋金的矛盾也凸显了出来。宋徽宗宣和五年，金太祖完颜阿骨打去世，他的弟弟完颜晟继位，也就是金太宗。在金国服丧期间，原来已经降金的辽国将领张觉叛金降宋，而且宋徽宗接纳了张觉的投降，引起了金人的极大不满。金国就以此为借口，攻占了太原，夺取了之前归还给宋朝的燕京，并准备一举攻破宋朝的都城汴京俘获宋徽宗。

气势汹汹的金军着实把宋徽宗吓了一跳，未曾料想到昔日的盟友反戈一击，冲着自己来了，自己哪里是这般野蛮人的对手。此刻宋徽宗能想到的就是逃之夭夭，保全自己的性命。

慌乱之中，宋徽宗将自己做了二十多年的皇位传给了儿子赵桓，自己逃离了这个是非之地。赵桓由此继位，也就是后来的宋钦宗，改元靖康。但是简单地换国主、易年号就能阻挡金军南下的铁骑吗？此时金军的大队人马已经渡过了黄河，朝京城汴京袭来，宋朝的江山危在旦夕。

宋钦宗临危继位

宣和七年（1125 年）十二月，赵桓正式继位，是为宋钦宗。赵桓继位之后，在崇政殿召见群臣，大赦天下。新官上任三把火，尽管现在的局势相当危急，但是既然已经接替了皇位，就必须为自己树立起皇帝的尊严。

一朝天子一朝臣，既然宋徽宗已经正式退位了，那随之而来的就是更换官吏了。官吏的重新任免或许能为朝廷注入一些新鲜的血液。于是宋钦宗任命李邦彦为龙德宫使，蔡攸为太保，吴敏被封为门下侍郎。赵桓还立太子妃朱氏为皇后。朱氏被封为皇后之后，她的父亲武康节度使朱伯才也得以恩荫，被封为恩平郡王。还有李纲被授兵部侍郎，耿南仲任签书枢密院事。

部分朝廷官员的重新任免无疑对宋钦宗在宋朝树立自己的威信有一定帮助。但是，宋钦宗似乎没有魄力进行大刀阔斧的改革，他只是更换了一下朝中的大臣，这种换汤不换药的方式对濒临亡国的宋朝所起的作用是微乎其微的。如果在危难之际受命的宋钦宗是一位英明的君主，或许宋朝还能够起死回生。然而赵桓不是，他和他的父亲宋徽宗一样，都资质平平，没有什么杰出的治国之才，这也就注定了当上皇帝的他不会有什么惊人之举，在挽救宋朝危局方面也没有太大的作用。

　　宋钦宗继位之际，正处于金国大军浩浩荡荡南下之时。对于稍微有点常识的皇帝来说，当务之急就是想办法阻止金兵南下。然而，这位于危难之际被逼上皇位的宋钦宗同样是一个昏庸怯懦之辈。他认为以当前宋朝的军队完全不是金人的对手，与金军交战完全是自讨苦吃，战败是必然的结局。既然战也没有用，何必再浪费国家的一兵一卒，还伤害了与金人的和气。如果中原王朝能降低姿态，与金人握手言和也未必不是一件好事。

　　面对金人的进攻，宋钦宗竟然没有一点抵抗的勇气，首先出现在他脑子里的想法竟然是向金人乞和。这位可怜的皇帝在登基之初所面对的就是一个千疮百孔的烂摊子。虎视眈眈的金国大军声威浩荡地滚滚而来，仅凭国内虚弱的兵力想要与金人论高下，基本上是天方夜谭。当宋朝与金国还是盟友的时候，辽国的军力十分虚弱，可宋朝仍然敌不过虚弱的辽国。就连国势衰退、实力空虚的辽国都打不过，更何况是蓄势待发的金国呢？

　　既然金人是冲着宋朝的江山来的，恐怕此时向金人乞和也不能满足他们的欲望。但是宋钦宗不明白这个道理，其实宋徽宗在位时已经向金人议和过，但是被倨傲的金人冷淡地拒绝了。可是这没有给宋钦宗丝毫的启示，在他看来，父皇与金人议和的失败是由于金人已经完全不信任父皇了，最好的证据就是金人曾派使者送来一封指责宋徽宗的信件，将宋徽宗说得一无是处。而他就不一样了，毕竟是宋朝的新皇帝，完全可以换取金人的信任，与金人言和，使宋朝免于金人铁蹄的践踏。

这真是一种美好的愿望，宋钦宗太不了解金人了。他们看中的是大宋的江山，他们想要的是宋朝的土地、财物和人口，多少年来，他们一直都是生活在一个狭小的圈子里，慢慢地成长壮大，日渐增长的不仅是他们的实力，还有他们的胃口。曾经欺压奴役过他们的辽国而今已经成了手下败将，于是他们又将目标转向了中原王朝——大宋。占据中原的大宋根本不值一提，它已经虚弱得不堪一击了，这对胃口大开的金人来说真是一个绝好的机会。

赵桓深陷乞和的黄粱梦之中，气势汹汹的金人就快要杀过黄河了，赵桓依然没有心思去考虑如何迎战以保卫江山。他派给事中李邺出使金营，代表他这个宋朝的新皇帝请金人停止前进，使两国重修于好。

看到李邺送来的投降书，金军确实为之一动，但经过再三考虑，金军没有接受。仔细对比双方交战的实力，很明显是金处于优势地位。宋朝的军队基本上没有什么战斗力，不堪一击，宋朝的军事防务也形同虚设，金军大可挥师南下，不必担心会遇到什么障碍。宋钦宗比宋徽宗强不了几分，不会有什么惊人之举。总之，宋朝就是一只纸老虎，根本就没有言和的必要。

宋钦宗求和的梦就这样破碎了，金军没有看在这位新皇帝的面子上而化干戈为玉帛，依然大军南下。宋钦宗没有办法了，不得不整军备战。于是赵桓派河东制副使何灌率领两万禁军增援浚州，与梁方平协同作战守卫黄河大桥，意图借黄河之险将金军阻止在黄河北岸。

就算宋朝派出去的是一支正规的军队，也未必能成功地将金军拦在黄河以北，更何况何灌带领的这两万禁军是一批根本就不会打仗的农民，是临时被召集起来凑数的，没有什么组织纪律性，也没有经受过特殊的军事训练。这样的军队在战场上的表现可想而知了。

宋军出征的那一天，京城上下一派欢腾。百姓们对这批即将上战场的士兵寄予了厚望，希望他们能全力抵挡住金军南下的态势。然而，百姓们真是高估了他们的军队，这些临时征调的士兵真的能与虎视眈眈的金军相抗衡吗？

靖康之变

宋朝君臣对金人俯首帖耳，唯命是从，反而更加助长了金人嚣张的气焰。灭宋，是金人的既定方针，不管宋人如何委曲求全，最终也难逃一劫。金人算是认准了宋朝人无能虚弱的本质，在金人眼里，灭亡宋朝就如同探囊取物一般容易。宋朝人几乎已经被他们榨取干净了，或许就没有再继续存在的价值了。

宋朝沦落到这样的境地其实是意料之中的事。在那个以实力论英雄的年代，成者为王败者为寇的现象司空见惯。一边是杀气腾腾的游牧民族，另一边是日薄西山的中原王朝，孰强孰弱自然很清楚。不过宋朝最终的结局实在太过凄惨了，百般地委曲求全最终也没讨得金人的满意，数不胜数的金银财物、人口甚至土地都双手奉上了，金人仍未改其既定的方针，一味地隐忍退让反而使敌人变本加厉。北宋王朝的气数尽了。

怒发冲冠，凭栏处、潇潇雨歇。抬望眼，仰天长啸壮怀激烈。三十功名尘与土，八千里路云和月。莫等闲、白了少年头，空悲切。

靖康耻，犹未雪；臣子恨，何时灭？驾长车，踏破贺兰山缺。壮志饥餐胡虏肉，笑谈渴饮匈奴血。待从头、收拾旧河山，朝天阙。

这是靖康之难后南宋抗金英雄岳飞留下的一首词。靖康耻，犹未雪；臣子恨，何时灭？靖康之难给宋朝广大军民带来的是深重的灾难和难以磨灭的耻辱。

此时的宋廷已经完全丧失了主动权，煌煌帝都已经落入了金人手中。可怜的宋廷完全成了案板上的鱼肉，不得不受金人摆布。

靖康二年（1127年）二月初六，对于大宋王朝来说，是一个耻辱难忘的日子。金人废除宋钦宗和宋徽宗为庶人。当宋钦宗被迫脱去龙袍时，随行的李若水抱住宋钦宗不让脱，还大骂金人，金人恼羞成怒，将他折磨至死。

金人的既定目标是灭亡大宋江山，宋朝是赵家人的天下，当然赵家人就难逃此劫。宋钦宗已经成了金人的阶下囚，金人也不会轻易放过太上皇宋徽宗和其他皇室成员。

二月初七，金人又传来旨意，让太上皇宋徽宗和太后等人出城前往金营，美其名曰使一家人早日团聚。宋朝大臣莫不放声大哭，大臣张叔夜认为，金人诡计多端，宋钦宗皇帝已经一去不复返，此次金营之行一定是凶多吉少，太上皇万不可前往。他表示，愿意率领众将士誓死保卫太上皇突围。怯懦的宋徽宗哪里有这般胆识，他当政期间就没有对抗金军的气魄，更何况在现在国破家亡的悲惨时期。他没有这个胆量，金人说什么他就会做什么，而今金人让他去金营，他也不敢耽误。只是他可能还不明白金人真正的意图。金人就是想将皇室子孙一网打尽。赵佶和太后乘坐牛车缓缓驶出了龙德宫，驶出了京城，走上了有去无回的不归之路。

几乎所有的皇室子孙都没能逃得过此劫。金人拟定了一份赵氏宗室的名单，就这样，赵佶的儿子、帝姬、嫔妃、驸马等，还有赵桓的太子、嫔妃以及所有赵氏宗室的人几乎无一幸免。而且全城搜捕宗室的工作也展开了。开封府尹徐秉哲命令坊巷五家联保，不得藏匿皇室成员。在短短的几天时间里，共抓获皇室三千多人，并将他们的衣袖绑在一起，相互挽行至金营。

北宋就这么灭亡了，而且结局如此惨不忍睹。东京汴梁被金人轻而易举地攻破了，国土沦陷，财富、人口几乎被洗劫一空，皇室子孙也都成了金人的阶下囚。宋朝的江山成了金人手中的玩物。然而，金人毕竟是一帮武夫，他们虽然是胜利者，却在面对大片被占领的土地时表现出了茫然。这是他们一手造成的，他们的铁骑踏过之处一片荒凉。财富被洗劫一空，中原境内完全是一片狼藉的景象，而统治这片领土的赵家人也都成了他们的阶下之囚。当务之急就是为中原王朝寻找一个异姓统治者。

经过众人的推选，张邦昌成为金人的锁定目标。张邦昌曾经与康王赵构一起在金营做过人质，对金人摇尾乞怜，极尽谄媚。所以在金人眼里，张邦昌似乎是一个不错的人选。三月七日，在金人的主持之下，为张邦昌举行了册命之礼，就这样，在金人的支持下，张邦昌建立了一个傀儡政权，国号大楚。

金人在扶植张邦昌建立傀儡政权的同时，也没有忘记对宋人的掠夺。金人所到之处，无不烧杀抢掠。金人的野蛮行径给大宋子民带来了深重的灾难。

或许在金人看来，他们已经得到中原王朝的一切了。宋朝的领土现在驻扎着金人的军队，宋朝的财富也被他们搜刮得一干二净，宋朝的皇室也成了他们的阶下囚，一切都是那么顺利。整个中原王朝完全被他们颠覆了，金人如释重负，松了一口气。于是在靖康二年的三月底，金人开始撤离东京汴梁，已经成为金人俘虏的宋徽宗、宋钦宗二帝以及后妃、皇子、帝姬、驸马等四百七十余人，宫女、教坊乐人等三千余人，被分为七批先后押解北上。

太上皇赵佶、郑太后以及包括亲王、皇孙、驸马、公主、嫔妃等在内的一批人，由完颜宗望负责押解，沿滑州北上；另一批赵桓、朱皇后、太子、宗室以及大臣何栗、孙傅、张叔夜、陈过庭等人由完颜宗翰负责押解，沿郑州北上。各路人马约定在燕京齐会。当然，被金军掠去的还有朝廷各种礼器、古董文物、图籍、宫人、内侍、倡优、工匠、技工等人，北宋王朝的府库蓄积为之一空，这就是历史上有名的"靖康之变"。

宋徽宗这批人分乘近千辆牛车，就这样在金人的驱使下从青城出发了，凄风苦雨，栖栖惶惶，受尽屈辱折磨，这一路的辛酸苦楚也只有他们自己最能体会。早知今日，何必当初。今日的被掳完全是由昔日的昏庸导致的。生于忧患，死于安乐，这是亘古不变的真理。身为一国之主，只是享受作为帝王的荣华富贵，而置人民于水深火热之中不顾，是为天理所不容，最终也就换来如此凄惨的下场。

宋徽宗赵佶是一个失败的君主，他本没有什么治国之能却担当了皇帝的重任，这是一个彻头彻尾的错误。北宋的衰落，赵佶难辞其咎。他必须为北宋的灭亡承担大部分的责任。贪图享乐，宠信宦官，重用奸臣，搜刮百姓，招致农民起义，不抵抗外族政权的进攻……这一切他都脱不了干系，也都证明了他作为一个皇帝的失败。

徽、钦二帝之死

> 彻夜西风撼破扉，萧条孤馆一灯微。
>
> 家山回首三千里，目断天南无雁飞。

这首《在北题壁》是宋徽宗在做囚徒时留下的一首诗，寥寥二十八个字深深地抒发了宋徽宗一腔欲说还休的伤怀悲怆。身为一国之君，而今却落入敌人之手，流落异乡，飘零无依，内心的辛酸苦楚又有谁能真正体会呢？昔日的荣华富贵、养尊处优的宫廷生活而今都已是过眼云烟。金人的铁骑已经踏遍了大宋朝的领土，如今迫于金人的威逼只得北上。

在金人的驱使下，宋徽宗、宋钦宗一行分乘牛车，从青城出发，开始了凄惨漫长的北上之行。身为阶下囚的宋徽宗一行人，在被押解北上的途中受尽屈辱折磨，宋徽宗见到韦贤妃等人乘车先行而去，也不敢吱声，不觉五脏俱焚，潸然泪下。宋徽宗的嫔妃曹才人如厕时，竟然被金兵趁机奸污。当他们行至相州时，正好赶上下大雨，车棚渗漏，没办法避雨，宫女们到金兵帐中避雨，又遭到金兵的奸淫，很多宫女被糟蹋至死。宋徽宗看到这些，只能长吁短叹，却也无能为力。在北上的途中，食物严重匮乏，再加上风雨的侵袭，饿死的宋人屡见不鲜，实在是惨不忍睹。

宋徽宗一行渡过黄河，来到浚州城外时，金兵阻拦百姓观看，只允许卖食物的小贩接近。当小贩们得知坐在囚车上的是宋徽宗皇帝时，不禁动了恻隐之心，纷纷送上炊饼、藕菜等食物。却不知当宋徽宗接过他的子民送上来的食物时，心里会做何感想。曾经身为人君的他，心里几时有过他的子民。为了满足自己的一时之欢没少剥夺他的子民。而此时的百姓似乎都忘了当时宋徽宗在位时的荒淫无度，纷纷赠上食物。当他看到他的荒淫无度导致金人的攻入而身陷水深火热之中的百姓们，他的心里又会是怎样的一番滋味？如果宋徽宗当时能稍微在意一点他的子民，也不至于落得如此悲惨的下场吧？

在北上的路上，金人丝毫不敢放松警惕。为了防止宋人救走宋徽宗，金人对他严加防范。每到太阳落下宿营休息的时候，金人就以牛车的前辕相向，呈三面环绕之状，每一面都有金兵防守。

在北上的途中，金人时刻都在使宋徽宗难堪。当他们行至中山府时，金军故意让这个已经废黜的天子喊话，劝守城的官兵投降。守将在城墙上看到这一场面忍不住痛哭流涕。他们昔日高高在上的君主如今竟落得如此下场，将士们的心里酸楚至极，但没有听从这位昔日君主最后的命令。

宋徽宗出发时，被迫头戴毡笠，身穿青布衣，骑着黑马，由金人随押，一副飘零落魄的样子。一路上受风霜之苦也就罢了，还要忍受金军兵将的侮辱。曾经身为一国之主的赵佶，全然没有了往日的威严。在经历了国破家亡之耻后，昔日的宋徽宗全然不见了，历经家国之变的赵佶内心更多的是无奈与惆怅。真是世事难料，优雅安逸的生活犹如昨天发生的事一样历历在目，而今却沦为金人的阶下之囚。这种巨大的反差使赵佶认识到了现实的残酷。

一路从青城出发，预定集合的目的地到了，宋徽宗、宋钦宗二人也终于见面了。这一对苦命的父子，见面就抱头痛哭，悲愤不已。宋徽宗还以为生活可以就此安定下来了，但是金人哪会这么便宜了他们。九月，金人下令，宋徽宗父子要继续迁往更远的上京。原来金人认为，此时中原王朝南宋已经建立，而且势力渐强，金人生怕他们会想办法营救宋徽宗父子。一旦宋徽宗父子被夺回，他们在同南宋的交涉中就会失去讨价还价的筹码。不得已，宋徽宗父子不得不再次承受颠沛流离之苦。

建炎二年（1128 年）八月，宋徽宗、宋钦宗两位皇帝终于抵达了上京，这一段艰苦的征程总算有了结尾。目的地到达了，可是金人也不会让他们过上安稳的日子。金人让他们穿上孝服拜祭阿骨打庙，这被称为献俘仪，实际上金人是借此来羞辱北宋的君臣。然后，金人又逼着宋徽宗父子到乾元殿拜见金太宗。堂堂中原王朝的皇帝也会有这样的下场，在金太宗的眼里，这两位手下败将无疑是宋朝的两大祸害，正是这两个昏庸无能的昏君将宋朝的江山拱手让了出去。为了羞辱这两个皇帝，金太宗封宋徽宗为昏德公，宋钦宗被封为昏德侯。此外，皇室的其他人也遭到羞辱，韦贤妃以下的三百余人入洗衣院，朱皇后由于不堪受辱，最终投水而死，男子则被编入兵籍，为金军卖命。

然而，上京依然不是他们的最终目的地，之后，宋徽宗父子又由上京转到了韩州，之后又由韩州迁到了五国城，在辛酸艰苦的路途辗转中，宋钦宗一直陪伴着宋徽宗。如果硬要在他们艰苦的旅程中找一点欣慰，那就是这对苦命的父子之间的亲情了。在这国破家亡之际，父子双双沦为金人的俘虏，这仅存的父子之情就显得格外珍贵。皇城的深宫大院，激烈残酷的皇权之争早已将这种亲情磨没了。倘若不是在这极为艰难的时刻，他们永远体会不到这种相依为命的感情。

五国城是一个荒凉偏僻的边陲小镇，这是他们路途的终点，这对苦命的父子终于不用继续再被驱赶着前进了，可以有一个稍稍安定的生活了。喜好读书的宋徽宗虽然身处异国，衣不蔽体食不果腹，但仍然没有忘记读书，有时候竟然到了废寝忘食的地步。有一次他读了唐朝李泌的传记后，知道李泌为国尽忠，复兴社稷，后来竟被奸佞嫉恨。宋徽宗读后感悟颇深，他醒悟了，只不过一切都太迟了。在他当政期间，宦官奸臣当道，忠良被害，当时的宋徽宗并没发觉有什么不妥，直到北宋的江山落入金人之手，他被劫掠到这样一个天寒地冻的北国之地，他才悔悟。

宋徽宗一直居住在南方温暖之地，北国的冰天雪地让他十分难以适应，然而他忍受的不仅是身体上的痛苦，更是心理上的痛苦。绍兴五年（1135 年）四月二十一日，宋徽宗终于没能继续坚持下去，病死在这荒凉的五国城。与宋钦宗相依为命的父皇就这么撇开他走了，宋钦宗痛不欲生，身心受到了极大的刺激。今后的日子对宋钦宗来说是极其难熬的，绍兴二十六年（1156 年），57 岁的宋钦宗因患风疾，也死在了五国城。偏僻的五国城，就这样成了北宋最后两位皇帝的葬身之地。

北宋的两位末帝就这样草草结束了他们的一生。在他们的一生里，被刻在历史里的不是他们执政时期的荣耀，而是他们被俘之后的落魄。他们不只输掉了大片的疆土，赔上了黎民百姓，输掉了自己的名誉，更是赔上了整个北宋王朝。

死里逃生的赵构

　　御书房内鸦雀无声，宋钦宗满怀期待用锐利的目光从每一位亲王的身上扫过。只是依旧无人说话，御书房内静得可怕，一切仿佛静止了一般。片刻，宋钦宗满目的失望，气氛紧张尴尬。此刻召开的是皇族会议，成员为宋钦宗的13个弟弟。

　　金军此次南下意在攻其都城开封，一举灭掉大宋，这不是一些小恩小惠所能打发得了的。金军逼近开封时，李纲挺身而出，亲率将士，把攻城的金军击退。而带领金军攻打开封的将领是斡离不，斡离不见李纲把京城的守备设施布置得十分严密，一时难以攻克，就采取两面战术，以攻战为主，以议和为辅，一面积极备战，准备再一轮攻打开封，一边又派使者给宋钦宗送去议和的情报。

　　听闻金有议和的迹象，这对于恐金的宋钦宗来说，无异于抓住了一根救命稻草，他紧急张罗议和事宜，唯恐金变卦。最终议和达成，无非割地赔款。宋钦宗自然是全盘接受，只是有一点令宋钦宗头痛不已。斡离不要求宋钦宗以宰相、亲王为人质护送金军过河，这一点把宋钦宗给难住了。宰相好说，以皇上的威严随便拉个人，他不敢不从。不过，这亲王的人选着实难以确定，谁都知道此行凶多吉少。作为长兄又怎么好以皇帝的权威来命令弟弟去冒险，这真是把宋钦宗给急坏了。心中焦急万分的宋钦宗，下令召开皇族会议，希望有人自告奋勇，挺身而出。

　　"皇上，臣弟愿去。"这句话犹如黑暗之中的一道曙光，使得所有人的目光都转向了大步流星走来之人。此人正是康王赵构，这个一向处事低调的亲王，在此时赚足了众人的眼光。宋钦宗自是激动万分，他对这个皇弟的关心一向不多，没想到今日康王能够主动请缨，这让宋钦宗刮目相看。

"九弟，此去金国九死一生，你可要想好了"。宋钦宗自是要客气一番，"他日你平安归来，朕封你为太傅，加节度使。"说罢，宋钦宗从御座上走下，紧紧握住赵构的手，他终于卸下了心中的重担。"臣身为皇子，理当为江山社稷尽一份力，为皇兄分忧解难。"赵构说得义正词严，不卑不亢，令在座的亲王汗颜。宋钦宗更是几近哽咽。"朝廷若有用兵之机，勿以一亲王为念。"赵构最后一句话，更令在座各位唏嘘不已。

次日启程的圣旨已经传来。

赵构回到府中告别了爱妻柔福，又到宫中拜别母亲。韦氏在宫中依旧不得宋徽宗宠爱，她只有赵构一个孩子，若是赵构一走，就真是孤苦一人无依无靠了。况且，这一去回来的概率又未从可知，韦氏自然不希望赵构去冒险。赵构自小与韦氏相依为命，韦氏知道赵构凡事都有自己的主见，脾气又倔强得很，规劝是没有用的。韦氏一番嘱托，呜咽不已，泪送赵构离开。

父皇自然也是要拜别的，站在这个既陌生又熟悉的人面前，赵构没有太多的话语，只希望宋徽宗能够善待母亲。面对这个自己不曾给予关怀的儿子，宋徽宗当然会满足赵构这小小的心愿。宋徽宗当即下旨封韦氏为韦贤妃，并让其寝宫紧挨宋徽宗寝宫。没有了后顾之忧，赵构也就了却了心愿。他环顾宫殿，他甚至不知道这是不是自己待在皇宫里的最后一天，面对未来，他心中一片茫然。

这天，宋钦宗率文武百官为赵构一行送别，同行的宰相是张邦昌，这年赵构才19岁。

来到金军大营后，赵构每日诵书练武，神态坦然，若无其事，一切仿若在自己府邸。史书记载"金帅斡离不留之军中旬日，帝意气闲暇"。与此形成鲜明对比的是，那宰相张邦昌却是个窝囊至极之人，他整日哆哆嗦嗦，畏首畏尾，真是丢尽了大宋的脸面。几天下来，宰相张邦昌已经把自己折磨得不成样子。

金军统帅斡离不对宋人十分看不起，他几次想要给宋人下马威，吓唬吓唬他们，却都被赵构从容应对，反倒成了斡离不自讨没趣。

这日，斡离不看到赵构在射箭，不禁来了兴致。以斡离不对宋人的了解，宋人大多重文轻武，武功稀松。斡离不怀着看好戏的心态，悄声走向前去。但看那赵构将弓竖起，拉弓扣弦，连发三箭，三箭竟围着靶心成品字形排开，再看那弓，竟有一石五斗。这让斡离不目瞪口呆，一个 19 岁的亲王能有这么大的本领，真是稀奇。这个赵构肯定不是宋朝亲王，宋廷竟如此欺骗他们，弄了个将门虎子来冒充亲王，实在是太过分了。斡离不心理上受了巨大的打击，愤然离去。

赵构在金营之中不卑不亢地应对着斡离不的诘难，而宋廷内部却正在激烈的对峙之中。因金兵入侵，宋朝各路勤王兵马都云集京师，将军姚平仲认为应该趁着金兵刚刚班师回营，还未站稳脚跟，夜袭金营一举把他们消灭。这一提议，得到了部分朝中大臣的支持。只是，宋钦宗犹豫了，一来金国兵力强盛，宋钦宗害怕金兵卷土重来；二来他的九弟还在金营为人质，这一出兵必定把赵构逼上绝路。但是，要成就大业的心愿让此刻的宋钦宗热血沸腾，他下旨让宋将姚平仲率军夜袭金营。

金国能这么迅速打到开封，自然早在开封城内安插了卧底。夜袭金营的消息很快就传到了斡离不（又名完颜宗望）的耳朵里，斡离不很快做好了应对之策。结果可想而知，宋军惨败。这件事惹恼了斡离不，他把赵构和张邦昌找来质问。"邦昌恐惧涕泣，帝不为动"这更增加了斡离不的疑虑了，"斡离不异之，更请肃王"。

赵构的五哥肃王赵枢来了，肃王签了割三镇的条约后留在金营成了人质。赵构被遣回，他的从容不迫使其逃过一劫。在金国做人质的这段经历让赵构对金的了解加深了，这对他日后的人生态度产生了极大的影响。

赵构平安回到宋朝，让宋徽宗和宋钦宗都非常高兴。宋钦宗兑现了当初的诺言，晋封赵构为太傅，加封节度使。这对于一个仅有19岁的皇子来说，确实是意外的收获。

金国如约退兵了，宋朝也要履行承诺割三镇。但这三镇可是北部边境的屏障，一旦被金国占领，京师开封不保，从今往后金兵入开封如入无人之境。听大臣再三陈说三镇的重要性后，宋钦宗头脑开始冷静下来，后悔当时头脑发热。

割三镇的问题严重威胁到皇室的安全，可不能大意，三镇是万万不能放弃的了。这样一想，宋钦宗一刻也不犹豫，立即调集禁军大举支援三镇。这让金大怒，金国再度挥师南下。同样的结果，宋廷既不能攻又不能守，金军直奔开封而来。

宋钦宗唯一的能耐就是议和，但是这次金国似乎更不好打发。宋钦宗思索不能随便派个人去，他为表大宋诚意，决议找个亲王去议和。宋钦宗的脑海中浮现出赵构，唯有赵构。对，赵构是最佳人选。"须康王亲到，议和乃成。"皇帝下令，赵构只能听命前往。赵构这一走，就终生再也没有回开封，也正是这样，才使得他躲过了靖康之乱这一劫。古人讲因祸得福，这一点在赵构身上得到了应验。

这一次，赵构携带衮冕、玉辂等皇家礼器前去孝敬金太宗，跟赵构一起出使的是刑部尚书王云。只是此次，赵构一行并没有到达金国，赵构的命运也因这次出使彻底改变。

泥马渡康王

康王赵构和王云一路北行，经滑州、浚州，很快赶至相州。相州知府汪伯彦劝说赵构此行生死难料，不要去金兵那里。对于汪伯彦苦口婆心的一番劝阻，赵构十分感激。不过，虽然赵构明白到了金国必定是一场灾难，但是不去又无法向皇兄交差。他几经思忖后，觉得与国家社稷相比，自己的生死应该置之度外。思及此，赵构慷慨激昂地一往直前，毫不踟蹰。

不出几日，赵构一行就到了磁州。正值金秋，金军粮足马肥，恰是出兵的好时期。宋朝主战派和议和派还在激烈地斗争，宋军哪里还有心思去防御，更不用说备战了。对于金国来说，此时不战，更待何时。金国没有错过这绝好的时机。很快，斡离不和粘罕率领的东路和西路金军如秋风扫落叶一般，以迅雷不及掩耳之势逼近开封，对皇城形成合围之势。战争进行到这里，金国哪里还有和谈的意愿，赵构更是命悬一线。

磁州知府乃老将宗泽，宗泽向赵构分析朝中内外的情况，力阻康王赵构不要继续北行，"肃王（赵枢）去不返，金兵已迫近，出使又有何益？"赵构也觉得非常有道理，他思量再三又想及皇兄不顾及自己的性命，两次将自己送往虎口的事情，心中倍觉委屈。

恰在此时，赵构随从在王云所带行李中发现了一顶金人经常戴的

"番巾"。这件事让赵构十分震惊，王云的行囊中为何会有金人所用之物，莫非这个王云是金国奸细。赵构在心中将王云途中表现一点一点过滤，并没有什么破绽。不过，王云极力督促自己加快北上行程的一幕幕在眼前闪过，让赵构意识到了问题的所在。这一想，将赵构吓出了一身冷汗，金国的奸细居然就在自己身边，而且位及刑部尚书。赵构当下决定拒不北上。

赵构的这一决定至关重要，这是赵构从康王一直走到了南宋的开国皇帝——宋高宗的起点。试想，如果赵构就这么一路向北，他的结局会是怎样。从他的父皇和皇兄的结局不难得出结论，中国的历史又将是另一番模样。

听闻捉到金国奸细而赶来的磁州百姓，对金人痛恨不已，在宗泽的默许下，磁州百姓将王云拖出去活活打死。赵构目睹了这一幕，这让他见识到人民群众力量的伟大。这一幕也让他意识到如果能够运用这样的力量，什么样的大业成就不了。

随着金军的临近，磁州日益危险。"且闻去年斡离不自遣康王归国后，心甚悔之，既闻康王再使，遣数骑倍道催行"。听闻大宋康王赵构逃走，斡离不急忙派军来追，途中被宗泽拦住，两军相遇一通厮杀。康王赵构则马不停蹄，直往南跑。开封是回不去的，只能往南跑了。赵构的决策十分英明，一来他抗旨拒不北行贸然回去无法向皇帝交代，二来开封正在金军的包围下，回去凶多吉少。在金国做人质的日子让赵构知道金军人强马壮、彪悍凶残。以今日之宋军是难以阻挡的，而今之计唯有快马加鞭、飞速前进。果不其然，金军冲破了宋军的防线，直奔赵构向南追来。

很快，赵构行至夹江边，他只见江水滔滔，大浪拍岸，无船无渡。前有江水当道，后有追兵，真是进退两难。偏在此时，他胯下之马竟口吐白沫，被活活累死了。可谓屋漏偏逢连夜雨，一连串的打击，使得赵构面江长叹"天要亡我，一切听天由命吧"。赵构一面这样想着一面抬起头来，他看见夕阳西下，江中波光粼粼，无限美好，又想到自己命不久矣，更加惆怅。

金军铁骑从远处奔来，这一刻的赵构想到"大丈夫终有一死，何惧也"。他的心里渐渐平静，随即看到右方有一座古庙，就走了过去。赵构抬头一看首先映入眼帘的是庙门旧匾上的五个金字，字迹模糊，依稀可见，书曰"崔府君神庙"。他再往里一看，这庙破旧不堪，不过这五个字确是金字，这让赵构诧异。

赵构走了进去，庙中空无一人。刚刚一番疾跑让他精疲力竭，他找个地方坐下稍作休息。片刻之后，他环顾四周，只见正对庙门的是一尊菩萨像，因长时间没有修整，破旧不堪，墙上的壁画几乎不能辨认。中国人大多有这样的思维，穷途末路之时，多寄托于神灵的庇护。只见赵构撩起衣裙，在菩萨面前祈祷，恳请菩萨保佑他能脱此大难，日后必定积德行善，保境安民，重修庙宇。而后，行礼叩首，虔诚至极。再看菩萨旁边，乃一匹泥马。这泥马栩栩如生。赵构走过去绕马一周，手拍马背，心想："马儿，马儿，奈何你只是一匹泥马，若是能载我过江那该多好。"赵构这样想着，苦笑一声，摇头长叹。

金军马蹄之声已隐约可见，赵构知道此次已是穷途末路，厄运难逃，索性也不做最后的挣扎了。他坐在菩萨像前的蒲团上，闭目养神。这时，他忽闻马蹄声，赵构诧异地睁开眼来。只见那菩萨旁边的泥马竟成了活生生的真马。庙外已见火把点点，耳闻马蹄嗒嗒，金军已至。回过神来的赵构来不及多想，立即上马提起缰绳飞奔而出。赵构喜形于色，心想真是天助我也。但那马却直奔江边而去，任凭赵构使出了所有的法子也不能使其改变方向。

"马儿你若是诚心要救我就不要往江边跑了，那江宽有数丈，大风大浪，又无船，咱们是过不去的。"赵构心中想到。但那马丝毫不理会赵构所思径直向江边奔去，赵构的心情从死里逃生的喜悦又回到了面临死亡的绝境。

到了江边，赵构抱着必死无疑的决绝，闭上了眼睛。眼见金军追来，这千钧一发之时，那马长啸一声，跳入滚滚的江水之中。死都不怕了，还有什么可怕的。赵构睁眼一看，只见周围波涛汹涌，自己依旧骑在马背上，长袍已经被打湿，冰冷的江水一波一波向自己扑来，生死关头哪里顾得了这些，赵构紧紧抓住缰绳。不消半个时辰，人马都已站在对岸了。

赵构这下彻底松了一口气，对岸的火把点点，清晰可辨，金军自然是追不过来的。赵构忍不住仰天大笑，他想着前一刻自己还站在死亡线上，差一步就见了阎罗王。思绪回来，再看那马时，那马竟化成了泥巴。赵构怀着感激之情朝那滩泥巴拜了三拜，转身离去。这真是"天枢拱北辰，地轴趋南曜。神灵随默佑，泥马渡江潮"。这一经历让赵构终生难忘，赵构当上皇帝之后，曾多次派人去修缮崔府军神庙，并亲自去参拜。这都是后话。

赵构一路奔波，不知应该在何处落脚。相州知府汪伯彦听说了此事，亲自带领兵马来迎接赵构，在这落魄之时，汪伯彦如此待他，无异于雪中送炭。赵构把这份恩情暗暗记在了心里，汪伯彦日后的锦绣前程与这事不无关系。

赵构凭借泥马的相助躲过了一劫，走上了复兴宋室之路。这个故事渐渐在民间流传开来。赵构本因是庶出，所以无缘皇位，但靖康之变中金人把赵宋皇室的龙子凤孙全部掳走，使得赵构因祸得福，成了唯一的幸存者。历史选择了赵构，而"泥马渡康王"的传说又给赵构真命天子的身份增添了一份神秘色彩。

蜡丸里的圣旨

赵构、汪伯彦一行回到相州。赵构最终在相州安顿下来，过了几天逍遥自在的快活日子。几天前那段惊心动魄的经历让他惊魂未定，唯有放纵才能释放内心的恐惧。两次出使的经历让他骤然成熟，如果说此前的赵构棱角分明，那么这段经历就是一块磨石，将他的棱角磨平。对于今天的赵构来说"初生牛犊不怕虎"的气魄已不复存在，"为宗社大计，岂应辞避"这样的誓言已再不可能由心发出。此段经历令赵构的人生观和价值观发生了很大的改变。

在赵构逍遥自在之时，皇都开封已被金军围得水泄不通。金军看开封城内军民积极准备防御不敢贸然攻城。金军以议和为诱饵，一方面向宋廷勒索钱物，另一方面又要宋钦宗下诏让宋朝军民停止反抗。宋徽宗、宋钦宗被困在城中，焦头烂额，犹如热锅上的蚂蚁。这二帝不想办法积极防御，仍寄希望于议和。金军此时得天时地利，怎肯议和。这宋钦宗真是病急乱投医，他整日唉声叹气，一切都是枉然。

这日，宋钦宗吃斋念佛，请求所有神灵相助，保佑皇城避此大难。这时他灵光一现，突然想起自己的九弟赵构来。宋钦宗心中顿生一计，城外还有九弟，倘若能够跟九弟取得联系，九弟率兵与朕内外夹击，这金兵两面受敌，开封之围不就迎刃而解了。想到这里，宋钦宗不禁欣喜若狂。黑暗就要结束，黎明终将来临，胜利的曙光似乎已经在宋钦宗的眼前闪烁。宋钦宗自信满满，他孤注一掷地把所有的希望都寄托在赵构身上。

只是他的九弟赵构能否背负起他的期望？宋钦宗忽略了人的成长，这时的赵构已不是热血青年。事实证明，宋钦宗的唯一赌注押错了人。诚如宋钦宗把赵构送入虎口一样的决绝，赵构也断然抛弃了自己的家人。这让人感叹皇室宗亲之间的冷漠，生于皇室到底是福是祸。

人在困境之中，总能发掘出难以想象的潜质。终于，宋钦宗想到了方法联系赵构，他将诏书藏到蜡丸里，然后命人从金军围困的开封城的城墙上逃出将诏书递给赵构。这送信之人倒也有本事，在金军的眼皮子底下溜出开封城，把藏在蜡丸里的诏书交给了赵构。

赵构得了诏书，宋钦宗任命他为天下兵马大元帅，招募军队，北上解开封之围。赵构表面上表现出谢恩之态，心里却是冷哼几声，心想宋钦宗在危难之时，才想到自己，可是要他赴汤蹈火之时怎么没有顾及亲情呢？毕竟是圣旨，既然皇命在身，纵有千般个不满，总遵旨行事。

靖康元年（1126年）腊月初，赵构立即着手准备在相州建立大元帅府，从此大元帅府成为赵构的最初"革命根据地"。无粮无钱，招兵买马是个大难题。宋钦宗只是给赵构天下兵马大元帅这样一个空头衔，朝廷没有拨款，行事极为艰难。赵构在相州吃喝还需要汪伯彦的救济，泥菩萨过江自身都难保了，可想而知，这兵不好招。况且如果临时抱佛脚，将百姓训练成军人，一时半会儿也难以办到。

此时金兵已经占领开封以北大部分地区，宋军已成溃败之势，各路宋军四散奔逃，战斗力急剧下降。只有把这些残军聚拢起来才能应付敌军，所以，赵构命人在各地发布檄文，尽量召回残兵。几日后，军容渐盛，大概有六七万人的规模。此刻汇集于赵构身边的有宗泽、岳飞、张俊、苗傅、汪伯彦、耿南仲等人，这些人中不乏对战争充满恐惧者，这些害怕战争的人注定了矛盾的发生。不管对战争充满了怎样的恐惧，国家有难仍要万死不辞。只是指望这临时招来之人去解开封之围，无异于以卵击石，有去无回，白白送死。赵构实在不想去开封涉险，无奈宗泽等人力劝，出兵已是无可奈何之事。

赵构看出兵之事已经没有商量的余地，迫不得已整装待发。这时，宋钦宗的第二封诏书到了，依旧是封在蜡丸里。书曰："金人登城不下，方议和好，可屯兵近旬毋动。"赵构看罢诏书，心中大喜，正合其意。赵构赶紧欢天喜地谢主隆恩，与上次不同的是，这次是发自内心。

赵构正得意时，宗泽等人提出了疑问。宗泽认为这是金人的诡计，这蜡丸诏书的真伪还未可知。"金人狡谲，如此做派分明是想延缓勤王之师罢了。君父之望入援，何啻饥渴！元帅宜急引军直趋汴梁，以解京城之围！"这话说得诚诚恳恳，合情合理。当此之时，金军已经包围开封数日，眼看就要攻下，金军占尽这等优势，怎么还会想着议和？一举攻下开封所得，比跟宋议和所得简直无法比拟，这笔账金人算得自是清楚。这道理赵构懂得，只是赵构打着自己的小算盘，权衡出兵利弊，还是保全自己才是上上策。只是宗泽一班人看不懂赵构的心思，只想着忠君报国，着实倒尽了赵构的胃口。这时，汪伯彦站出来说出了赵构的心声。汪伯彦认为，京师现在已经在金兵的包围之下，敌强我弱，如果现在贸然出兵，惹怒了他们，破坏了议和，不但会使康王陷入危险，还会让宋徽宗和宋钦宗惹祸上身。汪伯彦这话说得慷慨激昂，似乎也有几分道理。既然宗泽认定了蜡丸诏书是假的，就不能口说无凭，要拿出证据来。不能只听一面之词，况且他们要依旨行事，若这诏书是真的，还硬要出兵，他们不是要落个抗旨不遵的罪名吗？汪伯彦据理力争，抗旨不遵，这罪名扣得可真是够大的，若当真如此，多少人能够承担得起呢。这时，军中多数将领开始倒向汪伯彦这边。双方争执不下，赵构在两派对峙的过程中，始终一言未发。他的心中自然是要偏向汪伯彦这一边的，可是，无法明说。

赵构犹豫不决，宗泽和汪伯彦两派都在等着他拿主意。"容我考虑考虑，再做决定。"赵构抛下这句话闭门不出。这一考虑就考虑到了金兵攻破开封城，宋徽宗和宋钦宗两个皇帝以及后宫妃子、宗室都被俘虏并被押往金国，开封城被搜刮一空，北宋政府土崩瓦解。此时的赵构还沉浸在这强大的震撼之中，依旧没有任何的实际行动，宗泽仍坚持出兵，想要接回二帝，这一提议赵构哪里还敢不答应。就给宗泽三千兵，让他打前锋，独自引兵先行。

宗泽率领三千人，一路血战，连战连捷，十三战皆胜，气势磅礴。他的壮举打得金人一听宗泽之名就害怕。然而宗泽势单力薄，怎能与金军抗衡。宗泽多次上书赵构请求支援，都未得到赵构的响应。没有支援，势单力薄的宗泽终究败下阵来。

此时的康王赵构，手中已经握有重兵十万余人，成了皇室中硕果仅存的一位。金军忙着攻陷开封后的善后工作，无暇顾及赵构，只是通过被他们俘虏的宋钦宗给赵构发了几道诏书，要赵构入京。赵构自然不会羊入虎口，所以他跑到山东济州去避难去了。

以汉治汉

长期的作战，使金军的战线拉得太长，后方还有藩国作乱，兵力尚不足以应对。对于金人来说，最有效的做法就是赶紧从中原脱身。可是，要是就这么走了，那之前的心血不就付之东流了，得想个可靠的万全之策方可。金人对如何统治中原地区，实在是完全没有经验。于是一场关于中原地区如何管理的激烈争论在金国内部展开。

作为金国的最大功臣，斡离不此时意气风发，说话也分量十足。他建议让辽国的降臣来统治中原，毕竟这些辽人久沾汉气，况且这辽人也曾统治过幽云十六州，虽经验不足，总比金人有些基础。这一提议，得到了众多大臣的支持，可是问题来了，谁愿意接这个苦差。凡是有点脑子的人都清楚，这金人在中原地区一番烧杀抢掠，弄得宋人国破家亡、民不聊生，北宋军民对金人恨之入骨。金人一走，谁留在这里这人头肯定落地。这费力不讨好的活，谁愿意干，谁敢干？此时有人推举萧庆。萧庆并不傻，如果能管理这么大的中原地区，权利着实不小，的确有不小的诱惑力。可是要拿项上人头去冒险，那可是得不偿失的，萧庆坚决不干。萧庆不干，推说自己能力不足以胜任这么大的差事，却把刘彦宗推上了浪尖。刘彦宗乃货真价实墙头草一棵，典型的汉奸。刘彦宗本是汉人，是辽国降金的汉将。没想到刘彦宗也坚决不干，一大堆的理由，说得头头是道。既然人家不干，总不能强人所难吧。

金军统帅本想快快了事，尽早打道回府，这事迟迟定不下来，个个急得焦头烂额。最后，金国的将领又把这烫山芋扔给了宋朝的大臣，让他们自己推选出人来做皇帝。

宋朝大臣知道金人把宋徽宗、宋钦宗和赵室皇族掳走，必定是不会让他们回中原了。这时，金太宗的诏书到了，他宣布将宋徽宗、宋钦宗贬为庶人，废掉赵氏，另立新君。此消息一传出，朝野一片哗然。宋朝的大臣哪里肯答应，他们表现出了强烈的民族气节。带头反对的，竟是那个被后人唾骂的大奸臣秦桧。此时的秦桧年轻气盛，义愤填膺。他接二连三地给金国上书，反对废除赵氏，将个人生死置之度外。他的作为把金人惹恼了，金人把他抓了起来带回金国。后来，金国大将完颜昌觉得秦桧还算义气，也有一些小聪明，就把他留在了自己的身边。纵观秦桧的一生，令人不禁感叹此时非彼时，时事催人变。当时的秦桧不管出于什么样的动机，面对强势的金人权贵，能够挺身而出，就足以让人钦佩。随着人生阅历的增加，秦桧逐渐形成了一套以自保为主旨的求生法则，由着本能，背着人性的谴责，自得地走到人生尽头。秦桧反对不得，宋臣侍郎李若水仍不死心，连续上书，一心以赵氏为宗。斡离不此时归心似箭，哪里容得了他这般放肆，命人将其拉出去，暴打一番。李若水慷慨激昂，痛骂不止，毫不低头。斡离不被气得气不打一处来，命人将其断手割舌，最后将其凌迟处死。李若水死得壮烈且惨烈。斡离不接连处置了秦桧和李若水，他这是杀鸡给猴看，看谁还敢不听指挥。

斡离不使的这招真是恰到好处，宋人看了这般情况，谁还敢有非议。金人要废掉赵氏已经是铁板钉钉的事情了。金人坚决废除赵氏，无非是害怕日后赵氏复兴，威胁其统治。他们另立他姓做皇帝，不过想找个能任他们摆布的傀儡替他们统治中原地区。宋臣摸清了金人这以汉治汉的心思，但这大逆不道、诛灭九族之事谁要承担。一旦答应无异于拿着自己的性命开玩笑嘛，没有人敢往刀刃上撞。金人也犹豫不决，一时没了主意。

此时，东京那边传来了消息，金主完颜吴乞买（完颜晟）下诏立张邦昌为新皇帝。消息一出，众大臣顿时松了一口气，只要这炸弹不在自己头上开花那就完事大吉。

这个张邦昌就是此前跟随康王赵构到金国去当人质的大臣。在金国，张邦昌小心翼翼，不求有功但求无过，唯金人是从，以动不动就抹眼泪的功夫赢得了金人的同情。张邦昌胆小如鼠又循规蹈矩，应该很好掌控，以他来作为统治中原的一颗棋子，这倒不失是个合适的选择。况且金都空虚多时，北部还有外邦的威胁，得赶紧从中原撤兵来保金都安全。金太宗这样想着，当即决定立张邦昌为新皇帝。于是，张邦昌就这样被"荣幸"地选中了。

张邦昌意外地被天上的馅饼砸中，被砸得眼冒金星，晕头转向，这是他始料未及的。等他清醒过来，不由得老泪纵横。这张邦昌当然不傻，他"拒不受命"。但是又不敢跟金人正面起冲突。不知如何是好，张邦昌愁眉苦脸。张邦昌干脆一咬牙，躲了起来。

金人终于等到一切办妥，正收拾行囊，打道回府，听闻张邦昌玩起了失踪的把戏，斡离不立即派人去搜寻，数日搜寻都没有结果。金人不得不使出了绝招，金人放出话来，如果张邦昌拒绝当这个皇帝，他们就屠城，从大臣开始，然后再杀百姓，将开封城内杀个鸡犬不留。听此消息，朝廷内内外外，还有开封城的老百姓绝不容许发生这样的事，他们对张邦昌展开了一次大规模的搜捕，终究还是把他给揪了出来。开封一城的命运在张邦昌的手里攥着呢，他这个时候怎么能够临阵脱逃，弃百姓于不顾呢？

这样一来，张邦昌纵使有天大的本领也插翅难逃。他就这样以"视死如归"的精神做了"皇帝"。

靖康二年（1127 年）三月七日，金人在中原大地上建立了大楚政权，立张邦昌为皇帝，统治黄河以南地区，以南京（今北京）为都城，暂住开封。

当上皇帝的张邦昌整日战战兢兢，如履薄冰。他生怕一不留神，脑袋搬家。张邦昌不接受百官的朝拜，当宰相王时雍率百官坚持朝拜时，张邦昌转过身去面向东坐着，古有"南面为君，北门为臣"的说法，张邦昌非要面向东坐着。另外张邦昌不敢坐龙椅，在龙椅旁另置一张椅子，接受百官的朝拜，百官行礼之后他一定要站起来还礼。这真是历史上最累的皇帝了。张邦昌还不自称朕，手诏都叫"手书"。任命官员都要在前面加一个"权"字，意思是暂时这么办吧。大内中各个房门，全部上锁锁住，然后贴上"臣张邦昌谨封"的封条，俨然把自己当成赵氏的一个守门人了。这皇帝当得可真是窝囊，自然不得人心，也不会有什么号召力。

金人载着劫掠的人和财物高高兴兴回老家享福去了。张邦昌却无心做皇帝，他躲在皇宫里时刻都在谋划怎样把皇帝这个位子让出去。

赵构继位，大势所趋

金人满载而归，张邦昌终于盼到金人离开了。他在金人的眼皮子底下，畏首畏尾，如履薄冰，那日子简直就是煎熬。坐在皇帝的位子上，也让张邦昌寝食难安。一个让贤的计划在张邦昌心中酝酿，金人一走，机会来了。

金人占领开封以后，中原宋朝军民深受金人压迫之苦，展开了各种形式的反抗活动。金人把主要精力都用于对付这风起云涌的反金斗争，根本无暇顾及张邦昌的伪楚政权。

张邦昌这皇位坐得实在不怎么安稳，以致夜不能寐。这样心惊胆战地过日子，不折寿才怪。大楚政权是金人所立，宋朝军民百姓对金人那是恨得咬牙切齿。此时金人已经忙得不可开交，哪有工夫顾及他张邦昌。虽说张邦昌是迫不得已被推上皇位，愤怒的军民百姓哪还会顾及这么多，金人一走，张邦昌必定成为出气筒。以现在形势看，一些官员已经拒绝接受张邦昌的号令了，那嚣张的气焰，张邦昌哪里能承受得了。

张邦昌毕竟是传统封建观念体制教育出来的书生，自有着浓厚的正统观念，如今的所作所为完全违背了他的价值体系，背着良心的谴责，张邦昌生不如死。张邦昌左思右想，得把这位置赶紧让出去才是上策。

张邦昌一番思考后物色到了人选，一个合情合理的人选，他想到了孟氏。

孟氏是北宋哲宗的皇后，它因为得罪了皇帝，出家做了道士。在金兵围攻开封的时候，所住的宫殿恰逢失火，就暂住其弟家中，使得金兵俘虏宋朝宗室时得以幸免。正是这场大火挽救了她的性命。就这样，这个已经不问世事的妇道人家又重新被推上了历史的舞台。

张邦昌认为这孟氏虽不姓赵，但她毕竟曾经是赵家的正牌媳妇，把政权还于她，由孟氏垂帘听政，这也说得过去。

孟氏的出现为张邦昌暗无天日的日子点亮了一盏明灯，张邦昌还政于赵氏，安然退出。

张邦昌的大楚皇帝就做了33天，皇后孟氏入朝，恢复元祐的年号，中原政权又一次变革。

将一个王朝的复兴寄托于一个妇道人家，自古是没有先例的，尤其是在这样一个男权主义的封建社会更是不被允许的。孟氏垂帘听政只是权宜之计，长久之计就是要找一个真正能继承大统的合适人选，这就让人自然而然地想到康王赵构了。其实在大楚建立伊始，就有好多宋臣"身在曹营心在汉"，时刻伺机倾覆大楚，重建大宋王朝。门下省的昌好问就曾经向康王赵构上书，要求赵构理朝登基。只是康王赵构没有做出答复，令其好生失望。

此时，在济州避难的康王赵构看金人从开封撤兵，就又回到了大本营相州，开始屯兵，养精蓄锐。开封城内发生的一切，赵构只是冷眼旁观，不曾插手。此时康王已经手握重兵，并且是宋徽宗众多皇子中仅存的一位，这就决定了光复大宋的重任只能由赵构来承担。

这时需要赵构站出来，他也必须站出来坐上皇帝的宝座，承担起重建国家的使命。当皇帝不仅是他的权利，更是他的义务。

张邦昌在还政于赵氏之后，感觉前途一片黯淡，仍旧是睡不踏实。他思量着，要找个可靠的靠山。他看众大臣都拥护康王，对政治的敏感驱使他走向了赵构，事实证明抱住了赵构这棵大树，确实是好乘凉。

张邦昌亲自去见赵构，一到赵构府邸就痛哭流涕，他把自己怎么着被逼迫不得已登上皇位，登上皇位之后的种种不悦，通通一把鼻涕一把泪地从头道来。然后他又信誓旦旦地说自己对赵氏绝对没有亵渎之意，对赵氏是如何忠心耿耿，说得可怜兮兮，说得赵构都不忍心责罚。临走张邦昌还把刻有"大宋受命之宝"的传国玉玺献给了赵构，赵构推辞一番，终不抵张邦昌的坚持，最后以代为保管的名义收下。

张邦昌后来又派人送去了亲笔书信，书曰：

"乃眷贤王，越居近服，已徇群情之请，俾膺神器之归。由康邸之旧藩，嗣我朝之大统。

"汉家之厄十世，宜光武之中兴；献公之子九人，唯重耳之尚在。兹为天意，夫岂人谋。

"尚期中外之协心，同定安危之至计……"

张邦昌力劝赵构继位，他说赵构继位完全是大势所趋，众望所归，顺应民意的体现。他把赵构比喻成历史上有名的中兴之主光武帝和晋文公，给赵构戴了一顶高帽，这个马屁拍得恰到好处。张邦昌在处理这件事情上，表现得毕恭毕敬，这不仅使他获得了赵构的同情，保住了脑袋，还使得他在赵构那里谋得了一份太宰的好差事，当然这里面还包含着赵构对张邦昌让位于己的感激之情。

孟氏垂帘听政后，响应朝中大臣的号召，正式下旨给赵构，让他"由康邸之旧藩，嗣我朝之大统"。朝中大臣也纷纷上书给赵构，要其继承大统。

靖康二年（1127 年），五月初一，赵构在南京应天府继位，改元建炎，史称南宋，赵构即宋高宗。这一年赵构刚刚满 20 岁，年仅 20 岁的他就这样接下了重建一个国家的历史使命。

赵构虽然有过自己做皇帝的念头，但并没有准备充分。这突如其来的变故让他措手不及，既欣喜又不安。赵构被推上皇帝的龙椅之时，一切仿佛还在梦中，他一觉醒来美梦成真，已经是皇帝了。这变化太大，使得赵构难以接受，然而，他也知道皇位不是轻易坐的，不久，他就发现这里面的玄机。

原来众大臣心中想把赵构仅仅当个替代品。宋钦宗被金人掳走，金人傀儡张楚政权横行，此时朝中无正主，秩序混乱。先以赵构当政，从而昌盛大宋休养生息。待到有朝一日，大宋国盛民富攻取金国，再迎回宋徽宗、宋钦宗。到时候，二帝再登宝座，赵构功德圆满，再做回康王。

虽然赵构登基之时，自称"权听国事"自愿当个代理皇帝，不过那仅仅是谦虚之词。若是真的把他当成代理皇帝，他心中自然不甘愿。因此当宰相李纲劝说宋高宗尽早出兵将金人打回东北老家，收复中原失地，迎回宋徽宗、宋钦宗的时候，赵构才会犹豫不决。赵构手握百万大军，仍以种种理由按兵不动，就是因为他不知道自己应该如何自处。赵构不断地自问，他日宋钦宗归来，要何以自居？这是一个相当尴尬的问题，不好解决。既然难以解决，最好的办法就是避免问题的产生。没有前面的假设，麻烦就自然而然地消失了。赵构这样想着，皇位也坐得踏实了，赵构的一件心事解决了。

"过河而亡"论

宋高宗得知金军南下的消息，并没有进行积极的防御工作，而是悄悄制订了完整的逃跑计划。他事先将元祐太后孟氏送往扬州，自己则准备择机而逃，不过，在宋高宗退避江南之意刚出时，太学生陈东和欧阳澈就上书劝说企图阻止皇帝逃跑。

此时的宋高宗身边净是一些贪生怕死的逃命之徒，坚定的主战派李纲已经被罢免，而老将宗泽正远在开封，与金人打得不亦乐乎。没有这两个拦路虎，宋高宗自认为逃跑之事可以没商量地一致通过。

谁知在这节骨眼上突然冒出来两个不知死活的人，惹恼了生气中的老虎。宋高宗看了他们两个的上书，板着脸生气，恨不得杀之而后快。只是太祖皇帝有遗训：不杀士大夫，不杀上书言事者。宋高宗不想破坏祖训，只好耐着性子好言相劝。

不过，这二人既不识抬举又不知好歹，竟再劝宋高宗罢免黄潜善、汪伯彦，更请宋高宗回銮开封，御驾亲征，迎回二帝。两个太学生的作为无异于火上浇油。金人骑兵又不是没有见识过，这哪里是宋军舞刀挥枪所能够抵挡的？两个太学生让宋高宗亲征赴险，这不等于蚍蜉撼大树，简直就是自不量力。难道羊入虎口就是他们希望看到的结果，这一群人太没有良心了。黄爱卿与汪爱卿平日最得宋高宗宠信，自从有这两个心腹，什么事情都好办，可是如今却让宋高宗罢免他们，明明就是居心叵测。再者，若是将父兄迎接回来，赵构哪里还有立身之地？

宋高宗越想越气，身为臣子不但不能为皇帝解忧，反而处处与皇帝作对，心中生了杀念。再加上黄潜善平素就与陈东积怨，这时又在宋高宗旁吹起了耳边风，宋高宗就下令将二人诛杀，开了杀士人的先例。宋高宗还宣称"有敢妄议惑众阻巡幸者，许告而罪之，不告者斩"。此事一开，谁还敢进言，那就是死路一条。这样宋高宗身边就真的只剩下主和的贪生怕死之辈了。宋高宗逃跑的障碍去除，路铺平了。

宋高宗终究是逃跑了。建炎元年（1127 年）十一月，宋高宗一行乘船赴扬州。宋高宗自知逃跑之事不得人心，但是不逃跑只有死路一条。宋军根本无法与金兵相抗衡。他不想重蹈父兄的覆辙，只能匆忙逃窜。宋高宗为求良心安宁，到达扬州后下诏罪己，说自己来扬州只是暂避一时，等时局稍稍稳定，就立马快马加鞭回京城。明眼人都能看得出来，宋高宗这话说得自己都心虚，这不过是为自己逃跑开脱的证词罢了。

宋高宗逃到扬州不由得长舒一口气，心中觉得安全多了。自从离开开封，宋高宗就一直过着颠沛流离的日子。宋高宗经常想，自己的命太苦了，同样是皇上，自己只能颠沛流离地逃命，整日担惊受怕会被人从皇位上拉下来。经历了那么多的朝局大变，此刻在宋高宗心里，任他战火纷飞，任他田园荒芜，这些都不再重要，及时行乐才是人生的真谛。扬州确实是一个可以行乐的地方，这里繁花似锦，这里温柔富贵，无须理会北方的金人和战争。

开封，宗泽正亲领士卒浴血奋战了数月。数月的攻取，金人仍不能打开开封坚固的防御壁垒。金人出兵已有时日，此时也几近弹尽粮绝，一番烧杀抢掠后，撤兵回府。

身在扬州的宋高宗听闻金人撤兵，心头的大石头终于落地。李纲被罢后，宋高宗任黄潜善为左相，汪伯彦为右相，黄、汪二人如愿以偿，二人辅政，朝政可想而知，当然不会有什么大的作为。宗泽多次上疏宋高宗乞求回銮，宋高宗都弃之不理，年近七十的宗泽满怀忧郁，抑郁而终。宋高宗派杜充接替宗泽职务，杜充是坚定的宋高宗跟随者。杜充自上任之后，将宗泽所筑的防御设施肆意破坏殆尽，又将义军遣散，令开封官兵失去了抵御能力。金人一走，以宋高宗为首的投降派自以为可以高枕无忧，过起了花天酒地的日子。

只是宋高宗并不知道，金人正在策划又一次的南下，这一次他们的矛头直指宋高宗，一场更大的灾难向宋高宗扑面而来。

建炎二年（1128年）年底，金人看宗泽已死，开封的防御设施已经瓦解，南侵已无所顾忌，就再次大举进犯中原。真是滑稽，让金人为难的开封防御，竟然是被宋人自己销毁的。有这样的朝廷命官，宋的命运已经注定。此次，金宋太宗下了一道讨伐宋高宗的诏令，要对宋高宗"穷其所往而追之"，搜山检海抓宋高宗的行动悄然展开。

金军依旧势如破竹，毫无抵抗力的宋军被打得落花流水，溃败不已，纷纷逃命。金军渡过黄河，一路南下，眼看就要打到扬州城了，战报传来之时，宋高宗正在寝宫淫乐，对于战报他将信将疑，他心想扬州在长江以北，怎么会这么快就攻到这里。可是他哪里知道南宋不曾积极防御备战，对于自己的军队几斤几两还不清楚，金军会打到扬州只是时间早晚的问题。

金军距离扬州只有十几里的路程了，一封封战报提醒着宋高宗，金人来了。这个消息犹如晴天霹雳，让宋高宗从梦中惊醒。金军大军在侧，由不得宋高宗不相信。噩梦来了，宋高宗的逃亡之旅又拉开了序幕。此刻吓得魂飞魄散的宋高宗，什么也顾不得了，心中的唯一念头就是赶紧逃命。他推开怀中美人，穿上衣服，出了殿门，骑上快马狂奔而出，这一连串动作一气呵成。狼狈不堪地逃出扬州，乘船渡过长江，然后直奔镇江。

金兵到来，宋高宗置天下人于不顾，完全不怕天下人取笑，却做了第一个从扬州逃跑的人。也许正因为长期习惯了逃跑，练就了厚脸皮。这真让人感慨，上行下效，其君如此，其臣子的作为就可以想象了。

宋高宗此次出逃，仓促而惊慌，只带着几个贴身的近侍，连宰相大臣都未来得及通知。皇帝的快马奔出扬州城时，有人认出了宋高宗，便向黄潜善和汪伯彦汇报，此时这两人刚从寺院听经回来，正大摆筵席，吃喝玩乐，一听金兵逼近，皇上已经逃跑了，这两人顾不得君子风度，小人嘴脸立即暴露无遗，这两人立即策马而出，直奔长江方向而去。

金军到来之际，这就是南宋君臣的所作所为。金人来了，消息在扬州城传开，只是皇帝跑了，宰相也跑了，军民百姓都没有了指望和寄托，都纷纷逃跑。这样一来，整个扬州城就乱了，好不容易从城门逃出，到长江边上。这时，一声"黄老爷"，让百姓的焦点都聚集在了一个叫黄锷的官人身上，愤怒的百姓蜂拥而上，将其践踏而死。可怜了冤死的司农卿黄锷，百姓平时很少见到大人物，听到有人喊"黄老爷"还以为这个黄老爷是黄潜善。百姓对黄潜善和汪伯彦这两个奸臣痛恨不已，本想出口恶气，却让他逃过一劫，让这个倒霉的黄锷当了替死鬼。

聚集在江边的人越来越多，可是，这个时候当然不会有那么多的船渡江。没有了出路，只能等待厄运的到来，这时金军也已经赶到江边，没有逃走的军民百姓手无寸铁，只有挨打的份儿，百姓死伤无数。

幸好天公作美，这时天空下起了倾盆大雨，狂风巨浪，船根本无法行驶，金人面对这样的情景，束手无策。接着金人在扬州城又是一番烧杀抢掠，满载而归。

宋高宗在镇江喘息片刻，等从扬州逃出的官员赶到，率领这些人，又是一路南逃，直到杭州，才安顿下来。

一代名将

绍兴元年（1131年），李成拥兵十万叛乱，成了南宋的心腹大患。宋高宗要平叛，却一时找不到合适的人选。大臣范宗尹提议派韩世忠去，韩世忠自从平定苗刘之变之后，屡立战功，宋高宗甚是倚重，韩世忠是个合适的人选。但是，宋高宗认为韩世忠是个有为将才，若是将他调离京师，南宋小朝廷就没有人压得住阵脚了，坚决不同意把韩世忠调走。最后他任张俊为江淮路招讨使，将岳飞的部队也归于他的名下，由他指挥。

李成所率部队本是一支游寇，在建炎三年被刘光世打败后接受招抚，宋高宗任命他为舒州镇抚使。可惜李成接受招抚以后，本性未改，不断叛乱，他重操旧业，到处劫掠。李成的一个谋士，劝他"顺流而过江陵，号召江浙，一贯天意"，李成犹犹豫豫，虽然没有及时采纳，但是显然已经动心。李成趁金人南下，占领了江淮数郡土地。李成之意，如司马昭之心路人皆知了。李成要自立朝廷，南宋自然不能容他。

岳飞的部队率先赶到，此时，江州城已经被李成部将马进攻破。岳飞部队退居洪州，张俊也率军赶到。马进与张俊所率士卒，相持半月之久，两军谁都不敢率先出兵。这是两军的耐性战，张俊表现得战战兢兢，惶惶恐恐，马进乐不胜收，认为张俊怯战。又这么耗了半月，马进实在是等不及了，就命人送来大字书信，等于下了战书。张俊一看，心里窃喜，马进如此心高气傲，骄兵必败，就恭恭敬敬地写了一封回信，信中用语也是小心翼翼，一副可怜样子。马进看了回书，乐得屁颠屁颠，更加不把张俊放在眼里。岳飞这边却有所行动了，他率军给马进一个出其不意的打击，在张俊密切配合下，将马进打了个措手不及，狼狈逃走，后为追兵所杀。李成看马进兵败，就率领余部投奔刘豫，成了刘豫的爪牙。

张俊班师回朝，岳飞便留在洪州平叛李成余部。岳飞此次可谓收获颇丰，被任命为神武右副将军，宋高宗命令原洪州知府任士安的兵马都交给岳飞统率，因此岳飞实力增加了不少。除了这些实际的恩惠外，岳飞还得到了名誉上的奖励，宋高宗亲自书写"精忠岳飞"制成军旗赠给岳飞。岳飞意气风发，十分感谢宋高宗的知遇之恩，心中更坚定了自己精忠报国的信念。

建炎四年（1130年），孔彦舟镇压湖湘地区农民起义军。领导人钟相和钟子昂被杀害、杨幺接管了他们的职位，在洞庭湖地区建立了大楚政权，自称"大圣天王"又一次举起了起义的大旗。

杨幺公然建立政权，宋高宗不能容忍。宋高宗慌忙调兵镇压，屡次镇压，屡次失败。最后，宋高宗想到了岳飞，他忙将岳飞召来，命他去洞庭湖镇压。岳飞在接到这一重任以后，立即向宋高宗写了一份奏章，提出了一份周密的作战计划。

绍兴四年（1134年）岳飞到洞庭湖以后，采取分化瓦解的战略，先是招降杨幺亲信，然后来个里应外合，一举将其打败。杨幺被捕，不肯投降，投水而亡。在镇压过程中，岳飞多次告诫士兵，不可滥杀无辜。此次岳飞收编精兵五六万，岳家军的实力大增，名声大震。

这边战事刚刚结束，岳飞被任命为镇南军承宣使、江南西路舒蕲制置使兼黄复州汉阳军德安府制置使，宋高宗命其收复襄阳地区。

襄阳地理位置重要，是保护长江中游的一个屏障。没有襄阳，秦岭、淮河一线的防线就得不到巩固。襄阳在刘豫手中，始终让宋高宗坐立不安，所以襄阳地区的收复问题终将被提上日程。此时的岳飞，屡战屡胜，无往不克，宋高宗十分器重。南宋武将之中，没有人能跟岳飞一样得到这样的殊荣。收复襄阳事宜，宋高宗首先想到的就是这员爱将，此重任非岳飞不能胜任。

岳家军乘船北上，当船行至江心时，岳飞对同行人讲："飞不擒贼帅，复旧境，不渡此江！"可见岳飞对此次渡江北上，凯旋信心之大。岳飞确实有这个资本夸下如此大口，岳飞兵力虽然不多，但是平时训练极其严格，士卒个个都练就了一身的本事，再加上作战纪律森严，鲜少出现畏战逃跑的情况。另外，岳飞指挥注重战术，灵活多变，时常打得对方措手不及、一头雾水。

岳飞首战告捷，胜在郢州。金齐联军守军将领是荆超，荆超也是一员猛将。他听闻宋军将领是岳飞，平素也听闻过岳飞的英勇事迹，认为此战非同小可，不可大意，就亲自披挂上阵。只是岳家军的气势根本无法阻挡，片刻间，就把金齐联军打得落花流水，溃不成军。

岳飞率军一路往襄阳奔驰，守卫襄阳的是李成。李成曾经见识过岳飞的厉害，自是十分谨慎，精心布置了防御体系。岳飞上次让李成脱逃，这次下定决心要给予重创。岳飞与将领张宪和徐庆密切配合，一起发起进攻，势不可当，李成狼狈而逃，金齐联军顿时溃散开来。

襄阳六郡不出三个月，被岳家军收复。宋高宗听闻此捷报，不由得一惊，然后兴奋地手舞足蹈。他万万没有想到，岳家军竟有如此破竹之势，宋高宗对岳飞的信任又提升了一个档次。

宋高宗当即提升岳飞为清远节度使、湖北路荆湘潭州制置使，后来又晋封为武昌开国侯。当着群臣的面，宋高宗给予岳飞史无前例的评价"有臣如此，朕复何忧，进止之机，朕不中制"。后来又把岳飞拉到寝宫，无比信任地委以重任，"中兴之事，悉以委卿"。

可以说，宋高宗与岳飞君臣二人的关系在这个时期已经到了亲密无间的地步。只是物极必反，随着二人的相互了解，达到顶峰的信任却逐渐滑向起点。

精忠岳飞

这年秋天，岳飞入朝觐见宋高宗，宋高宗亲自给岳飞题词"精忠岳飞"四字，制成旗帜赐给岳飞。朝廷任命他为镇南军承宣使、江南西路沿江制置使，不久又改任神武后军都统制，仍保留制置使职务，李山、吴全、吴锡、李横、牛皋等部都受他的管辖。

伪齐政权倚仗着金兵南侵，派遣李成攻破襄阳、唐、邓、随、郢等州及信阳军，洞庭湖的杨幺也企图顺流而下，李成则打算从江西陆路进攻，一直杀向两浙，与杨幺会合。宋高宗命令岳飞迎击。

绍兴四年（1134年），朝廷任命岳飞兼任荆南、鄂、岳州制置使。岳飞上书天子说："襄阳等六郡是恢复中原的关键，我们只有先攻下这六郡，解除心腹之患，才可恢复中原。李成远逃后，再在湖湘等地增派兵力，用来歼灭全部盗贼。"宋高宗将岳飞的建议告诉赵鼎，赵鼎说："岳飞是最了解长江上流利害得失的人，这一点尚无人能比。"于是授予岳飞为黄州、复州、汉阳军、德安府制置使。岳飞乘船渡江到了江心，转回头告诉部下说："岳飞我要是不剿灭贼寇，此生不再渡长江。"进抵郢州城下，伪齐大将荆超号称"万人敌"，凭借城墙坚固抗拒岳飞。岳飞亲自擂鼓助战，军队士气振奋，收复郢州，荆超投崖自杀。之后，岳飞一面派张宪、徐庆去收复随州，一面亲自率部去收复襄阳。李成率领人马迎战，左翼靠近襄江，岳飞笑道："步兵本适于在险阻之地作战，而骑兵则精于平原之战，可李成这天正好相反，左翼骑兵排列在江岸，右翼步兵排列于平地，就算拥有十万之众又怎么能成功呢？"他命令王贵率领长枪步兵进攻骑兵，又命令牛皋率领骑兵进攻李成步兵。两军交战之后，李成军的战马应枪倒毙，后面的骑兵被挤入江中，步兵死亡无数，李成连夜逃走，襄阳终于回到官兵手中。伪齐刘豫派兵增援李成，并让他驻守新野，岳飞和王万两面夹击，击败李成。

岳飞上奏说："金人现在贪财好色，他们已经骄傲自满，意志薄弱；刘豫虽然忘了臣子本分建立了伪齐政权，但当地人民却心系故国，时刻没有忘记宋朝。假如派出精兵二十万，长驱直入，直捣中原，那么驱除金人，收复故土，实在是易如反掌。襄阳、随州、郢州土地都十分肥沃，如果实行营田，好处很多。等到粮饷充足之时，我就率领军队过江剿灭敌军。"当时朝廷对深入北方的举动十分重视，再加上营田的确是一个好办法，因此支持这些观点的人多了起来。

岳飞进军邓州，李成和金将刘合孛堇排列营寨抵御岳飞。岳飞派遣王贵、张宪带兵出击，敌军溃退，只有刘合孛堇一人逃跑了。李成的党羽高仲退却防保守邓州城，岳飞率军一鼓作气攻下邓州城，活捉高仲，收复邓州。宋高宗闻报，喜形于色地说："我早就听说岳飞治理军队有方，纪律严明，没想到攻城破寨他也这样有办法啊。"岳飞又收复唐州、信阳军。

平定襄汉地区之后，岳飞辞去制置使职务，请求朝廷重新派人治理该地，但朝廷没有批准。赵鼎上奏说："湖北鄂州、岳州是上流最重要的地区，皇上派岳飞屯驻鄂州、岳州，这样不仅江西可以倚仗他的声威，湖、广、江、浙也可以获得安定。"于是朝廷将随、郢、唐、邓四州和信阳军合并为襄阳府路，划归岳飞管辖，岳飞则移驻鄂州，被封为清远军节度使，湖北路、荆、襄、潭州制置使，封爵为武昌县开国子。

兀术、刘豫联合包围了庐州，宋高宗命令岳飞火速前往解庐州之围。岳飞率军赶往庐州，伪齐已派遣五千铁甲骑兵，兵临城下。岳飞军队旗帜飘扬，金兵一见"岳"字旗和"精忠"旗，便胆战心惊，刚与宋军交战便大批溃逃。这样，庐州之围得解。岳飞上奏说："襄阳等六郡的民户缺乏耕牛和粮食，请求朝廷适当地把官钱借贷给他们，免除他们以前拖欠的公私债务，并更改考核州官政绩优劣的标准，以招集流亡百姓归业的多少为参考。"

绍兴五年（1135年），岳飞到朝廷觐见宋高宗，宋高宗封岳飞母亲为国夫人；授予岳飞镇宁、崇信军节度使，湖北路、荆襄潭州制置使，并进封爵位为武昌郡开国侯，又任命他做荆湖南北、襄阳路制置使，神武后军都统制，命令他招捕杨幺。岳飞的军队大都是西北来的将士，不擅长水战，岳飞说："打仗哪有什么定式、常规可循，只要灵活运用，善于因地制宜，哪有不胜利的道理。"他先派遣使者前去诏谕杨幺。杨幺部下黄佐说："岳节度使号令如山，如果跟他对着干，只有死路一条，我想还是投降的好。节度使诚实而讲信义，必然会好好对待我们。"于是投降。岳飞上表朝廷授予黄佐武义大夫，自己单人独骑视察黄佐的部队，拍着黄佐的背亲切地说："你是知道逆顺好坏的人，如果能够立功，他日封侯拜相也不在话下。我打算派你返回洞庭湖中，看到杨幺军中可以制服的就擒获他，能够劝降的就劝降他，你愿意做这件事吗？"黄佐感激涕零，发誓效忠南宋。

当时张浚以都督军事身份来到潭州，参政席益告诉张浚，他怀疑岳飞玩忽职守，放纵贼寇，并想上奏朝廷。张浚说："岳飞是忠孝之人，用兵有深机，我们不知他的谋略，怎么能随便议论呢？"席益非常惭愧，不再提及此事。黄佐袭击周伦营寨，杀死周伦，又把统制陈贵等人生擒活捉了。岳飞向朝廷报告了黄佐的功绩，黄佐被升为武功大夫。统制官任士安不服从王璪的命令，军队因此而没能战胜杨幺。岳飞鞭打任士安，并命令他引诱起义军，说："三日内如果无法平定起义军，我要你项上人头示众。"士安到处散布消息："岳太尉二十万大军来到了。"起义军见到只有任士安一支军队，集中兵力向他进攻。岳飞早已设置了伏兵，战斗危急之时，伏兵四起，救下士安，击溃起义军。

恰好这时朝廷召张浚还朝做防备金军秋季南侵的工作。岳飞从袖中拿出一幅小图给张浚看。张浚准备等到来年再商议破杨幺事宜，岳飞说："我们已经有了破敌之策，都督只推迟几日回朝，八日之内即可破贼。"张浚问道："这也太容易了吧？"岳飞答道："王四厢用官军攻打水寇当然很困难，而我用水寇攻打水寇自然就很容易。水上作战是敌人的长处，而对我们来说是短处，以己之短攻敌之长，就算能够胜利，也会损失惨重。如果利用敌将使用敌兵，离间敌人，使其各个孤立，如同断其手足，然后用官军乘机进攻，八天之内，必然能俘虏敌人各位首领。"张浚听了这话，点头答应过几天再起程。

于是岳飞到鼎州去，属下黄佐招降了杨钦，并带来见岳飞。岳飞高兴地说："杨钦勇敢善战，他既然投降，贼寇内部心腹已崩溃了。"然后上表朝廷，授予杨钦武义大夫，并对之给予厚待，之后仍把他派回湖中。两天后，杨钦说服余端、刘诜等前来投降，岳飞假装大怒骂杨钦说："贼寇还没有全部投降，你为什么又回来了？"于是杖打杨钦以示惩罚，再次命令他回到湖中去。这天夜里，岳飞指挥军队突袭敌营，杨幺军队数万人不得已，只得投降。杨幺依仗险固地势，不肯投降，在湖中驾船行驶。他的船以车轮击水，船速飞快，并在船旁设置撞杆，官船只要迎上去便被撞得粉碎。岳飞命令砍伐君山上的树木制成巨大的木筏，把湖汊港湾堵住，又用腐木乱草投入上流让它们顺着水势向下流去，选择水浅的地方，派遣善于叫骂的士兵挑逗起义军，引他们上当来追。起义军听见谩骂，大怒不已，果然中计来追，但腐木乱草积堵了水道，车船的水轮受阻不能前进，被困在那里。岳飞迅速派兵出击，起义军奔逃到港湾中，又被木筏阻拦。官军乘着木筏，张开牛皮革以遮挡弓矢石块，举起巨大的木头撞击敌船，敌船全都被撞毁了。杨幺跳入湖水中，被牛皋捉住斩首。岳飞杀入敌营，余下的起义军首领以为岳飞为天人，行动如此神速，惊叹不已，全部投降了官军。岳飞亲自巡视各个营寨，嘘寒问暖，殷勤抚慰，起义军中老弱病残者留在田里耕作生产，年轻力壮的登记在册，编入官军。岳飞果然于八天之内平定了起义军，实现前面已许下的诺言。张浚叹服说："岳飞真是神机妙算啊！"当初，起义军凭借天险扬言说："要打我们，难于上天！除非是天兵天将下凡。"到这时，人们才相信了岳飞的预言。这场战斗缴获敌船千余艘，鄂州水军也因此壮大，成为沿江水军中最为强大的一支。朝廷诏令岳飞兼任蕲、黄制置使，岳飞以眼疾为由请求辞去所任职务，朝廷没有批准，加升他为检校少保，进封爵位为公。岳飞率军回到鄂州，朝廷又任命他为荆湖南北、襄阳路招讨使。

绍兴六年（1136年），太行山忠义社梁兴等一百多人，久仰岳飞忠义之名，率领军队前来投奔。岳飞入朝觐见宋高宗赵构，上奏说：
"自从襄阳被收复以来，并没有设置监司机构，因而所属州县也无法
按察管理，请任命一些官员。"宋高宗接受了他的意见，任命李若虚
为京西南路提举兼任转运使、提点刑狱，又下令湖北、襄阳府路自知
州、通判以下官员，交由岳飞一手管理，可视其贤能程度或罢免或
提升。

图复中原

　　张浚到长江与各位大帅会面，对岳飞和韩世忠两人赞不绝口，称
赞他们可以担当大事，随即命令岳飞在襄阳屯驻，以便抓住有利时机
收复中原山河。说："这可是你们平生之志啊。"岳飞率军移居京西，
改任武胜、定国军节度使，并任宣抚副使，设置宣抚司于襄阳。朝廷
命令岳飞前往武昌调动军队。宋高宗下旨时，岳飞正在家中为母亲守
丧。接到诏书，岳飞服丧期未满，但他以国事为重，应召复职。在宋
高宗催促下，岳飞回到军中。朝廷又命令岳飞负责河东路事务，兼
管辖河北路。岳飞先派遣王贵等人进攻虢州，将其攻克，缴获粮食
十五万石，收降敌众数万人。张浚说："岳飞计划宏远，现在伊水、洛
水之间的地区已接到了他的命令，那么太行山一带的山寨村落，一定
会有许多人拥护响应。"岳飞派遣杨再兴进兵至长水县，每战必胜。
中原地区民众响应，归附岳飞。岳飞又派人焚烧敌蔡州粮草。

　　九月，刘豫分别派遣儿子刘麟、侄子刘猊分路进犯淮西地区，宋
刘光世准备放弃庐州，张俊打算放弃盱眙，同时上奏要求朝廷召岳飞
率军东下，想让岳飞部队抵挡刘豫的精锐部队，保全自己。张浚上奏

说:"岳飞的军队不能动,假如他的军队一动,襄汉地区便没有什么保证,局势将很难控制。"宋高宗担心张俊、刘光世难以抵挡敌军,命令岳飞东下。岳飞六年之中破曹成、平杨幺,都是炎炎夏季用兵打仗,致使眼生疾患,到这时病情更加严重了。但岳飞接到诏令的当天便率军启程出发,还没有赶到淮西,刘麟军便被击败。岳飞奏章到朝廷,宋高宗对赵鼎说:"虽然刘麟兵败并不值得高兴,但各位将领的忠义之心可见,这一点值得庆贺。"于是赐给岳飞书信,说:"敌军已离开淮河地区,你不必继续前进,敌人或许乘机进犯襄、邓、陈、蔡,应从长远出发,制订好计划。"岳飞于是回师撤军。当时伪齐政权纠集了军队,对唐州虎视眈眈,岳飞派王贵、董先等人去攻打敌人,烧毁敌人大营。又上书给宋高宗,想夺取蔡州,以它为后方,进军收复中原地区。但宋高宗不同意这个计划。岳飞只得下令王贵等人撤回。

绍兴七年(1137年),宋高宗任命岳飞为太尉,接着任命他为宣抚使兼营田大使。岳飞跟随宋高宗来到建康,宋高宗把王德、郦琼的军队归入岳飞麾下,并诏令二人像服从皇上的命令一样,来听从岳飞的命令。

岳飞曾经数次面见宋高宗,与他商讨收复中原的策略。又手写奏章说:"金人之所以在河南扶植刘豫,大概是企图残害中原,用中国人自己打自己,自相残杀,完颜宗翰(又名粘罕)趁此机会休整,整顿兵马,寻机进攻。我希望陛下给我一些时间,让我在恰当的时候率领军队直取汴京、洛阳,并占据河阳、陕府、潼关,再以此来号召,让五路叛将重新归顺。叛将一投降,再派官军前进,敌人必然放弃汴京逃往河北,京畿、陕右地区可以全部收复。然后分兵进攻濬州、滑州,经营两河地区,这样我们就可以生擒刘豫,消灭金人。国家的复兴大计全都系于此举。"宋高宗回答说:"有你这样的大臣,我真的很安慰。你自己把握进退的时机吧,我不从中干预。"又把岳飞召到寝宫对他说:"这是中兴宋朝的大事,一切事情都交给你了,你可以放手去干。"于是命令岳飞管辖光州。

岳飞正在计划大举北伐之时,恰逢秦桧主持和议,于是下令王德、郦琼的军队不得隶属岳飞统辖。朝廷诏令岳飞到都督府同张浚商议军事,张浚对岳飞说:"王德这人在淮西军士中有威信,现在我想提拔他做都统,并且让吕祉以都督府参谋的身份统领这支部队,你觉得怎么样?"岳飞回答说:"王德同郦琼向来不相上下,一旦提拔王德位于郦琼之上,那么必然引起纷争。而吕祉对军队事务不是很熟悉,恐怕难服众人。"张浚说:"张宣抚这人怎么样?"岳飞回答说:"他为人残暴而缺乏智谋,尤其为郦琼所不服。"张浚又问:"那么杨沂中又怎么样?"岳飞回答说:"杨沂中并不比王德强,也未必能统御这支军队。"张浚不高兴地说:"我知道现在就剩下你一个能人了。"岳飞说:"都督郑重其事地征求我的意见,我不过是直言相告,哪里是想争夺这支人马的指挥权呢?"当天便上书朝廷,请求朝廷解除自己的兵权,回家服丧,并让张宪代理指挥军队,自己则步行回家,在母亲墓旁建了一座小屋,继续服丧。张浚又气又恼,奏明朝廷让张宗元任宣抚判官,监督岳飞的军队。

宋高宗多次下诏催促岳飞回军复职,岳飞极力推辞,于是宋高宗便命令岳飞的幕僚到岳飞守丧的地方,以死相求岳飞回去复职。六天后,岳飞才答应,并赶往朝廷请罪。宋高宗安慰他后派他回部队。监督岳飞部队的张宗元回来后报告说:"岳飞的军队将领团结和睦,士兵骁勇精锐,人人心怀忠孝,这都是岳飞平日教育得好啊!"宋高宗十分高兴。岳飞上奏说："从前我在皇帝寝宫，听陛下的高论，以为陛下决意北伐，怎么到现在还不见动静呢？我军北伐顺天意，得民心，出师有名而士气高涨，顺天道而必然强大，金军则出师无名，士气低落，违背天道则必然虚弱，请皇上诏令我出师北伐吧！这样一定会取得胜利。"又上奏："钱塘地处偏僻的海边，绝非用武之地，希望陛下在上游建都，学习当年光武帝的做法，亲率大军，赶往前线，使全军将士知道陛下的意图志向，这样人人会拼死效命。"宋高宗没有答复岳飞。不久郦琼叛变，张浚后悔未听岳飞之言。岳飞又上奏："臣愿带兵北进，屯驻在淮甸，伺机讨伐郦琼，一定可以平定叛乱。"宋高宗没有答应，诏令他驻军江州作为淮浙地区的后援。

岳飞通过侦察得知刘豫与粘罕十分要好，而兀术却讨厌刘豫，正好可以离间他们而后采取行动。这时士兵捉到了兀术的一名间谍，岳飞假装责备他说："你不是我军中的张斌吗？我以前派遣你到齐国去，约定引诱四太子兀术出来，但你一去不回。我前一阵再次派人去齐国询问，齐国也已答应我，约定今年冬天以联合进犯长江为由，将金国四太子诱到清河。你所送的书信竟没有送到，为什么要背叛我？"金的间谍怕被杀掉，就假意认罪。岳飞便写了一封秘信藏在蜡丸中，信中说明了与刘豫合谋要杀兀术之事，告诉这个间谍今天且饶了他，让他将功补过，再去伪齐送信，询问何时用兵，并且割开敌探的大腿把蜡丸藏进去，告诫他不得泄露。敌探回到金国后，立即把蜡书交给兀术，兀术见信大吃一惊，忙把此事报告给金帝。金朝怀疑刘豫暗通南宋，就废掉了他。岳飞上奏："应该乘金废掉刘豫的大好机会，打他个措手不及，长驱直入收复中原。"但没有得到朝廷的答复。

绍兴八年（1138 年），岳飞回军鄂州。王庶到江淮地区视察军队，岳飞给王庶写信说："我希望可以在今年出师北伐，如果行不通，我就只好交还符节请求回老家去颐养天年了。"王庶对北伐热情支持。这年秋天，岳飞奉召前往行在杭州，宋高宗命令他到资善堂会见皇太子。岳飞退下后高兴地说："复兴国家的斗争有新的主人了，看来中兴大计，很可能就要由他来实现了。"适逢金朝派使臣前来准备归还河南失地，岳飞上奏说："我们不能相信金人，也不能对和议抱太多希望，在这件事上丞相恐怕有些处理不当，要叫后人耻笑了。"秦桧因此怀恨岳飞。

绍兴九年（1139年），由于收复了河南的失地，朝廷大赦天下。岳飞上表朝廷以示感谢，同时奏折中流露出不满"议和"的意思，其中有"燕云之地唾手可复，雪耻复仇报效国家"等语。朝廷授予他开府仪同三司，岳飞极力推辞不受，说："在今天的形势下，我们要有危机感，决不能以为高枕无忧了，我们应时时有忧患之心，而决不应庆贺，应该训练军队，谨慎戒备以应付突然事变，而不能论功行赏，让敌人取笑。"宋高宗三次诏命他都不接受，后来在宋高宗温和地劝慰下，他才接受。正巧碰到朝廷派人朝谒先帝陵墓，岳飞上奏请求带领轻骑跟随使者去为先帝扫墓，其实他想借机侦察金朝虚实，然后制定北伐的方略。又上奏："金人没有任何理由请求和解，其中必然有诈，名义上把土地归还我们，实际上不过是暂时寄放在我们这里罢了。"但由于秦桧上奏宋高宗不准岳飞前往，岳飞终未成行。

册立太子

这日，隆祐太后醒来精神恍惚，昨日的梦惊了她一身的冷汗。隆祐太后思前想后仍觉此事事态严重，还是告知宋高宗为好。隆祐太后亲自去宋高宗的住处，这让宋高宗顿觉事情不平常。太后说道："我昨儿做了个梦，梦到太祖了，太祖说当今皇帝无嗣，应把皇位归还。"太后语重心长，但说起来仍心有余悸，宋高宗沉默不语，满脸的不悦，但是当着太后的面，又不好发作。

当今皇帝宋高宗乃是宋太宗赵光义的后代，众人皆知北宋江山是由太祖赵匡胤开创的。其实到现今为止，对于赵匡胤为什么传位于其弟赵光义而不传子这个问题仍旧没有定论。这就给人留下了想象的空间，各种各样的说法在私底下流传。有一种说法占据了主流，那就是赵光义的帝位是阴谋篡夺而来，他不仅弑兄夺位，还谋害了他的两个侄子——赵德昭和赵德芳。

恰逢宋高宗膝下无子，唯一的儿子在南逃过程中生病受惊吓而死。他因为生理和心理上的创伤丧失了生育的能力，由此引发了将皇位归还赵匡胤后裔的说法。

宋高宗年轻气盛，后宫嫔妃无数，但始终不见哪个嫔妃传出喜讯，这不能不引起朝臣的猜测。当今圣上是否还能诞下皇嗣这个问题时刻萦绕在众臣的心头，一年一年的等待，始终没有结果。宋高宗也是愁眉苦脸，密诏众御医诊治，三餐不断补药，但要想重振往日雄风的愿望依旧渺茫，宋高宗不能生育之事虽秘而不宣，但此时在群臣之中已成为心照不宣的事实，只是碍于权威，避而不谈此事。事实依旧摆在那里，即使不提及也是宋高宗的一块心病，天下之大，有谁敢冒此大韪，触犯权威，往枪口上撞。不过，朝廷之中，还真出了这么两个人。此二人一个是娄寅亮，另一个是岳飞，前者委婉，后者耿直，注定二人迥异的命运。

绍兴元年（1131 年），宋高宗路经绍兴府，在此停留数日，上虞县丞娄寅亮乘机呈上一份奏折，他的奏折是这样说的："欲望陛下于'伯'字行下遴选太祖诸孙有贤德者，视秩亲王，使牧九州，以代皇嗣之生，推处藩服……庶几上慰在天之灵，下系人心之望。"奏折中提议从宋太祖第七世孙"伯"字辈后裔中挑选一人暂时作为宋高宗的继承人，以等待宋高宗的子嗣出生，这样既可以告慰太祖的在天之灵，又可以堵住悠悠众口，赢得好声望。

娄寅亮之意可谓道出了众人心声，但他也自知此事乃宋高宗大忌，所以他尽量以最委婉的说辞、最能令宋高宗接受的态度，将事情的前因后果娓娓道来。尽其所能不伤宋高宗自尊，又为他留有余地。呈上奏折的娄寅亮战战兢兢，此事稍有不慎就是灭族之灾。

年方 25 的宋高宗乍一看此奏折，眉头紧锁，此事正说到宋高宗的痛处，真是哪壶不开提哪壶。但静下心细想，娄县丞说得也不无道理，逃避总不是办法，现实总是要面对的，此事躲得过初一躲不过十五。"以待皇嗣之生，退处藩服"这话更是打动了宋高宗。宋高宗反复思考之后，认为形势逼人，如今之计只能用此法应付了事。娄寅亮一直悬着的心终于回归原位，他的以死相谏也给他带来了回报，宋高宗一高兴就把它提升为监察御史。

宋高宗回到京城后，就将朝臣找来商议此事，朝臣看宋高宗亲提此事，也不再避讳，顺水推舟，一致通过。

在绍兴二年（1132 年），赵匡胤的第七世孙赵伯琮为宋高宗相中，将其收养于宫中。30年后此人登上了皇帝宝座，是为宋孝宗。

此后五年，立嗣之事就鲜为人知，直至绍兴七年（1137年）岳飞又将此事提上日程，由此引发了一连串的事宜。

岳飞虽以领兵起家，却也是文武双全。他对政治的敏感度不高，但也不是个政治盲。他知立嗣一事对于宋高宗来说意味着什么，却仍旧是义无反顾，上书请宋高宗立赵伯琮为太子。此时年仅30岁的宋高宗，对于自己能够拥有亲生骨肉之事还未完全绝望。岳飞一路征战，正值赢得宋高宗的绝对信任之时，一提此事无异于一盆冷水，宋高宗的满腔热情顿时冷却下来。宋高宗再次看到二人完全不在同一战线，关系破裂在所难免。宋高宗，岳飞两个同一时代的年轻人渐行渐远。

其实，岳飞所想完全没有私心，一切都是出于对当时形势的考虑，刘豫的伪齐政权不仅没有给金国带来预期利益，反倒成了金廷的一个包袱。金廷这招臭棋的副作用越来越明显，于是有意将其废除。而金人的下一步计划就是打算把宋钦宗的儿子放回，此人是宋钦宗的正牌皇子。金人欲以他为帝在中原建立傀儡政权，来跟宋高宗的南宋政权相抗衡。在讲究正统的封建社会，这个回来的皇子将会比宋高宗更有资格继承大业。这对于刚刚稳定的南宋政权来说无疑又是一次挑战，这无异于火山喷发，一切很有可能重回混乱。

岳飞请立太子之事，意在告诉金人南宋政权已经步入正轨，不容让他人破坏，更不会因前朝太子的归来而有所动摇。宋高宗完全没有领悟岳飞的一片苦心，更以武人参政为由责难于他"卿言虽忠，然握重兵于外，这类事体并不是你所应当参与的"。

岳飞所奏之事不仅未予采纳，反换来一番训斥，自是怏怏不快。

宋高宗对岳飞的信任也开始逐步走下坡路，他意识到岳飞所忠于的并不是他宋高宗，自己的法统地位仍得不到承认。得到法统认同是宋高宗终其一生所求，如今却遭自己信任的心腹大将岳飞如此践踏，这是宋高宗所不能容忍的。

岳飞不明宋高宗之意，宋高宗无视岳飞之忠心，这两人注定走不到一起，此事也为岳飞的杀身之祸埋下了隐患。

岳飞身死

岳家军之屡战屡胜，多次以少胜多，源于其将领治军有方，赏罚分明。岳家军的将领又严于律己，每次作战都能够做到身先士卒，士卒有了明确的目标和榜样，所爆发出来的战斗力可以一人敌数人。

不管岳家军有多强的战斗力，若缺少友军的配合和支援，抗金大业终究会功亏一篑。因此岳飞多次向宋高宗请兵，"速赐指挥，令诸路之兵火速并进"，但岳飞注定是要失望的，岳飞等来的是宋高宗的班师诏，一天之内用十二道金牌发出的班师诏。这十二道金牌有如泰山一般压在岳飞头上，岳飞知道宋高宗以金牌发班师诏的意义，如果继续抗旨不遵就性命难保，但若是班师，那十年所求就前功尽弃。此时各路军，有如张浚、王德、杨沂中都收到班师诏而班师回朝，岳飞知道自己已是孤军难战，大呼"十年之功，废于一旦"后无奈班师。

因为岳飞的快马书信，使得秦桧、张俊瓜分韩家军、栽赃陷害韩世忠的阴谋未得逞。气急败坏的秦桧、张俊二人对岳飞恨得咬牙切齿，收拾韩世忠不成，就转嫁到岳飞和岳家军的身上来。上一次失败的教训不得不吸取，细致周密的策划是必不可少的，一场针对岳飞的栽赃陷害的阴谋私底下酝酿开来，这场阴谋的背后支持者是宋高宗，秦桧充当了刽子手的角色，张俊等人则是帮凶。

到杭州视察回来的岳飞，对宋高宗之辈的行径越来越不耻，只是人在屋檐下，不得不低头。此番岳飞回来，遭遇了重重麻烦，他正不知不觉地一步步走向宋高宗、秦桧君臣二人设置的陷阱内。

其实，宋高宗下定决心要置岳飞于死地，还有一个更重要的原因，那就是完颜宗弼的授意。宋高宗命秦桧向金国乞和，完颜宗弼爱理不理，认为宋人根本没有诚意。秦桧这下急了，皇天在上，南宋最高领导人一心议和，又是命将领班师回朝又是收兵的，这要再说南宋没有诚意，那真是比窦娥还冤枉。完颜宗弼又讲怎样被岳飞打得叫天天不灵，叫地地不应，这宋人的诚意让人大失所望。秦桧心领神会，原来事情的症结在于此，这全都是岳飞这个"战争狂人"惹的祸，看来岳飞非除去不可。

秦桧将事情的原委添油加醋地向宋高宗一一汇报，宋高宗把事情看得太简单，认为岳飞一除，议和大业就无阻碍了。一心议和的宋高宗当然不会因为岳飞而任其议和大业半途而废，想方设法要除去岳飞成了当务之急。

完颜宗弼这招借刀杀人的计谋完全是抓住了宋高宗的胃口，以议和诱其杀岳飞，以宋高宗求议和之迫切，不管完颜宗弼提出怎么样尖酸刻薄的条件，宋高宗绝对会毫不犹豫地答应。从前面天眷议和中可以略窥一二，即使是称臣，即使是屈己，宋高宗也在所不惜。区区一个岳飞算得了什么，宋高宗绝对不会眨眼。完颜宗弼这一招可抵千军，不知后来完颜宗弼是在扬扬自得还是后悔没有早点走这步棋，这样不知道可以省下多少力气，可以挽救多少金人的性命？

一路劳顿刚回杭州的岳飞，来不及休息，就被宋高宗紧急召见，原来岳飞遭到右谏议大夫的弹劾：

　　"今春敌寇大入，疆场骚然，陛下趣飞出师，以为犄角，玺书络绎，使者相继于道，而乃稽违诏旨，不以时发，久之，一至舒、蕲，匆卒复还。

　　"比与同列按兵淮上，公对将佐谓山阳不可守，沮丧士气，动摇民心，远近闻之，莫不失望。"

　　万俟卨所说两件事，一是岳飞在受命支援淮西时，延误时间，没有按时到达；二是撤除淮东防务，动摇了民心。

　　其实，这个万俟卨是秦桧的死党，此次弹劾岳飞完全是秉承宋高宗的旨意，但岳飞忠心为国，能有什么罪证？秦桧动员其爪牙也找不出个令人信服的证据。既然找不出确凿的证据，那就只能吹毛求疵，鸡蛋里面挑骨头，再者就是栽赃陷害了，这是秦桧惯用伎俩。

　　万俟卨所奏二事，其一可谓吹毛求疵，岳飞赴淮西，动作是慢了些，原因有二，一是岳飞正值患病，二是张俊以军中缺粮草为理由，阻止岳飞进军，以独享战功。所奏二事其二可谓栽赃陷害，当时主张放弃楚州，撤销淮东防务的明明是张俊，这事完全是扣错了帽子。

　　继万俟卨之后，在秦桧的指示下，御史中丞何铸也相继上书弹劾岳飞，其内容无非还是以上两条罪状，只不过是新瓶装旧酒罢了。

　　岳飞万万没有想到自己忠心报国却成为众矢之的，对朝廷绝望的他再也没有待下去的勇气了，便向宋高宗请辞，归隐庐山中。纵使已经罢免了岳飞的职务，宋高宗、秦桧二人仍然不死心，一不做，二不休，结果了岳飞的性命他们才肯罢休。

　　从岳飞之处下手似乎困难重重，不是轻而易举能够办到的，对此秦桧很是花了一番心思，然后把突破点转到岳飞之子岳云和爱将张宪这边来。

秦桧以威胁、利诱为手段收买了岳家军都统制王贵和副都统王俊。王贵此人与张宪感情一向不融洽，更因犯事遭岳飞处罚。王俊则是因受到岳飞训斥，而对其怀恨在心，又一心想攀结权贵，便抓住了秦桧这棵大树。

秦桧指使二人诬告岳云、张宪密谋发动兵变，并煞有其事地捏造出一些书信为证据。岳云、张宪被抓了起来，投入狱中，无论怎样严刑拷打，此二人俱不承认谋反之事。岳飞是光明磊落之人，其子、其爱将也绝对不输于他，其精神同样令人钦佩。没能将岳云、张宪屈打成招，秦桧便又想到了另一招，诏岳飞前来对证，以便将其一网打尽，秦桧这一步走的不可谓不狠毒。此时在庐山赋闲的岳飞对于岳云、张宪下狱之事完全不知。秦桧派杨沂中到庐山请岳飞来对证，岳飞对于当前面临的形势完全不知，认为清者自清，上天自有公道。岳飞欣然前往，到杭州当日，便被捕下狱了。

宋高宗将此案交予大理寺审理，主审官是御史中丞何铸。何铸此人曾经受秦桧之命弹劾岳飞，但在审理岳飞一案中，被岳飞父子反驳得无话可说。他反复询问仍找不到任何岳飞谋反的蛛丝马迹，又被父子二人的忠心所打动，便向秦桧汇报，岳飞父子是被冤枉的，极力为其辩护。秦桧一番辛苦却落得这样的结局，哪里肯善罢甘休。他明确告诉何铸，将岳飞置于死地，是宋高宗的旨意，如此赤裸裸的意图，何铸应该心知肚明了，但是这何铸就是如此不识时务，对秦桧一甩袖子，不干了。

何铸这个御史中丞的位子自是做不得了，再次的审讯，主审官成了万俟禼，万俟禼既是秦桧的爪牙，所做当然一切遵从秦桧旨意。没有证据，那就制造证据，一切仿佛按部就班，顺理成章。岳飞此时终于明了，宋高宗——那个自己无比效忠，用性命去保护的人，要他死。既然如此，再多的辩解已经没有任何的意义了。便写下"天日昭昭，天日昭昭"八个大字，含恨而去，而岳云、张宪也相继被斩首。

此时的韩世忠已经辞官在家，不理朝政。他听闻岳飞冤死，气冲冲地跑去秦桧那里要岳飞谋反的证据，秦桧当然拿不出任何的证据，还大言不惭地说"其事体莫须有"，一代名将岳飞竟以"莫须有"的罪名冤死，正如韩世忠所说"莫须有何以服天下"。

岳飞以抗金起家，一生戎马，终生不忘抗金大业，更以收复失地为己任。最后，他所效忠的宋高宗却为清除议和障碍为由将其杀害，这更是让后人感慨不已。

相权专政

秦桧帮助宋高宗先收诸将兵权，又栽赃陷害岳飞，促成与金议和，达成宋高宗多年夙愿，宋高宗对其宠幸有加。绍兴和议达成之后，宋高宗更是加封秦桧为太师位及魏国公，还赐他大批田宅。至此，秦桧成为万人之上，一人之下的权相。

此时，大权在握的秦桧一副飞扬跋扈的模样，他要求朝臣所上奏折，都要先经过他的手，完全不把宋高宗当回事。可怜的宋高宗成了光杆司令却不自知，秦桧俨然成了南宋最高领导人，朝廷一切事宜基本上要经过他的定夺，才能下决定。

剪除异己，结党营私是权臣惯用的伎俩，秦桧也不例外，而且有过之而无不及。

秦桧以"莫须有"的罪名将岳飞杀害，自然不能服天下。岳飞在朝中、百姓中威望颇高，众多人对岳飞精忠报国的精神十分钦佩。岳飞死得不明不白，自然会有许多人为其伸张正义，秦桧都对其大肆迫害。

大理寺丞李若虚和何彦猷在私下聊天时曾谈道"飞无罪，不应死"，此话被秦桧的爪牙听到并密告秦桧，秦桧就命党羽弹劾他们，诬陷他们为岳飞的党羽，党庇岳飞，最后都被罢官。

岳飞一案的主审官何铸本是秦桧的党羽，曾受秦桧之命向宋高宗弹劾岳飞，秦桧认为"其忠可鉴"便让他审理岳飞一案。但是，何铸左审右审也没有找出岳飞谋反的证据，看到岳飞背上的"精忠报国"，又为他大义凛然的精神所感动，便向秦桧汇报岳飞无罪，请求释放岳飞。秦桧陷害岳飞一事已经谋划已久，哪能在此关键时刻功亏一篑，便一面将主审官换成万俟卨，另一面迫害何铸，诬告他为岳飞党羽，"徇私舞弊"，破坏议和大业，最后将其罢官贬职徽州。

对于岳飞的部将，秦桧更是不会放过，无情打击就算是手下留情，更甚者是残忍迫害。李若虚曾经受命给在外抗金的岳飞送过班师令，但是岳飞拒绝班师后，李若虚竟以"矫诏之罪，当由我承当"来纵容岳飞，支持岳飞抗金，秦桧当然不能容忍，以"主帅有异志而不能谏"的罪名将李若虚革职，这样还不能解恨，后来又将其流放。

岳飞所钟爱的部将牛皋，在抗金战争中立下了汗马功劳，更是为秦桧所恶。可惜，牛皋平时行事谨慎，又不曾犯事，秦桧想除之而后快，却苦于找不到合适的时机。这事让秦桧动了一番脑筋，秦桧先是收买了牛皋的亲信田师中，借宴请牛皋之机将其毒死。

秦桧如此容不得人，凡是同情岳飞、为岳飞鸣冤或与岳飞有关系的人，秦桧统统都不会放过。秦桧此目的无非想将岳飞所有存在过的印迹都清除。他这样做除了要剪除议和路上的障碍之外，也许还有一层心理上的因素，秦桧看得清岳飞的忠心，其冤死罪名纯属无中生有，也许就连秦桧自己都难以信服。为了使得更多的人转移注意力，他便以大力打击那些事关岳飞的人和事，当舆论中没有关于岳飞的声音，秦桧的心事才能了却。然而适得其反，秦桧越描越黑，悠悠众口即使他秦桧布下天罗地网也难以掩盖，就算能够堵住当朝人的口，他也不能堵住世人的口。只手遮天的秦桧，任他有天大的本事也不能料到岳飞终得昭雪，而他却落得个永世只能在岳飞面前长跪不起的下场。

时任宰相的赵鼎对秦桧如此作威作福、残害忠良的行径极其不耻，便向宋高宗参秦桧一本。这下得罪了秦桧，秦桧千方百计地找其麻烦，终将其排挤下宰相的职位，还将其流放潮州，到潮州的赵鼎处处受到秦桧爪牙的打压。堂堂一国宰相竟然被秦桧陷害到如此地步，赵鼎与秦桧同朝多年，自知秦桧之心狠手辣，知道秦桧非置自己于死地才得甘心，又恐株连家人，便绝食而死。赵鼎想以一死保全家人，但他低估了秦桧的度量，秦桧依旧没有善罢甘休。秦桧及其子秦熺曾酝酿将赵鼎的儿子拉入一场阴谋之中，幸得老天开眼，秦桧在此事未了之时就一命呜呼。

秦桧在排除异己的同时，还在结党营私，大力扶植自己的势力，致使朝中个个都是他的爪牙，唯秦桧之命是听。拉拢宋高宗身边的红人是秦桧走出的第一步，此时有一个人甚得宋高宗宠信，此人名叫王继先。要说这王继先也没有什么本事，仅凭一手祖传医术将宋高宗哄得团团转，他这医术在宋高宗看来甚是了得，因为王继先声称能够医治宋高宗的不育之症。这下宋高宗可是来了精神，不能生育是宋高宗多年来的一块心病，身为南宋开国皇帝，后宫嫔妃无数，却没能为宋高宗诞下一个龙种，这种尴尬的心情谁能够体会。这事折磨了宋高宗多年，如今抓住了王继先这根救命稻草，自然会感激万分。

这王继先治病暂且不论是否有两把刷子，其品行却是臭得没有办法提，贪财好色不说，还好行"阴术"。这跟秦桧倒是志同道合，秦桧投其所好，金银珠宝外加美女送上，看得王继先眼冒金光，两人一拍即合，王继先成了秦桧的狗腿子，在宋高宗面前将秦桧夸得天花乱坠。秦桧、王继先两人在外作威作福，狼狈为奸，在朝廷却将宋高宗哄得身心荡漾。有了宋高宗的庇护，两人更是无恶不作。

秦桧再怎么作威作福也抵不过岁月的流逝，尽心培育下一代，为子孙创下基业那才是正理。绍兴十二年（1142年），秦桧养子秦熺参加科举考试，考官尽被秦桧收买，状元的名号非他秦熺莫属了。秦桧的亲族也大都仰仗他的权势而位居高职，这样秦桧就成了独掌朝政的权相，就连宋高宗也不放在眼里，形成了"只知有秦桧，而不知有朝廷"的局面。

某日，不务正业的宋高宗突然心血来潮，关心起政事来，却发现今非昔比，自己已经成了光杆司令。原来，自己养虎为患，当初那只圈养的唯命是从的小绵羊，现今已经成为一只猛虎，并且随时都会威胁自己的性命。真是自作孽，不可活，自己只能把满腹的怨气憋在心里。因为秦桧他有个让宋高宗毛骨悚然的靠山，那就是金人。

以宋高宗工于心计的表现来看，他不可能不知道秦桧与金人的关系，但是心知肚明的两个人又不可能撕破了脸，因为秦桧具有极其重要的利用价值，那就是宋金议和的一个桥梁，秦桧若是把这件事办成了，那与金和平相处的事情就是指日可待了。

另外，金人曾明确指示不能擅自把秦桧换掉，可见金人对秦桧的喜欢。秦桧也因此更加动不得了。要保江南一隅之安，就得忍受秦桧的飞扬跋扈，宋高宗只能打掉牙齿还得往肚子里吞。他满肚子的委屈无人诉说，只因这都是他自己一手造成的，怨不得别人。

宋高宗此刻所能做的就是等待，他等待秦桧归西的那一天。论权势，论计谋，宋高宗没有优势，宋高宗他唯一的优势就是他等得起，正是这优势让他崛地而起。

苍天并没有让宋高宗失望，这一天，宋高宗很快就等来了。绍兴二十五年（1155 年）秦桧病重，辞去相位，宋高宗如释重负，重得朝政大权，十月二十二日，秦桧充满着罪恶的一生终于结束。

秦桧为相 19 年，胡作非为，朝廷之中弥漫着污秽之气。对百姓横征暴敛，百姓对他怨气冲天。秦桧死讯传出后，群臣、百姓举国相庆。秦桧凭其一生罪恶，终得留名后世，却是遗臭万年。

宋高宗禅位

采石矶大战，宋军在书生虞允文的指挥下以少胜多。此战给金人以致命一击，此后，金人一蹶不振，南宋终得一隅之安，宋高宗赵构多年的夙愿终于光明磊落地实现。从此之后，宋军转守为攻，乘胜追击，收回了两淮地区。按理说，此时若是一鼓作气直追金军，那收复中原、重振大宋的前途可谓一片光明。但是，此时的宋高宗下令不得继续追杀金军。朝廷一片哗然，宋高宗此举却是为何？

强则用兵，弱则议和，这是金人对宋一贯的原则。此次完颜亮南犯，不仅没有占得半点便宜，还赔上了性命。金国内部金世宗完颜雍皇帝的宝座还没有坐稳，朝局尚处于混乱之中，北部有鞑靼、契丹的骚扰和威胁，以宋高宗对金多次交手的了解，金人此次肯定要使出议和这一招。所以宋高宗见好就收，等着金人向他伸出友好之手。宋高宗如此做法，当然会惹来主战派的不满，纷纷上书反对，如今宋钦宗已死，宋军已无后顾之忧，若还一再议和就实在是没有道理。

由于刚打的胜仗，主战派大臣说话显得格外有分量，不仅底气十足，更是掷地有声。一时间主战派占了上风，但是宋高宗不管，几十年不改其志，固执地走议和之路。果真如宋高宗所料，金世宗完颜雍派人来议和了，金人先是毁约，却又打了败仗。来议和依旧是颐指气使，这样的窝囊气纵使宋高宗有再好的脾气也难以容忍了。金人使臣挨了一顿臭骂，再也牛不起来，狼狈而归。宋高宗谨遵礼尚往来，派使臣洪迈到金商洽议和之事。

洪迈到金以后秉承宋高宗旨意，强烈要求废除君臣关系，金世宗完颜雍态度更是强硬，给洪迈两个字"没门"之后把洪迈关了起来。打了败仗的完颜雍还如此嚣张，其态度与宋高宗形成鲜明的对比。

在处理宋金关系上，宋一直处于被动地位。宋高宗一心乞和，胜却是虽胜犹败；而金只在迫不得已之时才议和，却虽败犹胜。对于南宋，金国打得赢的时候绝不手软，坚持到受挫为止，即使这时的宋跟在屁股后面竖起白旗要投降。总之就是一句话，不论是胜还是败，金人总是想尽办法占得大便宜。

话说宋高宗见洪迈迟迟未归，知道议和之事多半会是竹篮打水一场空，心灰意冷的他，便打算全盘接受金世宗完颜雍"居尊如故"的要求，但是主战派是不会同意的。

此时的宋高宗对于政事已经全无兴趣了，一切都是那么不如意。他自从登基以来，顺心事实在是太少太少。宋高宗先是因为皇位的正统性受人怀疑，后被金人追得上天入地去逃命，"苗刘之变"中他被赶下皇位，成为阶下囚，差点丧命。之后他又经历了丧失唯一爱子之痛，不孕的无奈是终生的心病，被哥哥赵桓这个噩梦折磨了数十年，冤死岳飞是不能忘却的伤……越想越觉得委屈，做皇帝难，做个好皇帝更难，承受着比别人更多的痛，宋高宗越想越消极起来。

正当黯然神伤之时，养子赵伯琮和赵伯玖两人过来请安。这两人自打进宫到如今已经20年有余，毕竟不是亲生儿子，宋高宗与这两个养子感情淡薄。自从爱子死后，宋高宗就没有享受过为人父的天伦之乐。对于这两个养子，宋高宗给予他们的是严肃训诫，他们对宋高宗的也只是对长辈的尊敬。但不管怎样他们中的一个将坐上自己的位子。宋高宗想到这里，心中便来一计，顿觉轻松了许多，一个令人震惊的计划开始酝酿。

宋高宗想要效仿宋徽宗，临危授命。将皇位传给继承人，自己舒舒服服做太上皇。这确实是一个让人震惊的计划，此时的宋高宗正值盛年，56岁本是大干一番事业的年龄，何况此时的宋高宗无疾无病，身强体壮，但是太多的烦心事已经压得宋高宗喘不过气来了。他憧憬了一下当上太上皇的悠闲生活，宋高宗更认为这个计划正合心意，甚至他有些迫不及待。若是当上这太上皇可是好处多多，荣华富贵不用担心，国事不用操心，也不用左右为难，若是金人打来，可以一拍屁股走人，那真是无事一身轻。

事不宜迟，有了想法就立马行动，第一步就是要立太子。赵伯琮和赵伯玖两人进宫 20 年有余，但宋高宗始终没有立太子，其原因显而易见。这两人都非亲生，宋高宗还心存侥幸，盼望奇迹出现，能够拥有亲生骨肉，当王继先声称可以治宋高宗的不育之症时，宋高宗何等欣喜若狂，对其宠爱有加，对子孙满堂充满了希望，但是这么多年过去了，一切都是枉费心机。上天终究还是让宋高宗失望了，希望越来越渺茫，至此宋高宗彻底失去信心，已经绝望了。

这两个太子候选人才能不相上下，若论品行，赵伯琮更胜一筹。但是韦太后不喜欢伯琮，宠爱伯玖，韦太后多次示意宋高宗立赵伯玖为太子，宋高宗一直优柔寡断，犹豫不决。

现在必须拿出一个可行的方案来，使这两个人决出个高下。宋高宗冥思苦想还真想出一个自以为是万全之策的方法来，此法可谓别出心裁，用此方法选太子那可真是前无古人后无来者。

宋高宗给这二人每人赐了 10 个绝色佳人，这让两人丈二和尚摸不着头脑，有些疑惑。但既然如此，那就先领回去再说，赵伯玖啥也不想便享起艳福来。但这赵伯琮就多长了一个心眼儿，此事蹊跷，还是少安毋躁，就把这 10 个美女晾在一边了。

几天过去了，宋高宗突然又下令将这些美女收回，这事更是让二人疑惑了。原来这 20 个美女送出去的时候都是处子之身，两人顿时明白了宋高宗的用意。赵伯玖心里一惊，凉了半截，而赵伯琮却是一副坦然，幸好自己把持得住，10 个美人碰都没有碰一下。

结果可想而知，宋高宗通过使美人计选出了太子赵伯琮。可以想象赵伯玖事后是怎样懊悔不已，若当时自己能够小心谨慎些，那就是另一番情景了，真是一失足成千古恨，眼巴巴看着赵伯琮被立为太子，自己仅得一个建王，心里真是百味俱全。本是平起平坐的两个人，这一刻起，身份一个在天，一个在地。

太子已定，事不迟疑，禅位之事必须解决。此时的宋高宗是如此果断，若是他在抗金问题上如此表现，何至于落得今日这个下场。

绍兴三十二年（1162年）五月，宋高宗在大殿之上、群臣面前提出要退位，由太子赵伯琮继承大统。宋高宗此法一提，群臣惊愕，当即明白，原来皇上急着要立太子却是为此。可是自古哪个皇帝不眷恋皇位，被子孙逼下皇位的比比皆是，况且宋高宗正值盛年，却主动禅位，这真是让人纳闷。

对于宋高宗盛年禅位之事，群臣纷纷上书反对，反对最为激烈的要数宰相朱倬。朱倬认为，传位之事事关重大，应当深思熟虑之后再做决定，况且这传位之事也不是一朝一夕就能够完成的。前车之鉴不容忽视，昔日宋徽宗匆匆传位，致使朝政极为混乱，无力抵抗金人入侵，终成靖康之乱，北宋随之而亡。宋高宗一心沉浸在成为太上皇的憧憬之中，哪里会在乎这些，据理力争不成，又动之以情，一把鼻涕一把泪诉说自己登基以来的种种苦衷，群臣心一软，让宋高宗钻了空子。等反应过来，宋高宗已经到德寿宫颐养天年，享福去了。南宋易主，赵伯琮更名赵昚，继承大统，是为宋孝宗。

一心收复失地的宋孝宗

面对主战派的一片抗金之声日益高涨，宋高宗再也想不出反驳的理由，但是他确实是无抗金之心。左右为难的宋高宗遂将这一个大难题扔给了太子赵昚，自己则逍遥快活去了。宋高宗一生没有什么建树，但学会了两样本事，那就是逃跑和推卸责任，并且练得炉火纯青。后人评价宋高宗的一生"窜身而不耻，屈膝而无惭，直不可谓有生人之气矣"。

宋孝宗赵眘，是太祖赵匡胤的七世孙，是由赵德芳一支传承下来的。宋孝宗继位以后，一改赵构的作风，他先是下诏为岳飞父子平反，重新启用被秦桧罢黜的大臣，驱逐秦桧党羽，又召集主战派将领，委以重任，张浚、王十朋等相继入朝。宋孝宗此举是想要重振国威，内安朝政，外抗金寇，收复中原失地，雪恨报仇。

宋孝宗雄心壮志，在其未登基之时就已经暴露无遗。宋高宗对金一味乞和，赵眘嘴上虽不说，心里却是十分鄙视的。宋高宗作为一国之君，金人南犯，只知一心议和与逃命，却不积极出谋划策，准备抵抗，这哪里是为君之道。赵眘愤怒于色，想要上书，请求领兵出征，都被史浩拦住，史浩是赵眘的老师，史浩的担心不无道理，身为皇帝候选人，这个时候去触犯赵构的禁忌，那无异于自找苦吃，这无疑大大降低登基概率。

绍兴三十一年（1151年），完颜亮举兵南侵，宋高宗非但不备战，还做好了要逃跑的准备，令当时还是皇子的宋孝宗气愤难当，不顾史浩的阻拦上书赵构，请求亲征，此事后经史浩安抚，才没有惹怒宋高宗。可见赵伯琮抗金之心可见一斑，可谓一个坚定的主战派。继位以后，宋孝宗终于如愿以偿，准备大展宏图，所以他为抗金大业做了一系列的前期准备。时人评价宋孝宗"锐志以图兴复，怨不可且夕忘，时不可迁延失。"这跟宋高宗形成了鲜明的对比。

宋孝宗自始至终有志于抗金大业，所以他对于主战派将领心存好感，尤其对于岳飞、韩世忠这样的名将更是钦佩，也因此他对于卑躬屈膝的秦桧之流则极为看不上眼。宋孝宗自继位伊始便为岳飞冤案平反，还其旧职"以礼改葬，访求其后，特与录用"。

其实对于给岳飞平反一事，宋高宗赵构不仅没有反对，还是大力支持的。宋孝宗赵昚也曾讲过此事是秉承太上皇旨意。对于阴谋陷害岳飞，赵构自始至终都是幕后主导者，当岳飞"金人不可信"的预言成为现实的时候，宋高宗意识到自己错了，那个坚持真理却被冤死的岳飞是对的。也许宋高宗已经在后悔了，可是作为一国之君，一言九鼎，要出尔反尔，就是往自己脸上抹黑。帝王的面子问题让赵构放不下身段，即使心存愧疚也只能放在心里。所以当宋孝宗提出为岳飞平反的时候，赵构投赞成票。这不仅解决了赵构的一块心病，还减轻了他的罪孽，宋高宗赵构自然愿意这么做。

在给岳飞平反的同时，还有一件事情在紧锣密鼓进行着，那就是北伐。宋孝宗一心北伐，北伐当然要有将领领兵，可是综观朝廷将领，却没有一个能拿得出手的将领。这真是让人感慨，宋高宗赵构掌权时，名将层出不穷，将领要战，皇帝不允许，可是到了赵昚这一代，皇帝要战，却没有将领可派遣。宋孝宗赵昚感到，困难重重，再次把朝中将领细数一遍，还真有个人物被宋孝宗找了出来。宋孝宗激动万分，似乎北伐胜利的曙光片刻就要到来一般，此人是谁，正是当年主持川陕军务的张浚。

完颜亮进犯江北的时候，赵构对手下的一群无名小辈实在是缺乏信心，一边做好逃跑准备，一边迫不得已把张浚请了出来。张浚临危受命，气势不减当年，赵构对张浚充满了信心，无比激动地对张浚说，"卿在此，朕无北顾之忧矣"。采石矶大战以后，金人狼狈北逃，赵构看张浚已经无利用价值，就把他的兵权收回，让他到地方上当小官去了。这是赵构惯用的伎俩，用得到的时候，就当神仙一样供着；

当无利用价值的时候，就晒在一边，甚至大砍特砍。

宋孝宗立即命人将张浚请来，对其功绩一番称赞，封其为少傅、江淮东西路宣抚使，后来又任命他为枢密使。宋孝宗赵昚将北伐大业希望寄托在张浚身上。张浚许久未受到这样的礼遇了，看宋孝宗如此信赖自己，更是激动得老泪纵横。受宋孝宗如此仰仗的张浚唯有帮宋孝宗完成抗金大业，才能报答后者的知遇之恩。张浚不顾年老，打算率军亲征。

俗话说得好，人多力量大。况且张浚一人也忙不过来，张浚就向宋孝宗推荐了一批领军人才，虞允文、张煮、陈俊卿、王十朋都在列，宋孝宗此时正愁没将领可调遣。张浚此举正合赵昚心意，赵昚依言并一一起用。就这样，北伐的战前准备就绪了。

可宋孝宗似乎想得太简单了，即便他与张浚两人一拍即合，朝中还有大量主和派，他们的意见也不能忽视。首先站出来的是史浩——宋孝宗的老师。史浩对宋孝宗来说不同寻常，在立天子之事上史浩出了大力，帮了大忙，要不是听从史浩的建议，还不知道坐在皇位上的人是谁呢。而且在继位之初，宋孝宗所做事宜都得到了史浩的积极支持，所以宋孝宗对史浩不仅有敬重还有感激，他的意见更是不容忽视。

史浩跟张浚在战略方针上存在着天壤之别的差异，史浩认为如今比较稳妥的方法是退守长江以北，放弃两淮地区，先保住南宋小朝廷的安全，再考虑北伐的事情，然后他又以兵力不足、经费不足、将领无才为由阻挡北伐。其实史浩所说也不无道理，此时南宋兵力确实难以支撑北伐，国库经费已经被挥霍一空，这些都是要亟待解决的问题。只是放弃防御两淮却缺乏战略眼光，两淮是长江屏障，两淮一失，长江就难以保障了。

张浚、史浩两人据理力争，大战五昼夜，谁也说服不了对方。最后，两人跑到宋孝宗那里去评理。宋孝宗当然是力主北伐的，只是史浩是自己的老师，怎么好当面回绝。好言相劝一番，打发史浩回去，却秘密跟张浚讨论其用兵的事情来。

南北修好，与民休息

直到战事再次点燃的时候，史浩才恍然大悟，原来君臣二人竟然秘密行事，弃他这个宰相于不顾。这在各朝各代也无理可言。

原来，宋孝宗赵昚和张浚两人自知朝中不少大臣反对此次北伐，便瞒天过海，直接给军队下达了作战命令，完全忽略了三省和枢密院的作用，致使朝中众大臣不知道要出兵之事。

史浩见宋孝宗如此行事，心中愤愤不平。于是史浩打算请辞走人。史浩此举不过是想让宋孝宗回心转意，回到自己身边来，可没有想到对史浩心灰意冷的皇帝竟然真的应允了，罢免了史浩的宰相之职。作为自己的老师，关键时刻却投反对票，宋孝宗对此有一肚子怨气，当真批准了史浩的请辞。

此时的史浩哭笑不得，他只怪自己一时意气用事，虽然是老师，但人家毕竟是一国之君，没想到赵昚如此不念旧恩，现下只能卷铺盖走人了。

隆兴元年（1163年）春，宋孝宗以张浚为总统帅，以李显忠和邵宏渊为领兵大将，开始了南宋历史上首次主动向金出兵的北伐。此次拟订的作战计划是两员大将各取灵璧和虹县，然后两军合力攻取宿州。

宋孝宗命李显忠攻灵璧，邵宏渊攻虹县，两人都希望能立下大功崭露头角，因此领兵打起仗来就特别来劲。战场上最令人生畏的就是有了动力和目标明确的军队，此刻的两人意气风发，颇有初生牛犊不怕虎之势。

宋军兵分两路，凭其英勇无敌的气势，不久就打得金人溃散而逃。此时的金军已无当年气势，宋军节节胜利。灵璧、虹县相继被攻下，李显忠、邵宏渊两人扬扬自得，金人也不过如此而已。这种轻敌的情绪在军中逐渐蔓延，不过这似乎是不祥征兆的开始。

李显忠攻克灵璧便乘胜率军向宿州挺进，一鼓作气，将宿州拿下。此时的邵宏渊还在虹县与金军周旋，宿州大捷的消息传来，邵宏渊刚刚得以从虹县脱身，宿州大捷的功劳就归于李显忠的名下了。这邵宏渊本就度量不大，况且此次领兵就冲着出名而来，此刻却让李显忠得了头号功臣，心里充满了窝囊气，对李显忠更是耿耿于怀。

不管怎样，宋军大胜，宋孝宗自是十分高兴。当初他和张浚一意孤行，在与群臣没有充分商量就出兵，朝中众多主和派大臣在等着看两人的笑话，宋军节节获胜，终于给宋孝宗赢回了面子。宋孝宗满面红光，喜悦之情洋溢于表。先是给李显忠颁发了嘉奖令，将其升为淮南、京东、河北招讨使，任邵宏渊为副使。这一下邵宏渊的火气一下子来了，他心中十分不服。怒气冲天的邵宏渊顿时心生退意。

南宋此时正值缺乏武将，张浚细数朝臣，再也找不到可以派得上用场的人，北伐之事还要仰仗这两员大将，若将领不干了，则战无可战。宋孝宗对于张浚寄予厚望，这仗一打要打下去，而且要打胜仗。张浚一番思想斗争下来，认为绝对不能让邵宏渊走。

张浚对邵宏渊晓之以理，动之以情，好言相劝一番。不过，没想到这邵宏渊不仅肚量小，还是个倔驴，他一意孤行，根本不听劝。毫无办法的张浚只好耐着性子与其谈条件，如此一来，邵宏渊来了兴致，他就等着张浚这句话呢。"与李显忠平起平坐。"估计这时张浚被邵宏渊气糊涂了，竟然答应了他这么不着调的条件。

　　李显忠和邵宏渊两人本来就有嫌隙，在暴风骤雨般的战场上，两人如何取得步调统一是一个问题。至此，这场北伐的结局似乎已经注定，张浚打胜仗的希望越来越渺茫。

　　打了胜仗又升了职的李显忠，已被胜利冲昏了头脑。他自从攻下宿州，就停滞不前了。他既不做防御也不整顿军队，却终日沉浸在庆功的喜悦之中，与部下不停地饮酒作乐，使得军队纪律松弛士气低下。对此，邵宏渊非但不加劝阻，还径直在一旁看热闹。指望这样的将领打胜仗，那简直就是天方夜谭。

　　就在宋军内部问题重重，让人应接不暇的时候，金军已在失败中清醒过来，金军做好准备，整顿军备，调兵遣将，准备下一轮的反击。

　　金军到来，让宋军惊慌失措，顿时乱作一团。宋军哪里有什么战斗力可言，面对金军只有纷纷溃逃。李显忠还算保持几分理智，他急率部下抵抗，可是此时宋军竟有大半逃跑。在这关键时刻邵宏渊仍不肯放下个人恩怨与李显忠合作，径直在一旁落井下石。李显忠孤军难战，弃城而逃。

　　宋军一败涂地，狼狈而逃。究其原因是将领不和，两个将领各自为政是不容忽视的主因。李显忠、邵宏渊二将本抱着建功立业的理想而去，只是其手段却极为恶劣，尤其是邵宏渊，他看李显忠的狼狈好戏竟不顾北伐大业，在后院煽风点火，结果却是两人都栽了大跟头，名誉双毁，真是得不偿失。

战败的消息传到朝廷，等着看好戏的主和派冷哼一声，终于如愿以偿。宋孝宗和张浚君臣二人唉声叹气，在群臣面前丢尽了颜面。此时正是主和派站出来说话的最佳时机。

北伐的惨败使宋孝宗收复中原的雄心严重受挫，他在主和派的压力下，先是下诏罪己，然后罢免了张浚枢密院使职务，最后召汤思退入朝。汤思退曾是秦桧爪牙，他跟秦桧串通一气，志同道合，是坚定的投降议和派。显而易见，宋孝宗这一系列的举动都表明了其向主和派靠拢的倾向。

果不其然，宋孝宗终于支撑不住，他向主和派妥协了。他派卢仲贤到金商洽议和方案。卢仲贤带着宋孝宗的期望沉重地上路了，卢仲贤愁眉苦脸感觉此次任务艰巨，很可能有去无回。全因为宋孝宗的要求太高，他希望不割地、不称臣，打了败仗，还敢有这么多要求，这议和怎么谈。卢仲贤到了金国，此条件一出，完颜雍立即拍了桌子，勃然大怒，将卢仲贤扫地出门。卢仲贤带着金人的条件风尘仆仆地回来了，总算是捡回了一条性命。

金人此次打了胜仗，胃口当然很大，除将两国的君臣关系改为叔侄关系外，一概照绍兴和议的条款而定。割地完全在宋孝宗的底线之外，金人实在是小看宋孝宗了。如此条件下，宋孝宗毫不犹豫地拒绝，并把卢仲贤交给大理寺处理。

但是问题出现了，议和不成，双方只能再度开战，可是以目前的形势来看，宋朝打胜仗的把握很渺茫。当前形势一团糟，宋孝宗不禁犹豫彷徨，无从下手。

正当宋孝宗烦闷之时，金人再度南下，他此时却无兵可调，因为主和派充斥着朝廷，并不听从他的调遣。在金人的军事胁迫下，宋孝宗无计可施，不得不接受金人提出的议和条款。

隆兴二年（1164年）底，宋迫于形势无奈与金签订合约，史称"隆兴和议"。内容归纳为三个方面：

一　宋金不再以君臣相称，改成叔侄关系，宋主称金主为叔父；

二　宋向金每年纳银五万两，绢五万匹；

三　宋放弃收复的海、泗、唐、邓、商、秦六州。

"隆兴和议"的签订，是宋金势均力敌的结果，金人虽然打了胜仗，内部却也是矛盾重生，金世宗完颜雍吸取完颜亮南侵的教训，"攘外必先安内"。"隆兴和议"后，宋孝宗更是奋发图强，养精蓄锐，积极整顿军政，准备一鸣惊人。

屡屡被扼杀的北伐

宋孝宗赵昚首次北伐以失败告终，但是要恢复中原，报仇雪恨的雄心壮志并没有因此而磨灭，他反倒有一股败不气馁、越战越勇的气势。

兵败之初，主和派纷纷上书弹劾张浚，要求罢免其职务，将其逐出朝廷。迫于形势，宋孝宗赵昚将张浚从前线召回，罢免了他的相位，又任其为江淮东西路宣抚使，但宋孝宗对张浚还是充满信心的。张浚北伐战败，又遭遇朝中大臣的讥讽，心情一度低落，宋孝宗就安慰他说："北伐的事情，当初是你我二人共同商议决定的，如今这样的结局，其责任应当由你我共同承担，你不要因为人言可畏就心灰意冷，以后抗金大业，我还是要依赖你的。"

作为一国之君，宋孝宗能够放下身段与臣子共同承担出兵失利的责任，实属难能可贵。他这么做主要是由于强烈的北伐意志做支撑。被罢相的张浚很快就恢复了原来的职务，宋孝宗为表充分信任，又将他升为右丞相。宋孝宗如此器重张浚，更可见其对北伐意志之坚。

另外，宋孝宗到德寿宫向宋高宗赵构问安，其汇报内容也常常围绕收复中原大业。宋孝宗念宋高宗禅位之恩，对宋高宗从来都是恭恭敬敬，唯独北伐一事常令宋高宗心烦意乱。可见宋孝宗恢复中原之志的坚决。正如王夫之所说"怨不可旦夕往忘，是不可迁延失"。

隆兴和议，对于宋孝宗来说，绝对不是他所期望的结果，只是迫于当时形势不得不接受的无奈现实。鉴于上次仓促北伐而失败的教训，现实跟理想的差距很远，用兵之事也须有完全的准备方可。宋孝宗成熟了很多，也谨慎了很多。

隆兴和议的签订，使得宋与金的战事暂告一段落。南北修好，各自与民休息去了。宋孝宗心怀恢复大志，把整顿军务视为当务之急。此时的确发生了一件令他痛心疾首的事情，他一心倚重的老将张浚去世，可怜他北伐大业未成，却心有余而力不足。

张浚之死使得宋孝宗赵昚没有人可以依赖了，后者陷入了前所未有的沉思中，无奈天要亡他赵昚。想到宋高宗赵构在位时期的名将百出，宋孝宗更觉得委屈。若要再次出兵，无将无帅，这无异于无头苍蝇，只能乱打一气，要打胜仗毫无可能。

宋孝宗再次把朝中将领细数一遍，让他又找到了一员良将。此人虽然一介书生，却临危担当起武将的重任，正是在采石大战中给金人以重创的虞允文。虞允文采石背水一战，出尽风头，名将刘锜曾经不无惭愧地说“朝廷养兵三十年，今日大功乃出儒生！”虞允文一鸣惊人，宋孝宗心里却是有几分犹豫迟疑的，毕竟前者只是一介书生，指挥一场胜仗，是靠才干还是靠运气还未可知。虞允文作战经验不足不说，若派他去指挥军队，士卒是否听从指挥，更是一个未知数。

宋孝宗踱来踱去，犹豫彷徨，拿不定主意。优柔寡断是宋孝宗最大的缺点。他一生“躬揽权纲，不以责任臣下”，自始至终保持着事必躬亲、孜孜不倦的美德，唯其优柔寡断让人摇头叹息。战事瞬息变幻，需要当机立断，若是一味犹豫，必定延误战机，宋孝宗作为最高指挥者，当机不能断，缺乏果断作风，那势必对战局产生重大影响。况且古代交通唯靠人力、马力，本就费时费力，时间稍有拖延，战局变幻更难掌控。

宋孝宗犹豫不决后，终究拿定了主意。他认为虞允文是骡子是马，先拉出来遛遛再说，此时朝中正值缺乏将才，虞允文就成了不二人选。况且虞允文自始至终站在主战派阵营，主张收复中原，此点甚合宋孝宗心意。

乾道三年（1167 年）宋孝宗委以虞允文重任，任他为知枢密院事兼参知政事，后又让其出任四川宣抚使。乾道五年（1169 年）宋孝宗召虞允文入朝，商议军政大事，虞允文侃侃而谈，说得头头是道，与宋孝宗赵昚甚是志同道合。宋孝宗对其独特的军事见解很是惊讶，他认为北伐重任非此人莫属。虞允文通过了宋孝宗的考验，宋孝宗对其充分信任，并将北伐重任寄托在他身上——任其为右丞相兼枢密院使。至此，虞允文入朝，掌握了军政大权。

为鼓舞士气，提高军队的战斗力，宋孝宗和虞允文君臣二人亲自检阅军队，发表演说，慷慨激昂，士卒的爱国情绪充分被调动起来。

除动之以情外，还诱之以利，对于成绩优秀的士卒和将领予以重金或升职。犹如被打了鸡血一般，士卒士气被充分鼓动，呈现出一番欣欣向荣的景象。军队士气和战斗力有了，军队数量不足还是一个亟待解决的问题。虞允文就亲往各地招募义军和民兵，集中训练，将其编入正规军。

军费支出是一笔不小的收入，为保证经费充足，宋孝宗淘汰一批冗官，裁减老弱士卒，以减轻军费负担。虞允文重整总领所，使其在战事上与各大战场更加配合，总领所的全称为总领某路财赋军马钱粮，分掌战时财赋。

在宋孝宗和虞允文大张旗鼓整顿军务的同时，金世宗完颜雍也没有闲着，大力恢复生产，整顿吏治和军队。金国国内政局稳定，经济发展，一片繁荣景象，对外暂无战事，建立起一系列的防御体系。

当两国一切准备就绪，战事再起似乎毋庸置疑。但是这个时候，一件事情却沉重打击了虞允文，思前思后，虞允文满腔的热情冷却下来。乾道八年（1172年）二月，虞允文升为左丞相，梁克家被任命为右丞相，梁克家是坚定的反战派，虞允文的用兵计划处处受其限制，几番下来，虞允文心中就顾虑重重，对宋孝宗也甚多埋怨。宋孝宗处处限制他，他的抗金决心已经动摇了。如果宋孝宗临时变卦，那么他虞允文不仅会成为众矢之的，甚至会遭遇杀身之祸。虞允文不能忘记首次北伐之后，宋孝宗那摇摆不定的态度，况且还有来自太上皇赵构的压力，宋孝宗赵昚一向以赵构为尊。

虞允文越想越心里没有底气，他与宋孝宗密谈北伐，请求罢免梁克家的相职，但宋孝宗坚定宠信梁克家的态度，让虞允文的心又凉了一大截。因为这分歧，虞允文辞去相位，再任四川宣抚使，临走之时，宋孝宗对虞允文说："若西路出而朕迟回，即朕负卿；若朕已东而卿迟回，则卿负朕。"宋孝宗的保障并没有使虞允文低落的心情有所回升，此刻的他已对宋孝宗不能完全信任。

虞允文到四川以后，始终以北伐为己任，练兵备战，但是对于出兵谨慎了很多。宋孝宗曾经密诏询问出兵的日期，并督促他早日做好北伐的打算，虞允文不能确定宋孝宗的真实心意，便以"军需未备，待时而动"为由推迟出兵日期。

淳熙元年（1174年），虞允文因病去世，宋孝宗痛心疾首，北伐再无将帅可派遣，主和派充斥着朝廷。面对各方面的压力，宋孝宗唯有将北伐之事压在心底，北伐一次一次被扼杀。

宋孝宗北伐之志终究没有实现，究其原因，一来朝中无将，二来他的反复无常，使主战派对其失去信心。君臣沉浸在歌舞升平的景象之中，北伐已无望。

多情老父无情子

自文将虞允文死后，朝中已无将帅可得宋孝宗赵昚的信任，主和派势力掌握国家军政大权，心灰意冷的宋孝宗遂把恢复大业撇在一边，过起了歌舞升平的日子。

光阴似箭日月如梭，眨眼之间，十几年过去了。淳熙十四年（1187年），宋高宗赵构寿终正寝，驾鹤归西。宋孝宗以守孝服丧为由，申请退位。其实宋高宗退位后悠然自得的生活对宋孝宗吸引力很大，宋孝宗一直心向往之。宋孝宗思量着摆脱繁忙的政务，终于可以安安稳稳过舒服的日子了，只是不知道他是否能够如愿以偿。淳熙十六年（1189 年）宋孝宗正式退位，太子赵惇（宋孝宗第三个儿子）登上皇位，是为宋光宗。宋孝宗移居重华宫，做起了太上皇。

宋孝宗念宋高宗的禅位之恩，虽不是亲生，却对宋高宗从来都是恭恭敬敬，不敢有半分忤逆之心，所以宋高宗做太上皇做得清闲自在。但是到了宋孝宗当上太上皇，情况却不一样。宋光宗赵惇由太子升为一国之君，地位来了个大转身，完全不把太上皇放在眼里。刚开始宋孝宗一月之内尚得见宋光宗几面，可是后来宋光宗一年半载都不去宋孝宗那里问安。宋孝宗问起，宋光宗便以政务繁忙等各种理由敷衍了事。纵使上了年纪的宋孝宗再迟钝，也看得出他一直宠爱的这个儿子在刻意回避自己。回想当年自己为人子的情况，宋孝宗忍不住地惆怅，同为人子，却有这么大的差距，这里面的原因，宋孝宗左思右想也想不出个所以然。

宋光宗其实心无大志，在做太子的那段日子里，每当宋孝宗兴致盎然地大谈特谈恢复大业的时候，赵惇心里就十分反感。但是又必须装出一副认真听讲的模样，并时不时地发表一下自己的见解。如今，守得云开见月明，宋光宗终于如愿以偿登上皇位，这份苦自然不想再受。

另外，宋光宗被立为太子后，苦等十几年才得宋孝宗退位，心里不免有怨恨其父眷恋皇位、迟迟不让贤之意。也许宋光宗对宋孝宗的不满在其为太子的时候就存在，只是为保住其太子之位，更慑于宋孝宗的权威，没有发作而已。

宋孝宗与宋光宗的关系紧张，又加宋光宗的皇后李凤娘在旁煽风点火。李氏出身将门，成长于军营之中，性格泼辣刁蛮，凭其美貌将宋光宗收得服服帖帖，宋光宗对她唯命是从。堂堂一国之君竟被皇后管制，难免有点窝囊。

所以宋孝宗对宋光宗这个正妻没什么好感。李氏贵为一国之母，却是个长舌妇，总爱搬弄是非，而且发起狠来六亲不认，把后宫折腾得乌烟瘴气，还时常干涉朝政。女子本来是不得干政的，但是宋光宗对皇后百依百顺，只要李氏一有要求，李家的人就会得个一官半职。

某日，重华宫传出了太上皇宋孝宗要立次子赵恺之子赵抦为太子的流言。此言一出，宋光宗和李氏都惊呆了，这完全在意料之外。宋光宗膝下有子赵扩，而且还是李凤娘所生，明明是嫡出，根本轮不到赵抦。难道是当初宋孝宗没有立赵恺为太子而后悔，现在要立其子赵抦为太子以作补偿？宋光宗心里忐忑不安，父皇不喜欢自己的皇后李氏，难道要迁怒儿子赵扩？

宋光宗和李氏越想越不安，双双赶到重华宫去理论，征询宋孝宗，何时立太子。但是，宋孝宗说立太子之事操之过急，还是过些日子再商议此事。宋孝宗此话一出，宋光宗夫妇很是沮丧，如此看来流言是真的。从此，宋光宗夫妇两人对宋孝宗的怨恨更深了，宋光宗更是自此连重华宫的门都不进。

宋孝宗与宋光宗父子两人闹得不可开交惊动了朝廷大臣，在这个以孝治天下的时代，宋光宗如此对待父亲严重违背了儒家伦理道德。宋光宗身为一国之君，应当以身作则，却如此不守孝道。群臣的指责不绝于耳，宋光宗也知自己做得太过绝情，毕竟是亲生父亲，生养之恩大于天，况且现在权倾天下也继承于他。宋光宗思前思后，毕竟是从小受到儒家思想的熏陶，良心这一关总是过不了的，便想要去看望宋孝宗。

但是，李氏不愿意，再次使出哭闹的绝招撒泼一通，宋光宗无奈，只得将老父丢在一旁。此后，每每宋光宗起孝敬之心，李氏便会使用这么一招，而且屡试不爽。自始至终，宋光宗没有再去看宋孝宗一眼。

虽然生活在皇城之中，仅仅几步之遥，宋孝宗却常年见不到宋光宗。孤单的老父思念儿子却见不到，又想到儿子的绝情而气急攻心，一病不起。为解宋孝宗的思念，众臣再上书，请求宋光宗去看望太上皇。此时被仇恨蒙蔽了双眼的宋光宗根本就不相信宋孝宗生病的事实，反倒认为这是宋孝宗要陷害自己而设下的圈套，根本不去。

宋光宗神经过敏以致胡乱猜疑，不顾孝义，有如此儿子怎能让人不寒心！此时的宋孝宗应该后悔莫及，为当时的一念之差付出了如此大的代价。

无论朝臣怎么劝谏，宋光宗是铁了心不再理会宋孝宗。最后，没有办法的群臣向宋光宗提交了请辞函，前后足有一百多人。群臣认为，为这样一个连为子之道都不能遵守的君主效命是前途渺茫的；另外，他们也希望以罢朝辞官来威胁宋光宗，让其妥协，尽其孝道。

对于宋光宗来说，群臣一旦请辞，那自己就成了无臣之君，宋氏江山何以为继。宋光宗可以不理会朝臣劝其探望宋孝宗的请求，却不能无视群臣的请辞。于是，宋光宗一一下诏挽留，但群臣所求并不在此，依然不肯罢休。然而宋光宗抱定主意认为宋孝宗要谋害自己，就是不肯去探望父亲。两边各不相让，群臣看宋光宗心意如此坚定，便不抱希望，集体辞官了。

宋孝宗终究没有等到宋光宗去探望就闭上了双眼。无论宋光宗在治理国家上有怎样的作为，但看他对待宋孝宗的种种，就知道他已很不得民心了。

被逼登上皇位

绍熙五年（1194 年）七月，在南宋都城临安（今杭州）的宫殿中，发生了一件被逼为皇的趣事，至今还为人们所津津乐道。而主人公便是南宋第四位皇帝，宋宁宗赵扩。

赵扩生于乾道四年（1168 年）十一月九日，父亲是有名的"疯皇上"宋光宗，母亲是有名的"妒皇后"李氏。赵扩于淳熙十六年（1189 年）拜少保、武宁军节度使，晋封亲王。绍熙元年（1190 年）立为储嗣，父亲宋光宗生性多疑懦弱，再加上皇后李氏各种心狠手辣、不择手段的行为致使他连受重大的精神打击，在继位的第二年，就不幸患上了精神疾病，无法理政，南宋一时间面临极大的统治危机。父亲宋光宗与祖父宋孝宗之间不和，关系日渐疏远。不久后，宋孝宗驾崩，宋光宗作为儿子，竟然拒绝为其守孝，众人哗然。

太上皇驾崩，是举国同哀的大事，发丧迫在眉睫。可现在身为儿子兼一国之主的宋光宗迟迟不肯露面，无人主持丧礼，整个皇宫沉浸在进退两难的困境中。再加上当时的一些周边国家如金、西夏等出于礼节等各种原因，也要遣使者前来吊唁，如果这件事被他们知道，作为天朝上国就颜面丧尽，威严无存。

事已至此，若无人采取行动，事情的发展必会越来越糟。在这千钧一发的时刻，赵汝愚挺身而出，将大宋朝从虎口解救了出来，成功化解了这次的危机。赵汝愚作为臣子，同时又是宗室，比起其他人，作为赵家的一分子，他心里更加着急，也更有救国于水火的责任感。见宋光宗实在不能成事，而其他大臣也唯唯诺诺、怕引火上身，不敢有所行动，他便独挑大梁，当机立断，同几个心腹大臣商量对策后，决定请太皇太后吴氏出面举行内禅，让嘉王赵扩尽快继位。

赵汝愚调动了一切可以利用的人来为自己的这次无流血政变服务。起初，吴太后并不同意他的做法，赵汝愚便派嘴上功夫一流且与太后有密切关系的韩侂胄来说服她。太皇太后经不住韩侂胄的一番连珠炮似的劝说，终于答应出面主持内禅仪式。

万事俱备，只欠东风。现在赵汝愚要做的就只是给赵扩披上黄袍，拥立他称帝就好了。但是，颇富戏剧性的一幕在庄严肃穆的皇宫内上演了：在宋孝宗大丧服除的这一天，太皇太后吴氏在内宫举行内禅大典，宣布皇子赵扩即皇帝位，尊宋光宗为太上皇。

赵扩一听就吓到了，一边口中喃喃念到"做不得，做不得！恐负不孝之名"，一边绕着内宫里奔逃，逃避赵汝愚往他的身上披黄袍。肃穆的灵堂内，停着宋孝宗皇帝的灵柩，大臣们跪倒一片，而赵扩却和赵汝愚你追我赶。

赵汝愚晓之以理，动之以情，说："天子当以安社稷、定国家为孝"，以此来消除赵扩对于"不孝之名"的恐惧。吴太后又气又急，看赵扩如此不争气的模样，已是老泪纵横。她气急败坏地命令左右将黄袍拿来，要亲自替赵扩穿上。赵扩又想逃跑，但见太皇太后心意已决，无奈只得穿上黄袍，叩谢太皇太后，直到最后还喃喃说着"使不得"，一副失魂落魄的模样。后来他被韩侂胄拉上了朝堂，赵汝愚见大势已定，欣喜不已，率领众臣跪倒在地，山呼万岁，就这样赵扩在不明所以的情况下仓促即位了。

虽说登上了象征权力的最高峰，但等待他的将是无尽的黑暗和痛苦。其实，赵扩登基是迟早的事。绍熙元年（1190年），宋光宗继位之初，就将儿子赵扩立为储嗣。宋光宗此举证明了他不是不愿意儿子赵扩登基称帝，而是自己还没有将龙椅坐热，不到 5 年就被赶下了自己苦等了那么多年的皇位，当然心有不甘。虽说宋光宗赵惇当初在父亲宋孝宗的力争下被立为太子，但也是在自己的东宫内过了长达十几年之久的皇储生活后，才最终得以 43 岁的高龄登基做了皇帝。

赵扩被立为太子时，已经 22 岁。他虽然天性愚笨，但是身在深宫，耳濡目染，父亲宋光宗的这些经历无疑对他产生或多或少的影响。相对于父亲的十几年太子生活，自己在被立为太子 5 年后就登基，实在是太快、太唐突了，还来不及做好心理准备。这一切无异于暴风雨，瞬间便将胆小愚笨的赵扩给吞噬了。

父亲宋光宗继位后，由于精神疾病和祖父宋孝宗关系及其疏远，一直背负了"不孝子"的骂名，这无形之中也会使赵扩产生压力。当黄袍被强加在身上的时候，赵扩的一句"儿臣做不得，做不得！恐负不孝之名"，便把这一切暴露无遗了。那身黄袍对于赵扩来说，与其说是权利、地位的象征，不如说是一张将自己牢牢捆绑、束缚住的网，永远无法挣脱，越挣脱便会束缚得越紧。

与太祖赵匡胤在陈桥事变中自导自演的"黄袍加身"不同，宋宁宗对这场自己毫无准备的"黄袍加身"避之不及，对这个不请自来的皇位毫无兴趣。历史记载，"宋宁宗不慧"。这一记载可谓客观公正。从赵扩继位前的种种表现来看，他也的确称不上是皇帝的最佳人选。而他继位后，愚昧无能，被宦官权臣所左右，一度皇权旁落，的确不是个睿智的帝工。事实证明，赵扩的确不是做皇帝的料子，或许他只想平平淡淡、无忧无虑地过日子，臣子却不同意，时局也不同意，国不可一日无君，他只能"束手就擒"，被捧上了帝位。

在赵汝愚等的精心策划下，实现了政权的平稳交接，使赵宋江山暂时度过了一次危机，但好景不长，之后宋宁宗的所作所为证明了这是一步无法从头来过的错棋。当时众臣忽视宋宁宗"儿臣做不得皇帝"的心声，赶鸭子上架，逼一个无治国之才的人统治偌大一个国家30年之久，使千疮百孔的南宋更加风雨飘摇。也许曾一手策划此次政变的赵汝愚，在九泉之下也追悔莫及了。

志大才疏的宋宁宗

现在每当提起历代君主时，都会评论说某某是励精图治的一代明君，某某是碌碌无为的昏君。其评价因人而异。那么，好君主的标准是什么？所谓在其位，谋其政。既然皇帝坐在最高统治者的位置上，就要先天下之忧而忧，后天下之乐而乐，就要以江山社稷为重。百行孝为先，君主也不例外，要有好的德行，要有爱民之心，能够知人善任，要有巩固江山社稷的才能与智慧……若要一一细数，则数不胜数。仔细一想，其实皇上虽高居万人之上，似乎是无所不能，但他身上背负的压力与责任也是常人所不能及的。不是每个人都能够做皇帝，更别说做个好皇帝了。要是本不想做皇帝，却被逼无奈做了皇帝，要成为人们心中的好皇帝，就难上加难了。

宋宁宗被逼继位，执掌大权，想做个好君王却无奈有德无才，天不遂人愿。

宋宁宗生在帝王之家，长在帝王家，呼吸的空气也似乎与一般老百姓不同，充满着高贵儒雅的气息，教育环境自然不差。所谓"近朱者赤，近墨者黑"，宋宁宗平时接触的人也都是各界的精英，耳濡目染，照理说宋宁宗的能力也不会差到哪里去。但是宋宁宗的智力让人跌破眼镜，难以置信。父亲宋光宗虽说有些神经不正常，疯疯癫癫，但对皇子的教育、培养问题不曾怠慢。

宋光宗继位后，就立即封儿子为嘉王，并赐给他嘉王府，让他到宫外居住，疼爱之心自不必言说。宋光宗望子成龙，为了把儿子培养成合格的接班人，煞费苦心。据说他不仅将自己在东宫当太子时的藏书全部赐给儿子，让儿子可以好好学习自己曾接触的内容，子承父业，还颇费一番心思从全国挑选了当时的一些名儒担任他的讲师，为其授业解惑。

为了表达父亲对自己如此用心的感谢之情，宋宁宗埋头于书籍当中，而且为了显示自己的好学精神，在他继位之初就开列了许多要读的经史子集的名单，并将各种能人尽收囊中，准备让古往今来书里的、现实中的能人们来帮助自己，好好作为一番。

虽然宋宁宗生长在帝王家的深宫大院，从小锦衣玉食，吃的、用的都是从全国各地进贡的最好的东西，但是这并没有让他养成穷奢极欲的坏习惯，反而在个人日常生活上力行节俭，不仅衣着、饭食朴素，所用器具也是普普通通，从不奢侈造成浪费，因而深受历代人们的好评。

宋宁宗自小一副菩萨心肠，他少时曾有多次机会出宫，亲眼看看外面世界的真面目，他深知一道围墙将深宫里面和外面分成了截然不同的两个世界，自己生活的世界无异于天堂般豪华。对于民间疾苦他总会及时了解，并通过减轻赋税等各种方法来减轻子民们的负担，堪称一个为民着想的好皇帝。而且，像他这样身居皇位，却能如此清心寡欲，不耽于行乐，也实在是难能可贵。

上天赋予宋宁宗如此好的德行，却吝啬给他智慧和才能，这正是人无完人。尽管宋宁宗好学，开列了许多要读的经史子集的名单，并聘有当时的名儒做老师。但谁也不能一口吃成胖子。他明显胃口太大，而且"消化不良"。若是宋宁宗天资聪颖、有过人之智、一点就通的话，他给自己列这么多任务或许能够完成。但是无奈那些经史子集中的内容对于他过小的脑容量来说，无异于天书一般。宋宁宗空有读书的数量，实际效果并不显著。他对书中的内容一知半解，更谈不上学以致用了。时间长了，便会觉得厌烦。他读了很多圣贤书，学了很多治国之道，却没派上多大用场。

身为一国之主，批阅奏章、处理政事是不可缺少的环节，国家的大事小事原则上都得经过他的同意才能进行。对于奏章中问题的处理，不仅关系到民生社稷，还关系到一个国家的兴衰存亡，其重要程度自不必赘言。宋宁宗枉读了大量的圣贤书，但古人的智慧完全没有被他吸取，继位不久，由于不能及时批复，群臣的奏折堆积如山。对于宋宁宗来说，大臣们呈上的一张张奏折，如同糟糠一般，难以"下咽"。既读不懂里面说的是些什么，也分不清轻重缓急。各种国家大事不能得到妥善处理，无疑会造成局面的混乱，也为有心之人提供了可乘之机。

临朝听政是皇帝和大臣们面对面交流的重要途径，作用很大。但是临朝听政的时候，大臣们很难听到宋宁宗对政事的看法。宋宁宗只是如蜡像一般端坐在龙椅上，无论大臣们说什么，说多长时间，都一直保持沉默不语。

宋宁宗很有耐心，当然这是一个君王所必需的条件。但是宋宁宗的耐心同别人的耐心不同，只是一味地在浪费大臣们的时间。对于大臣们的论奏，他听完后既不提出疑问，也不表态决断。进奏者已经口干舌燥，最后却仍然不得要领，宋宁宗最终也只是默默接受大臣们的建议而已。

在古代社会，皇帝便是天，是一切，是万事万物的中心。他是整个国家的中心枢纽，所有一切都要按照他的一言一行来运转。若这个皇帝是个精明强干之君，能够高瞻远瞩，对于江山社稷自然是好的。但如果是国家落在理政无方、无治国之道的皇帝手里，那就悲惨无比了。作为皇帝最基本的要求是批阅奏章、临朝听政，这些政务宋宁宗都无法驾驭，更不用说其他的事情了。当时的人们都暗地里讥讽宋宁宗傻里傻气，政事不由自己做主。而面对这样的傻皇上，权臣自然是不放在眼里，一有机会便为所欲为。

宋宁宗对政事少有自己的主见，只能依靠别人的建言。因此对台谏的意见十分重视。宋代的台谏官有纠正帝王为政疏失、弹劾百官的权力，他们的议论一定程度上代表了当时的公众舆论，历代宋帝都非常重视台谏奏议。宋宁宗深知台谏的重要性，曾对人说："台谏者，公论自出，心尝畏之。"但是，要发挥台谏的正常作用，前提是台谏官是正直之人才行，这就要求帝王有知人善任的能力才行。而宋宁宗却无识人之能，他一味认定台谏官的议论代表了当时的公众舆论，不可不听，至于上谏之人到底正直还是奸诈却不闻不问。这一点被一些居心叵测之辈加以利用，他们大肆引荐党羽进入台谏，控制言路，进而控制对台谏之议深信不疑的宋宁宗。如此一来，奸臣当道，本已昏暗的王朝更加腐败不已。

宋宁宗虽然好学，而且有着一副为民着想的慈悲心肠，但是光靠这些是不会给人民带来真正幸福的。朽木不可雕，上天给了宋宁宗高居皇位的好运气，却没有赋予他继续保持这一好运所必需的能力和智慧。

韩侂胄的木偶

宋宁宗天资愚昧，虽生性善良，无害人之心，却毫无主见，更无理政之才，这就注定他要成为别人的木偶，任人摆布，在其背后操纵的便是韩侂胄。

韩侂胄是忠是奸，后人评价不一，众说纷纭。韩侂胄的来头很大，有着强大的家族背景：北宋名臣韩琦是韩侂胄的曾祖父，韩琦曾经在宋仁宗、宋英宗、宋神宗三朝为相。正所谓"虎父无犬子"，韩琦的长子韩忠彦子承父业，在宋哲宗时期任枢密使，宋徽宗时期任宰相，权倾一时。韩琦的第五个儿子韩嘉彦，也就是韩侂胄的祖父娶了宋神宗的第三个女儿齐国公主为妻；而韩嘉彦的儿子韩诚，即韩侂胄的父亲，娶了宋高宗吴皇后的妹妹为妻；而到了韩侂胄这一代，他也继承了家族的光荣传统，娶了吴皇后的侄女为妻，还高居宰相兼枢密使，总揽军政大权，而且他还是宋宁宗韩皇后的叔祖父，这就为他在后宫提供了强大的后盾支持。

这样一来，不论是朝堂之上，还是后宫大院，都充斥着韩氏家族的成员，其势力之广、之深，不可不谓之强大，而韩侂胄也成了当之无愧的皇亲国戚。

那么宋宁宗是如何沦为韩侂胄的牵线木偶的呢？一方面是由于宋宁宗天性愚昧，无治国之才；另一方面还与当时权臣的斗争密切相关。而一切又得从宋宁宗登基为皇的绍熙政变说起。在绍熙政变中，赵汝愚由于利益需要同本与他关系不是很好的韩侂胄结成同盟，并约定好事成之后会论功行赏。在拥立宋宁宗为皇的过程中，韩侂胄发挥了重大作用，原本期待着升官发财的他却被赵汝愚来了个当头棒喝。由于赵汝愚拥立有功，被提拔为宰相。新官上任三把火，赵汝愚执政后的第一件事，就是推荐朱熹为焕章阁侍制兼侍讲，为宋宁宗讲道学，并乘机大量提拔任用道学派信徒。而之前论功行赏的约定也未秉承公平的原则，他的这种只顾及本集团利益的行为彻底惹恼了韩侂胄，这成了两人关系破裂的导火线，两人之间继而展开了激烈的明争暗斗。

韩侂胄对赵汝愚恨之入骨，欲除之而后快。他知道要战胜赵汝愚，必须从他身边的人下手，于是便将目光瞄准了宋宁宗身边的朱熹。朱熹到临安后，立即与赵汝愚结为死党。韩侂胄因为力主抗金，得到参知政事京镗等主战派官员的支持。韩侂胄、京镗一派与赵汝愚、朱熹一派很快便拉开了战幕。

朱熹在赵汝愚的推荐下入朝做了侍讲之后，抓住一切时机向宋宁宗灌输"存天理、灭人欲"等理学观念。要求宋宁宗远离近幸、任人唯贤，并对宋宁宗的一些不良行为进行劝诫。然而宋宁宗赵扩爱好诗词书法，对政治缺乏兴趣，对朱熹的大道理也无太大兴趣。韩侂胄深知宋宁宗对朱熹很反感，便利用这一点大做文章。他让宫中唱戏的伶人刻了一个峨冠大袖的木偶，借给宋宁宗献演木偶戏的机会，故意模仿朱熹的举止。将朱熹平常对宋宁宗讲解修身治国之道时的样子刻意进行搞笑，以此来贬低和羞辱朱熹。这一招很有效，宋宁宗本来就对朱熹直率的劝诫很不以为然，这样一来，就更加深了对朱熹的反感。韩侂胄看这招发挥了作用，就趁机进谗言道："朱熹迂腐，无甚大用处。"宋宁宗在其怂恿下，下决心要将朱熹赶出京城。

到了闰十月时，宋宁宗开始行动。他借口寒冬已到，朱熹讲学过于辛苦，给朱熹一个提举宫观的闲职，打算把朱熹赶走。赵汝愚岂能坐看亲信被赶走而不管不问。他没有执行宋宁宗的旨意，而是将宋宁宗的御批藏在自己的袖中，面见宋宁宗，要求宋宁宗收回御批。宋宁宗见赵汝愚为了帮助朱熹而视自己的尊严为无物，不肯轻易罢休。而韩侂胄也是巴不得朱熹赶紧离开。过了两天，他从宋宁宗那里重新乞得御批，接受上一次的教训，为了不让赵汝愚从中阻挠，就将御批用函密封了，命令宫中的亲信内侍直接交给朱熹。

朱熹见是皇帝的手笔，知道木已成舟。再加上想起之前所受羞辱，也许是考虑到宋宁宗实在是朽木不可雕也，自己再在宫中待下去也无前途，便黯然离开了都城临安，专心做学问去了。一代大儒朱熹从入朝担任宋宁宗经筵侍讲到离去只有短短的一个半月，可见韩侂胄的手段实非一般，借此他也成功迈出了排挤赵汝愚的第一步。

由于赵汝愚得罪了很多人，韩侂胄就利用这一点，想尽办法将这些人拉拢到自己的阵营中，大肆结党营私。由于韩侂胄在绍熙政变中拥立宋宁宗有功，再加上他作为国戚的强大家庭背景，做人处事圆滑，八面玲珑，因此得到了宋宁宗和韩皇后的极大信任，随着赵汝愚、朱熹等越来越引起宋宁宗反感，他逐渐被委以重任，一手遮天。之后，他大力打击道学派，于庆元三年（1197 年）发动"庆元党禁"，宣布道学为"伪学"，诬陷赵汝愚、朱熹、彭龟年等五十多个道学名流为"伪学逆党"，大肆打击。

革职流放、追夺官爵，誓将道学派一网打尽，使其永远不能翻身。赵汝愚不幸在此次政变中遭迫害，客死他乡。而所有道学门徒及其同情者一律被剥夺参加科举考试的资格，在全国严禁传播、谈论道学思想。韩侂胄运用此等卑劣手段将赵汝愚一派铲除之后，朝堂之上已无人能与他抗衡，便一步登天。开禧元年（1205 年），韩侂胄已累官至太师、平原郡王、平章军国事，位在宰相之上，成为名副其实的大权臣，一人之下万人之上，呼风唤雨，无所不能。他利用自己职务之便，一方面勾结宦官和后宫，或对御笔的批示施加影响，或在御笔的传达过程中上下其手，让御笔成为自己利用的工具，甚至假造御笔，代行皇帝之权；另一方面则大肆引荐党羽进入台谏，控制言路。如此一来，对宋宁宗的控制变得变本加厉。

其实，宋宁宗沦为韩侂胄的牵线木偶，也是两人各取所需的结果。宋宁宗愚钝，无心于江山社稷，为了撇清繁杂的政务，逃离每天等待他批阅处理的成百上千的奏章，就需要一个他信得过并有能力在幕后代他处理难题的人。而韩侂胄有极大的权力欲，但又不敢篡权夺位，控制宋宁宗便成了实现自己权力欲望的最佳途径，两人可谓各取所需，一拍即合。宋宁宗如此做法，也算得上笨人有笨法。可是既然想找一个得力助手帮助自己减轻负担，就得先具备能控制他不会僭越主君的能耐。无奈，宋宁宗只是图一时之快，本打算落个一身轻松，却不承想他所信任之人并没有那么忠心耿耿，到头来，皇权被削，沦为坐在龙椅上任人摆布的傀儡。哪里谈得上一身轻松，不仅不能按照自己的意愿行事，还得配合控制自己的人上演"场场好戏"，成了名副其实的工具。

韩侂胄将宋宁宗玩弄于股掌之间，呼风唤雨，极尽一时之能事。但好景不长，庆元六年（1200 年），他的后宫靠山韩皇后去世，杨贵妃被立为后。由于他曾经反对立杨贵妃为皇后，因此遭到杨氏记恨，为自己引来杀身之祸。而对他言听计从的木偶，却落在杨氏的操控之下，以致自己被置于死地之时，也发挥不了任何作用了。操控之术，可真是山外有山，人外有人。韩侂胄如此死法，也算是对他一生所作所为的讽刺。

假传遗诏换太子

嘉定十七年（1224年）闰八月，宋宁宗去世。杨皇后在史弥远的威胁下，废掉皇子赵竑，让赵昀继位，是为宋理宗。杨皇后被尊为皇太后，并且垂帘听政。她深知垂帘听政遭到很多人不满，便在次年四月，撤销垂帘听政，将大权交还给宋理宗。

嘉泰四年（1204年）正月初五这一天，山阴县尉赵希瓐的夫人全氏顺利诞下一个男婴，起名赵与莒，一切都极其平常，并无特别之处。但是孰料这个名不见经传的婴儿在20年后竟然不费吹灰之力便一步登天，成了一国之君。

可能有人会想说：天底下哪有天上掉馅饼的好事。但事实就是如此，不容置疑。而这一切都要从一场政治阴谋说起。

赵扩年迈，不得不准备挑选继承人，但自己的儿子们不是早夭，就是年龄过小，能不能成活还是未知数，于是他就打算在宗室成员当中另觅贤能之人作为继承人。他看中了燕王德昭的后代赵曮，并立为太子。虽然宋宁宗属于秦王德芳一支，而且这时他的儿子已出生，但他对立赵曮为太子并无顾忌。但不料赵曮于嘉定十三年（1220年）病死，无奈之下，只能再觅太子人选。次年，宋宁宗把弟弟沂王赵抦的儿子赵贵和立为皇子，改名赵竑。

然而这位皇子有勇无谋、缺少心眼儿，他对权臣史弥远独揽政权极为不满，虽然已被立为皇子，但此时自己还远远没有实力与之抗衡。明明知道史弥远心狠手辣，为保护自己的利益不择手段，赵竑不仅不懂得韬光养晦，暗中壮大自己的实力，反而公然表示对史弥远的不满，扬言要将他发配到边远的地方。

史弥远担心宋宁宗死后自身地位和性命不保，就想先下手为强，另立皇子取代赵竑。因为赵竑由沂王的儿子过继成为宋宁宗的儿子，沂王就没有了子嗣，朝廷只得另找宗室成员过继给沂王，这就给史弥远提供了大好时机。史弥远可以通过给沂王立后的方式扶植"自己人"，然后再择机取代赵竑。所以史弥远派门客兼亲信余天锡暗中物色可以取代赵竑的人选，当然他只能打着为沂王立后的幌子悄悄行动。而他的这一行动彻底改变了赵与莒原本平凡的命运。

如果严格说起来，赵与莒也是宋朝宗室成员，身上流着皇室的血脉。他是太祖的十世孙，属于燕王德昭一支，但一晃之间二百多年已经过去了，德昭一支已经没落，早就和一般人没什么区别，完全变成了普通的平民，根本无身份地位可言。赵与莒的父亲赵希瓐平凡无奇，只是在山阴县当个小小的县尉，而且在赵与莒未成年时生病死掉了。一家的支柱就这样垮掉，母亲全氏根本没法养活几个孩子，无奈之下只得投奔娘家。但全家的情况也不容乐观，即使如此，全家还是接纳了因迫于生计而投奔自己的赵与莒和他母亲等人。从此，赵与莒就在担任地方保长的舅舅家生活。虽然生活清苦，但赵与莒也在乡野办的塾堂里接受了一些粗浅的教育。就这样他在平平淡淡中度过了18个春秋，直到史弥远将他从这平淡乏味的生活中解救出去。

正所谓无巧不成书，也许天意如此，余天锡带着史弥远交代给自己的任务回乡参加乡试，不巧一场倾盆大雨将他带到了赵与莒的身边。雨势太大，余天锡就到附近的人家避雨，而他避雨的地方正好就是全保长家。在这种偏远的小地方，难得见着朝廷来的人，再加上全保长听说他是史丞相的门客，岂敢怠慢，忙着杀鸡宰羊，隆重款待。全保长一心想替自己两个外甥谋条生路，而现在朝廷的大官就在眼前，机会难求，就叫来赵与莒、赵与芮介绍给余天锡说："这两个是我的外甥，别看是在这偏僻的地方长大，他们可是皇室的血脉。"余天锡一听，不禁又惊又喜，史弥远刚托自己寻找宗室成员，立即就有人自动送上门来。他仔细询问了两个孩子的身份来历，并观察了他们的言行举止，觉得还不错，竟然连乡试也不去参加，当即回到临安将这件事告诉了史弥远。史弥远一听，也不免暗暗吃惊，觉得是天意如此让他这么快就找到这两个孩子，于是就派人把这两个孩子带到了京城。史弥远看到这两个孩子也很满意，尤其见赵与莒相貌堂堂，是个有福之人，就准备将他俩留在京城悉心培养。

谁知平地里起了风波，全保长知道将赵与莒两兄弟接到京城是为了要过继到沂王府，觉得自己的好日子快来了，不免炫耀一番。史弥远是个小心谨慎之人，他怕把这件事弄得尽人皆知，以后做起手脚来不方便，就立即让两兄弟回到了舅舅家。

到了第二年春夏之交，史弥远忽然又命余天锡把两兄弟接到临安，并暗中叮嘱说两个人里哥哥天生富贵命，应该在京城里抚养。就这样赵与莒再一次到了临安。史弥远正式开始了为他的废立大计做准备。史弥远一方面给赵与莒安排生活，找来当时的名儒郑清之教他研读经史文翰，学习宫中礼仪，让他习得做君王应有的基本品质；另一方面则不断地给他加官晋爵。嘉定十五年，在史弥远的推荐下，赵与莒被立为沂王赵柄嗣子，赐名赵贵诚。与此同时，赵竑与史弥远之间关系越来越僵，矛盾越来越激化。史弥远每天挑赵竑的毛病，挑拨赵竑与宋宁宗、杨皇后之间的关系，见两人对赵竑渐显不满，他趁机建议宋宁宗废赵竑而立赵贵诚为皇子，但事情没有成功。

在嘉定十七年（1224 年）宋宁宗重病之际，史弥远开始蠢蠢欲动。他先派郑清之去沂王府打探赵贵诚的意向，看他是否愿意称帝。俗话说，爱美之心，人皆有之。而想必称王之心，也是人皆有之。但光有想法不行，还得有能力。赵贵诚非等闲之辈，面对郑清之的疑问，他先是一言不发，后来才吐出几个字："绍兴老母尚在。"郑清之微惊，心想此人城府颇深，乍一看像答非所问，却一语双关，既道出了想当皇帝的意愿，又说出了其中的难处。史弥远在得到赵贵诚的答复后，便正式开始行动。

他趁宋宁宗弥留之际，拟了矫诏将赵贵诚立为皇子，并赐名赵昀。在短短不到两年里，出身平民的赵贵诚已经高为皇子，可见史弥远的手段实在了得。此时，赵贵诚离高高在上的皇位，只有一步之遥了，但这岂是容易的事情。要想顺利让赵贵诚登上皇位，必须得先过杨皇后这一关。杨皇后是个有智慧的女人，她虽然不喜欢赵竑，但明白史弥远的阴谋会造成朝野的震动，有百害而无一利。但无奈于史弥远的百般威逼利诱，只得同意废赵竑而拥立赵贵诚为帝。有了杨皇后的支持，史弥远更加有恃无恐了。在赵昀被立为皇子的一个月后，宋宁宗驾崩。史弥远假传宋宁宗遗诏，令皇子赵昀继位。如此，在史弥远的拥立之下，赵昀登基为帝，是为宋理宗。

真天子反成叛国贼

成者为王败者寇。一夜之间，原本即将成为皇帝的赵竑却沦落为济王，眼睁睁看着本属于自己的皇帝宝座落到他人之手，而自己连京城也待不成，只能默默居于湖州。

赵竑到了湖州之后，当地百姓无不为他感到惋惜和不平，其中潘壬、潘丙兄弟及堂兄潘甫等人对史弥远擅自废赵竑、拥立宋理宗的举动尤其不满、愤慨，就密谋发动政变，拥立赵竑为帝，还他应有的位置。

潘壬和弟弟潘丙都是太学生，身单力薄，没有什么势力。要想成功发动政变，单凭自己的力量是不行的，潘壬三兄弟想到了寻找同盟。他们派人与山东"忠义军"首领李全联系，约他共同起兵。李全不满金朝的黑暗统治，曾在山东、河北一带爆发了规模很大的红袄军起义，是当时有名的忠义之士。

李全虽然抗金，但是对于南宋内部的这次争抢皇位的政治斗争不感兴趣，也许是看赵竑实在难有治国之才，因此也未强烈反对宋理宗的登基。为了明哲保身，他表面上答应了湖州方面共同起兵的请求，并与其约定好了起兵的日期，表示到时候会派兵接应援助，实际上却按兵不动。

到了约好的起兵时刻，却不见李全一兵一卒，潘壬、潘丙、潘甫三兄弟见李全爽约，知道大事不妙，恐事情败露，只得假冒李全军队起事。他们随机聚集了一些太湖渔民、盐贩和湖州的巡尉兵卒共约近百人，以如此单薄之力起兵。

宝庆元年（1225 年）正月初九的这一天，潘氏三兄弟率领着临时聚集起来的寥寥近百人，打着"忠义军"的旗号，夜入湖州城，闯入济王府，口口声声要拥立赵竑为帝，还他一个公道。赵竑听到这个消息，心想这简直就是胡闹，又急又气，慌忙躲进了附近的一个洞穴，但是潘氏三兄弟拥立心切，很快就找到了躲藏的赵竑。

潘氏三兄弟强行将赵竑拥入州衙，逼迫他穿上黄袍。赵竑大哭，极力闪躲硬加在自己身上的黄袍，但无奈潘氏以武力胁迫，赵竑只得穿上黄袍。这一幕实在是很熟悉，因为宋宁宗也曾上演过和这个类似的"儿臣做不得皇帝"一幕。赵竑看潘氏一群人如此执着，自己也无法拒绝，无奈之下，只得和他们约定好：不能伤害杨太后及宋理宗。如此看来，赵竑也真是个心地单纯善良的人，不过对对手心软，无疑是自掘坟墓。得到潘氏的允诺之后，赵竑称帝。

湖州知州谢周卿率领官吏前来恭贺赵竑继位称帝。这就是史上著名的"湖州之变"，亦称"霅川之变"。潘壬随即以李全的名义发布榜文，列举史弥远的种种罪状，声称将率领精兵二十万，水陆并进，直捣临安。

第二天天亮，赵竑再一次从称帝的美梦中惊醒，因为他发现拥立自己登基称帝的不过是由一些当地渔民、兵卒假扮，人数不足百人，并不是所谓的"忠义军"。他又悔又怕，后悔自己未搞清楚实际状况就答应了潘氏的拥立之举，害怕朝廷知道此事之后会将自己当成叛徒，杀人灭口。他看着这寥寥近百人，尽是些乌合之众，知道难成大事，便剑锋一转，指向了曾拥立自己为帝的这些人。他一面立即派人去临安向朝廷告发这次的政变，以求撇清自己的嫌疑，保全自身的安危；一面亲自率兵倒戈。他率领州兵讨伐、追捕潘壬等人。史弥远得到情报后，立即调军前来镇压，不过当军队抵达时，叛乱早已被平息。潘丙、潘甫被杀，潘壬脱逃至楚州，但立即便被捕，被押到临安处死。至此，这场闹剧才草草收场。

湖州之变一瞬间点燃了赵竑的帝王梦，又在一瞬间被浇熄。赵竑虽然是被逼称帝，但他应该是有一丝丝的高兴。自己无法实现的帝王梦靠这近百人得以实现，虽然只有短短的一夜，也算了了他的心愿。但现实不容他沉浸在称帝的美梦中，他只能手刃帮自己实现心愿的人。

尽管他亲自上阵镇压了叛乱，并不代表他取得了宋理宗和史弥远的信任。湖州之变让他们受到了极大的震撼，知道只要赵竑活着，就算他自己不敢再谋权篡位，也难免不会有人利用赵竑作乱，这必将成为皇位的巨大威胁，若不斩草除根，必将后患无穷。

　　史弥远容不得这个眼中钉、肉中刺在这个世界上存活，让自己心神不宁，于是暗起杀机。他假称济王赵竑有病，命门客兼亲信余天锡前往湖州为其诊治。余天锡宣称朝令，逼迫赵竑自杀，对外则称他病死，并杀害了赵竑年幼的儿子，彻底斩草除根。赵竑的死，引起了朝野内外的极大不满和同情。史弥远和宋理宗为了平息朝野内外的非议之声，夹起尾巴做起了好人，立即表示哀悼，还追封他为少师。但这只是他们的权宜之计，看举国上下的不满情绪稍微有些收敛，史弥远便挑唆宋理宗，让他收回成命，剥夺了赵竑的王爵，并追封为巴陵县公，将他定为谋权篡位的罪人。

　　真天子反成了叛国贼，这使得众多正义之士愤慨难当。众多大臣，包括理学大师真德秀、魏了翁都上书为赵竑鸣冤，但这只是劳而无功之举，而且为自己招来灾难。宋理宗面对众臣的指责，说道："朕对赵竑已经仁至义尽了。"宋理宗和史弥远大力打击压制来自各界的非议，并编造各种理由将为赵竑鸣不平者贬出朝廷，但这种不义之举，仅凭压制怎会消失。

　　据记载，不论当时的朝臣还是市井的平民百姓一提及此事，莫不摇头叹气，一面为赵竑感到惋惜，一面对宋理宗和史弥远的恶举感到寒心。尽管宋理宗和史弥远费尽心思压制人们的言论，可是整个南宋朝为赵竑打抱不平的声音从未终止过；一旦出现灾象及战事，就会有人将灾祸归咎于赵竑的冤狱，给统治者以极大的舆论和精神压力。上天有眼，到了宋恭帝时，宋理宗皇后谢道清谢太后主持朝政，她深知宋理宗此举造成了极坏的影响，为了宋理宗的执政，在朝臣的建议下恢复了赵竑的名号，并给他选取宗子为其继承香火。如此一来，人们的非议之声也得以慢慢平息。

一朝真天子，反成叛国贼。世间的事，真是说也说不清，道也道不明。

宋蒙联手，金朝灭亡

1206 年，征战多年的铁木真统一了蒙古草原上七零八落的各个部落，建立了蒙古帝国。这之后，他近乎疯狂的对外扩张侵略行动从未停止过。西夏、金朝、西辽、花剌子模等多个国家都未逃过蒙古帝国的魔掌，或被灭掉，或奄奄一息。

南宋理宗宝庆二年（1226 年），经过了 7 年西征的铁木真回到了蒙古草原。但西夏背盟，蒙古大将木华黎因此含恨而终，铁木真不顾 64 岁的高龄，坚持亲征西夏。途中围猎受伤，高烧不起，但他仍不退兵。西夏王被迫举国投降。从此西夏国不复存在。然而征服西夏并没有能够换回铁木真的生命。1227 年铁木真病故于六盘山，临终前留下遗嘱：利用宋金世仇，借道宋境，联宋灭金。

虽然铁木真穷尽一生也没能实现他的愿望，但他所留下的蒙古帝国已经囊括了蒙古高原，中国西北、东北和华北的一部分以及中亚、西亚大部分地区。铁木真死后，其子窝阔台继任蒙古大汗，遵照父亲遗嘱，开始了联宋灭金的军事行动。

金国现在所处的地位极为尴尬：北有蒙古铁骑随时会呼啸而下，

南有世仇大宋浑水摸鱼；同时，统治区内的汉民也不堪忍受金廷那种有别于汉文化的少数民族统治方式，在金国外困的伤口上，撒了一把又一把内忧的盐。

向蒙古求和，那是痴人说梦。即使是在金人全盛时期，也不及凶悍的蒙古万一；而且，与那些逐渐被汉化的民族不同，蒙古人游牧的心理根深蒂固，他们想要的不是金钱、绢匹，而是广袤的可以驰骋、放牧的土地。换句话说，金国所踞的辽阔的中原地区，才是蒙古人眼中的肥肉。

联宋抗蒙，金廷倒也考虑过，但宋金是世仇，宋人早把金国恨到了骨子里，金与蒙对战时不在身后放把火就算很够意思了，怎么还能奢望来自南方的援助呢？退一步说，就算是南宋答应了联军的请求，依他们的军力，顶多只会让金国灭亡的时间延迟一些，随之而来的，则是延长了的痛苦。

上天无路，入地无门，金人只能自己硬扛着了。眼见蒙古势力越来越强，而昔日不可一世的金人为避其锋芒，甚至把国都由燕京南迁至汴梁，宋廷又重新燃起了恢复中原的希望。

面对急剧变化的局势，宋朝内部就对外政策产生了争议。一部分人出于仇视金朝的情绪，主张联蒙灭金，恢复中原；另一部分人则相对理性，援引当年联金灭辽的教训，强调唇亡齿寒的道理，希望以金为藩屏，不能重蹈覆辙。无休止的争论使宋朝在这两种意见之间摇摆不定，既不联金抗蒙，也未联蒙灭金。然而，随着蒙古与金之间战事的推进，金朝败局已定的情况下，宋理宗赵昀最终还是做出了决策。

绍定五年（1232 年）十二月，蒙古遣王檝来到京湖，商议宋蒙合作，夹击金国。京湖制置使史嵩之上报中央，当朝大臣大多表示赞同，认为此举可以报靖康之仇，只有皇族赵范不同意，主张应借鉴宋徽宗海上之盟的教训。

一直胸怀中兴大志的宋理宗把这看作建立盖世功业、留名千古的天赐良机，正好此时史弥远也渐渐走向黄泉路，对宋理宗的控制微微减弱，宋理宗为了一展心中抱负，让史嵩之遣使答应了蒙古的要求。蒙古则答应灭金以后，将河南归还给宋朝，但双方并没有就河南的归属达成书面协议，只是口头约定，这为后来留下了巨大的隐患。

金哀宗得知宋蒙达成了联合协议，也派使者前来争取南宋的支持，竭力陈述唇齿相依的道理，说："蒙古人已经灭掉了40个国家，其中也包括了西夏。西夏灭亡殃及我国，我国灭亡也必定殃及你们大宋。唇亡齿寒，这道理不需要多说。如果贵国与我国联合，那么则是对你我双方都有利而无弊之事。"言外之意就是支援金朝实际上也是帮助宋朝自己保家卫国。

金朝妄图抓住临死前的最后一根救命稻草，但此举实属多余。宋廷虽然软弱，却也不是傻子，金国已是泥菩萨过江——自身难保，援助到最后，也不过是徒为其当个垫背的；再加上靖康之耻尚未洗雪，百多年来金国也是骚扰不断，再愚笨之人也知道帮助金国是徒劳无功，还会给自己平添危险。金国大限已到，任是神仙下凡也回天无力了。因此，宋理宗毫不犹豫地拒绝了金人的请求。

宋蒙同盟结成以后，很快便开始了对金朝的南北夹击。绍定六年（1233年）正月，蒙古军攻克汴梁；四月，宋军出兵，将百余年的仇恨化为一腔上场杀敌的热血，将士们奋勇杀敌，所向披靡。他们先是攻占邓州等地，大破金军武仙所部，接着又攻克唐州，切断了金哀宗逃跑的退路。十月，京湖制置使史嵩之命京湖兵马钤辖孟珙统兵两万，与蒙军联合围攻蔡州。端平元年（1234 年）正月，蔡州城被攻破，金哀宗慌忙之中传位于完颜承麟后，自缢于幽兰轩，完颜承麟退到保子城，同一天便死在乱军之中，让大宋王朝屈辱了数百年的仇人——金国终于灭亡了。

蔡州城破后，孟珙在废墟中找到金哀宗遗骨，带回临安。大仇已报，南宋人民举国欢庆，沉浸在报仇雪恨的喜悦之中。宋理宗将金哀宗的遗骨奉于太庙，告慰在"靖康之难"中饱受屈辱的徽、钦二帝在天之灵。

自 1127 年金朝灭北宋，宋高宗赵构南迁以来的一个多世纪中，南宋臣民回到故都汴京（河南开封）的愿望就从没有终止过。各朝都不乏能人将士试图将这一愿望付诸实践，但都是无功而返。金朝灭亡后，收复故都的愿望似乎有了实现的可能。宋理宗面对这个天赐良机，显然不会轻易放弃。这时的南宋在与金朝的对抗中，也损失惨重，不能和强大的蒙古军队相抗衡。但宋理宗被建立盖世功业的念头冲昏了头脑，即使知道这些，还是决定铤而走险，下诏出兵河南。

一场注定是以南宋失败而告终的战争就这样拉开了序幕……

化为泡影的收复故都梦——端平入洛

联蒙灭金，对于南宋朝来说，是个弊大于利的选择，而联宋灭金对于蒙古来说，却是绝对的有百利而无一害。蒙古崛起，国力迅速强大，在它看来，消灭金朝是迟早的事情。若是得到宋朝的帮助，那便是如虎添翼，可以加速金朝的灭亡；若是宋金联手，也大可不必担忧，这两个风雨飘摇的朝廷即使联手，也不会是自己的对手，无非加大了难度。在南宋朝看来，蒙古的崛起构成了继金朝之后的另一个极大的威胁。金朝一方面是对自己的威胁，另一方面却成了一道天然的屏障。若是与蒙联手，一方面可以报仇雪恨，另一方面屏障消失，也会加快自己与蒙古对峙局面的出现。若是不和蒙古联手，蒙古凭借自己的力量也会轻而易举地将金朝灭掉，与蒙古对峙的局面还是会发生，但世仇不是死在自己手中，难免遗憾。对于已经压迫自己百余年的仇人，手刃他是再好不过的选择了。

更何况，宋理宗在苦等 10 年之后终于亲政，对自己的能力颇有信心，雄心勃勃，想要有一番作为。若是手刃仇人之后，再凭借自己的能耐壮大宋朝的国力，到时与蒙古对峙，未尝没有获胜的可能。宋理宗的信心当然无可厚非，但他没有意识到南宋已黯然无光，而蒙古却是如新星闪耀，差距之大已不在他所能弥补的范围之内了。与虎狼联手，无疑是自掘坟墓。

宋朝与蒙古决定联手时，蒙古答应灭金以后，将河南归还给宋朝，但遗憾的是双方并没有就河南的归属达成书面协议，而只是口头约定，宋朝如此没有远见、如此不成熟的政治举动让自己收复故土的愿望最终化为泡影。

金朝的灭亡，使收复故都的念头在一部分人当中急速升温。宋理宗决定乘胜追击，将失去的故土一并拿下，收入囊中。由于河南的归属未加以明确规定，金朝灭亡以后，按照事先约定，宋军和蒙军各自撤退。由于蒙古大汗窝阔台考虑到粮草不足，天气转热，遂将军队向北撤离到黄河以北，河南成了无人占领的空白区。此时，蒙古在黄河以南的兵力只有大将速不台和塔察儿两支机动部队，其余的守备部队都是原金兵投降蒙古被改编的汉军：刘福为河南道总管，都元帅张柔屯守徐州。南宋的边疆在荆襄推进到了信阳（今河南信阳）、唐州、邓州一线，主政人是京湖制置使史嵩之（史弥远的侄子）。另外两大地区川蜀、江淮一带也分别有人把守：四川制置使赵彦呐在川蜀一带据守，淮东制置使赵葵在两淮一线据守，全子才为淮西制置使，赵范为沿江制置副使。

金国灭亡后，宋蒙两国都知道为了灭金而临时结成的同盟有一天会瓦解，而他们也会反目成仇，在战场上兵刃相接，但谁都不想率先捅破这层薄薄的窗户纸。宋蒙双方就这样暗中观察着对方的动静，谁也不敢有大的动作，压抑的气氛弥漫着。正是山雨欲来风满楼。

终于宋理宗首先沉不住气了，空虚的河南对他充满了诱惑，他想来个先发制人，先占先得。而这时在朝堂之上，以赵范、赵葵兄弟为代表的一些人想乘着这大好时机抚定中原，提出据关（潼关）、守河（黄河）、收复三京（西京洛阳、东京开封、南京商丘归德）的建议。这与宋理宗的想法不谋而合，正中他的下怀。但是大部分的朝臣没有被金朝灭亡的消息冲昏头脑，依旧能够冷静分析局势，认为南宋在联蒙抗金的过程中也损失不小，军民都精疲力尽，以现在朝廷的力量根本与强大的蒙古无法抗衡，若一旦失手，还会给自己引火上身，此时并不是出兵收复失地的恰当时机，因此对出兵持反对态度。而宋理宗已经对收复故土达到近乎狂热的程度，哪里还听得进去这些泼自己冷水的建议，他将南宋的实际情况抛于脑后，罢免了反对出师的大臣吴渊、吴潜和史嵩之。其实，原本收复三京，最佳人选便是据守信阳、唐州、邓州一线的京湖制置使史嵩之，他的京湖军离三京最近，进兵方便，补给容易。若是京湖、两淮共同进军，保证供给，不失为一个好的战略。但是朝廷的意见不一使这一切化为泡影，也为收复故土的失败埋下了伏笔。

端平元年（1234 年）五月，宋理宗命全子才率一万淮西兵为先锋直趋汴京；命赵葵为主帅，率五万主力军作为后继；命赵范为两淮制置大使，驻军光州、黄州间负责接应，正式下诏出兵河南。因史嵩之认为京湖连年饥荒，无力承担这样的进攻，而河南连年兵祸，要在当地获得补给也不现实，所以始终反对出兵。宋理宗就不起用京湖兵，只用淮西兵，但要求史嵩之负责为淮西军供应粮草。淮西军单枪匹马发起了进攻，一场不成熟、计划不周密的军事行动拉开了序幕。

六月十二日，全子才率领先锋队的一万兵士浩浩荡荡地踏上了征程。他们从庐州（今安徽合肥）出发，向河南进军。当他们踏上中原土地的那一刻，映入眼帘的不是往日繁华的街道，熙熙攘攘的人群，却是一副荒凉破败的景象。昔日驻守在这里的蒙古大军早已撤离，而曾经生活在这里的百姓又大多死于连绵的战火，空空荡荡，毫无生机。由于没有了阻碍，宋军很快就收复了南京归德府。随后他们继续向汴梁进发，驻守汴梁的部分旧金国降蒙将领因不满蒙古的残酷统治，主动向全子才献城投降。就这样，全子才不费吹灰之力便得以进驻汴梁城。此时的汴梁城已繁华不再，宛若一座孤魂野鬼出没的寂寞空城。

收复汴京的消息传回南宋，整个朝野上下都沸腾了，人们奔走相告，喜悦之情溢于言表。大宋帝国，终于在此时一雪二帝被掳、朝廷南迁的耻辱！宋理宗也沉浸在胜利的喜悦当中，迫不及待地给将士们升官，统帅赵范晋封东京留守，前线总指挥赵葵晋封南京留守，全子才晋封西京留守。

南京、东京二京已经安全收入囊中，此时只剩下西京洛阳，收复三京的大业似乎是唾手可得，宋军意气风发，志在必得。却不知蒙古铁骑已经悄悄地埋伏好，等着宋军自投罗网了。

全子才率军连拿下南京、东京，又获封赏，自是意气风发。但他占领汴梁后，却一直无法展开军事行动。宋军内部的分歧给他造成了极大的不便：史嵩之在运粮事宜上加以拒绝，军粮不得不从两淮千里迢迢地转运，而屋漏偏逢连夜雨，两淮的运粮队又陷入黄河泥潭，后方粮草供给不足，士兵们大多处于饥一顿饱一顿的不稳定状态，体力逐渐不支。如此一来全子才无法继续进军，贻误了战机。然而使局面更糟糕的事情发生了：半个月后，赵葵到了汴京后，不考虑宋军正遭遇的问题，就不分青红皂白指责全子才没有继续西进攻取洛阳。他一心想着建功立业，不顾及后果如何，便兵分两路，在粮饷不继的情况下率领一部分军队继续向洛阳进军，其余的留守汴京。

即便是从外行人看来，此举也实在是毫无战略性可言。本来将士们就因为粮食不足而体力下降，而兵分两路又致使兵力分散，凝聚力、战斗力都直线下降，主动给蒙古军队创造了有利条件。结果可想而知，宋军一到达西京洛阳就被潜伏在此、守株待兔的蒙军打了个落花流水，狼狈撤回。由于赵葵的心浮气躁，宋军完全丧失了在收复西京上的主动权，大势已去，宋军狼狈南撤。牵一发而动全身，西京战争的失败给其他地区造成了极坏的影响，宋军士气一落千丈，全线败退。已到手的三京再一次落到了别人的手中，宋理宗收复故土的希望又一次化为泡影。

宋军此次共出动六万将士，结果是数万精兵死于战火，丧失近半而寸土未得。投入的大量物资付诸流水，原本已积贫积弱的南宋实力受到进一步削弱，国力一蹶不振。"端平入洛"使南宋损失惨重，赔了夫人又折兵。更糟糕的是，"端平入洛"成了宋蒙战争的导火索，它使蒙古找到了进攻南宋的借口，蒙古由此开始了长达半个世纪的攻宋战争，加速了宋朝的灭亡。

宋理宗受到极大的打击，下达罪己诏来安抚民心。可惜为时已晚，现在后悔，局面也不能挽回局面了……

先天不足皇帝——宋度宗

宋度宗赵禥是先天智障，于嘉熙四年（1240年）四月九日出生，小名德孙，是宋太祖的十世孙，赵与芮唯一的儿子，宋理宗赵昀的侄子。宋理宗继位之后，追封生父赵希瓐为荣王，赵与芮作为宋理宗的亲弟弟，自然而然就成了荣王嗣子（嗣荣王），地位一夜之间高升。他的儿子赵禥成为先天智障，仅仅是因为一碗堕胎药。赵禥的母亲名叫黄定喜，原本是一户李姓人家的侍女。这家的李小姐后来被赵与芮看中，就嫁给了赵与芮。黄氏作为陪嫁侍女也一起进了赵家的门。李氏虽然贵为夫人，且容貌甚佳，却不能为赵与芮生下一男半女。不料此时侍女黄氏被赵与芮相中，两人有了夫妻之实。黄定喜也不是愚笨之人，很有自知之明。她深知自己地位卑微，竟然在小姐的前头怀上了赵与芮的孩子，自然以后的日子不会好过。自己没名没分，孩子一出生必然受到歧视，于是她一咬牙，心一横，喝下了堕胎药。谁知这堕胎药竟然没有成功将孩子打下，反而使腹中的胎儿受到药物的影响，造成了先天的缺陷。赵禥出生后，发育缓慢，手脚发软，很晚才学会走路，智力远远低于同龄正常孩子的水平，他7岁才会说话，比一般孩子晚了整整5年之久，真是不幸之极。

宋理宗有两子一女，两个儿子分别是永王赵缉和昭王赵绎，但都未及成年就夭折了。为了保持住自己这一脉的皇位，理所当然地倾向于不管从感情还是血缘关系上来讲都与自己最亲密的亲弟弟赵与芮的儿子了。

宋理宗既然有了立亲侄子为皇子的意向，就立即开始了行动。他在淳祐六年（1246年）十月将年仅7岁的赵禥接入宫中，赐名孟启。宋理宗让他入宫内小学读书，接受教育，并为他选取了汤汉、杨栋、叶梦鼎等在当时大名鼎鼎的大儒给他授业解惑。宝祐元年（1253年）正月，宋理宗又立他为皇子，赐名禥，正式确立了皇储身份。十月，又封赵禥为忠王。然而，当时很多大臣对宋理宗立赵禥为皇子一事颇为不满。宋朝的惯例是若没有合适的亲生子嗣继位，那么就要在宗室里选择优秀的人来继承皇位，当时宋高宗就将皇位禅让给了宋孝宗。大臣们原本以为宋理宗会效仿先帝的做法，挑选有治国之才的贤良宗室之子为继承人，不料他却任人唯亲，把这个先天智障的侄子立为皇储，很不得人心。

面对臣子们的质疑，宋理宗背负着巨大的压力，被逼得走投无路。无奈之下只得使出下下策——装神弄鬼、借助神的力量来劝服大臣们，以此来度过立储危机。他欺骗大臣们说神人曾托梦对自己说赵禥将做10年的皇帝，而且连同自己的家人暗中散布无中生有的、所谓的赵禥出生时的带有神秘色彩的故事，以此向世人表明赵禥是被神选中的真天子，成为皇储是神之所愿，天命所归。

景定元年（1260年）六月，宋理宗下诏正式立忠王赵禥为太子。宋理宗为了把赵禥培养成合格的君王，对他的教育从不懈怠。当初，赵禥被立为皇子后，宋理宗专门给他建造了"资善堂"，作为学习的场所，而且亲自为他作了一篇《资善堂记》，鼓励他努力学习。可见宋理宗的用心之深。宋理宗为他选取了很多自己颇为敬重的理学名家做老师。如此一来，赵禥从小便受到理学"存天理、灭人欲"观念的影响，但他登基后沉溺声色，所作所为却与此大相径庭，理学的种种教条之于他，如耳旁风一般，吹过即消失，在他身上未留下丝毫痕迹，未起到任何作用。

宋理宗为了赵禥煞费心思，对他每天的日程都做了严格而紧密的安排，小到问安礼仪，大到处理政事，从各方面培养他作为君主的教养和能力。可怜的赵禥由于先天智障，名师们讲解的内容对于他来说过于高深，而且每日长时间的学习强度太大，让他本来就羸弱不堪的身体负担不了，因此他的学业如在原地踏步一般，并没有太大长进。宋理宗见状，经常是气得咬牙切齿，恨铁不成钢，但是哑巴吃黄连有苦说不出，宋理宗也无可奈何，谁让自己没有一个能存活下来、争气的儿子呢？毕竟赵禥是自己的亲侄子，自己的皇室基业还得靠他来延续，即便再怎么不成器，也只能默默忍耐了。

宋理宗见赵禥实在朽木不可雕也，将来恐怕很难成大器，就想了其他的办法进行补救。宋理宗为他娶了一位才智出众的妻子来辅助赵禥。赵禥的妻子名叫全玖，是宋理宗母亲全太后的侄孙女，与宋度宗是表兄妹关系。这样一来，亲上加亲，全玖当然会尽心竭力地帮助赵禥。宋理宗的这一招，不可谓不高明。有妻如此，也算是赵禥的一大幸事了。

景定五年（1264 年）十月二十六日，宋理宗去世，赵禥在被立为太子 5 年后登基称帝，是为宋度宗。先天不足的他竟然成为九五之尊，羡煞旁人。但是由于天生智障，无治国之才，注定要受制于人。

宋度宗称帝 10 年，始终碌碌无为，不仅如此，还荒淫无度，被蟋蟀宰相贾似道钻了空子，将自己玩弄于股掌之间，终此一生。

贾似道同忽必烈暗中媾和

宋朝自南迁之后，签订了不少致使宋朝丧失国权的和议。宋高宗时期，在奸臣秦桧等主和派的撺掇之下，签订了绍兴和议；宋孝宗时虽积极北伐，但遭到了符离之败，为主和派抓到了口实，被迫签订了隆兴和议；宋宁宗时期，韩侂胄北伐失败，权臣史弥远借机将韩侂胄害死，并主动向金玉讲和，签订了嘉定和议。

像秦桧、史弥远这样的，都是些贪生怕死之徒，但即使这样，他们还是"正大光明"地和敌国签订了和议，并履行和议的条件，称臣、割地或赔款。而后来贾似道与蒙古签订的所谓和议，却是神不知鬼不觉，最终也没有实行。在这里，不得不感叹贾似道的"高明"之处。

成吉思汗建立蒙古帝国之后，四处征战，扩张版图。他死后，他的后代坚定不移地执行他的遗愿，继续到处侵略。1234 年，蒙古联宋灭金之后，又开始了侵略南宋的战争。1258 年，蒙古大汗蒙哥调动三路大军准备全面侵宋。他派弟弟忽必烈沿汉水而下攻打鄂州，兀良合台从云南出兵攻打潭州（今湖南长沙），自己率兵进攻合州，计划三路大军会师后，直取南宋都城临安。岂料他在攻打合州的时候，遭到南宋将领王坚和全城军民的奋起反抗。他五个月都没将钓鱼城攻下，在攻城的时候还不幸受了重伤，竟然不治，不久后便带着遗憾一命呜呼了。这时已是 1259 年的阴历七月，蒙哥一死，蒙古内部争夺最高权力的斗争愈演愈烈。他的两个弟弟忽必烈、阿里不哥即将就汗位展开争夺。蒙哥死时，忽必烈还在顺汉水而下，尚在进军鄂州的途中，在得知哥哥的死讯之后，他毅然决然地决定要继续攻打鄂州。他观察了沿江的形势，派几百人的敢死队作为先锋，强行渡过长江，在宋军没有防备的情况下，大败宋军。之后，他命剩下的蒙古大军，大举渡江，把鄂州围个水泄不通，并扬言要进攻南宋都城临安。

而此时在南宋的都城临安，皇帝荒淫无度，只知行乐；权臣贾似道专权，胡作非为。忽必烈要攻打临安的消息一传来，上至皇帝下至平民百姓，都不知所措。南宋大将孟珙已去世十几年，南宋此时根本就没有可堪重任的抗敌将士。曾经被孟珙提拔升为京湖制置使的贾似道已没有了当年在地方时的上进心，现在只知玩弄权势，沉溺于享乐。

宋理宗慌了手脚，找不到合适的人选抗击蒙古大军，也毫无计划，就随便命令各部队出兵。对于此时的宋理宗来说，能够依靠的只剩下一个贾似道，在不知他的真面目的情况下，起用贾似道为右丞相兼枢密使，派他屯兵汉阳去前线督战，并援助鄂州。但是贾似道并没有做出什么成绩，鄂州城遭到蒙古军的猛烈袭击，伤亡惨重。直到宋将高达率领援兵到达抵抗蒙古军，加强鄂州的防守，局面才得以控制。

不久后，在左丞相吴潜的建议下，他动身前往黄州。黄州位于鄂州下游，是军事要冲。如果一不小心，就可能在此丢掉性命。贾似道本贪生怕死，心里一百个不乐意，但是碍于宋理宗的命令，他又不敢违抗。在移防黄州的途中，他忽然听闻探子来报说前面的军队遭遇了蒙古兵，吓得手足无措，屁滚尿流，以为大限将至，连连叹气。后来，他发现所谓的蒙古兵只是一支老弱残兵，根本不足为患，才落下了心口的一块大石，又装出一副天不怕地不怕的样子。

忽必烈攻势太猛，贾似道贪生怕死，料想自己无力对抗，就瞒着朝廷，秘密派遣亲信宋京去向蒙古人求和，并提出条件说："北兵若旋师，愿割江为界，且岁奉银、绢各二十万。"忽必烈正打在兴头上，看形势对自己大好，哪肯善罢甘休，就拒绝议和。虽说如此，忽必烈也深知现在争夺汗位问题随时会发生，如果长久地同宋军纠缠下去，可能对自己不利。毕竟这是在宋朝境内，宋军的援兵随时会到来，而自己这方只有现在率领的这些军队，远在蒙古本土的弟弟因汗位的继承问题，则很可能心有芥蒂，不会派援兵来助阵。如果长此以往，宋军肯定会大肆反击，自己的损失将不可预知。

其实贾似道此时早已接到蒙哥死亡的消息，知道蒙古军内部必定人心动摇，如此天赐良机，他本可以大加利用，趁机对蒙古军队大打出手，却一味求和保命，丧失了大败蒙军的绝佳机会。而忽必烈此时接到妻子捎来的密报说：蒙古族的一些重臣和贵族正准备立阿里不哥继承汗位。忽必烈一听乱了阵脚，想立刻撤军赶回蒙古去争夺汗位，而贾似道又再次派人前来讲和，正中他的下怀，于是便答应了贾似道的议和条件，率领大军急忙北撤了。

贾似道同忽必烈暗中媾和成功，但必须做出个样子让旁人相信他英勇击退了蒙古军，便同蒙古军合伙演了一出戏：忽必烈率蒙古大军撤退，并将军中的一些戴罪者置于军队的最后部分，故意放慢渡江的动作，在主力部队安全渡江之后，贾似道便命令水师指挥官夏贵袭击正在渡江中的这些殿后的戴罪者，杀掉一百七十名蒙古兵，布置了一个"英勇抗战"的场面，然后隐瞒了向蒙古人求和之事，大言不惭地向朝廷上表谎报说："诸路大捷，鄂围始解，江汉肃清，宗社危而复安，实万世无疆之休！"南宋朝野上下沉浸在胜利的喜悦中，殊不知这是贾似道瞒天过海的计谋。昏庸的宋理宗对鄂州之战的实际情况一无所知，竟然听信了贾似道的弥天大谎，他在接到贾似道假传的捷报后，认为他立下奇功，是再造宋室江山的"股肱之臣"，下诏褒奖贾似道，命他立即入朝陛见，同时令满朝文武百官去京郊热烈迎接这位"凯旋宰相"，并给他加官晋爵，将他晋升为少师，封卫国公。贾似道大造舆论，指使幕僚廖莹中和属吏翁应龙等撰写《福华编》，竭力鼓吹他的所谓"援鄂之功"。

忽必烈率军北上到达中原的开平上都府，在此建立大本营。1260年的阴历六月，在他所率军队的拥立下称汗。他想起了贾似道和他签订的和议，就派使者郝经前去南宋要求他们履行议和条件。景定元年（1260年）七月，正当南宋举国上下被贾似道蒙在鼓中时，郝经已动身前往南宋，到达真州（今江苏仪征）时，先派副使前去催征贾似道求和时答应的岁币，进贡银、绢等物。贾似道怕自己苦心经营的骗局败露，就密令淮东制置司将郝经拘留在真州。忽必烈得知这个消息后大怒，但无奈弟弟阿里不哥也在蒙古都城称汗，与他争夺汗位，忽必烈忙于应付阿里不哥，无暇顾及南宋，此事就被暂时搁置下来。

争夺汗位的战争持续了5年，最后忽必烈取得了胜利，后来他迁都燕京（今北京），改名大都，并在1271年正式登基称帝，改国号为元。他借口南宋不履行和议的内容，大肆派兵攻宋，贾似道的瞒天过海之计终于暴露。

贾似道与忽必烈签订了本不必要的秘密和议，哄走了蒙古军，但签订之后却又并不履行，到最后成了蒙古攻宋的借口，带给南宋人民巨大的不幸。

孤儿寡母安能治国

　　十年皇帝宋度宗果真在他当皇帝的第十个年头将三个孤苦伶仃、未及成年的儿子们留在身后，撒手去了，年仅 35 岁。他的三个儿子看似很幸运，但同时也都很不幸。幸运的是他们三个都曾经登上皇帝的宝座，不幸的是他们都成了亡国之君，不是被当成俘虏受尽屈辱就是年幼身亡。

　　这三个儿子都未及成年：分别是杨淑妃所生的赵昰 7 岁，全皇后所生的赵㬎 4 岁，俞修容所生的赵昺 3 岁。

　　宋度宗死后，在立谁为帝的问题上还曾产生过争议：谢太后（宋理宗的皇后）召集群臣商议此事，产生了分歧。众臣都认为应该立年龄大的赵昰为帝，但只有谢太后和贾似道主张立全皇后所生的嫡子赵㬎，当时贾似道一手遮天，他说的话谁敢不从，就这样赵㬎被立为皇帝，是为恭帝。如果赵㬎能选择自己未来的权利的话，他一定不会愿意当这个亡国皇帝。

　　只是 4 岁的赵㬎仍乳臭未干，根本没有能力处理国家大事，因此谢太皇太后垂帘听政，其实这也只是一个障眼法，实权都掌握在贾似道的手中。孤儿寡母，羸弱不堪，被贾似道玩弄于股掌之间，焉能治国。大宋颓势不可逆转，她们正好搭上了这个末班车。

　　赵㬎继位时，蒙古大军正在疯狂地攻打南宋，宋度宗给儿子留下的这个烂摊子，很难扭转局面。此时的南宋，人才缺失，能够拿得出手、上阵杀敌的武将已寥寥无几。军事要冲樊城、襄阳都已被攻破，长江上的重要防线已经开始瓦解。咸淳十年十二月，蒙古大将伯颜率大军进逼当年忽必烈没有攻下的鄂州，一路过关斩将，在青山矶大败宋将夏贵的鄂、汉守军，汉阳、鄂州相继陷落，长江防线洞开。伯颜留下部分士兵守卫鄂州，自己亲率主力军乘胜东下。宋朝将领吕文焕投降蒙古军，伯颜就以他为前部，迅速击破了长江防线，于德祐元年（1275 年）春拿下了军事重镇安庆和池州，兵临建康城下。

此时，临安城内已乱作一团，朝野上下惊慌失措。没有合适的人选出来领兵抗敌。而曾经在鄂州之战中"大破蒙军"的贾似道成了唯一的人选。贾似道带着各界对他的厚望，逼不得已，在临安设都督府，直到德祐元年的正月才准备出征。江山易改，本性难移，贾似道就像是在一丛短小的杂草中长的较高那一根，劣草的根本性质还是没有改变。让他带兵打仗只能是浪费时间、徒损性命罢了。

贾似道装模作样地从各路军中抽调了十三万精兵，浩浩荡荡地出征上路了。直到二月才到达芜湖，和夏贵会合。夏贵是贾似道的爪牙，也是个贪生怕死之徒。他一见贾似道就示意他大宋气数已尽，不要为它搭上一条性命，只要做做样子就好。贾似道率兵驻扎在鲁港，并布好防线：命大将孙虎臣统领前军屯驻在池州下游的丁家洲，夏贵率战舰 3500 艘横列江上。他也有自知之明，知道不是蒙古大军的对手，就不敢同蒙古大军正面交锋，就想故技重施，同蒙古大军讲和，但蒙古大军瞄准的是整个大宋江山，远远不能被一点点岁币打发。这样岂不是捡了芝麻丢了西瓜。蒙古大军的贪欲已膨胀到了极点，自然不会同意议和。伯颜率领大军连破贾似道布下的防线，直抵他所在的鲁港，宋军死伤无数，贾似道做了落跑之臣，仓皇逃到了扬州。

宋军在鲁港之役中大败，南宋主力尽丧，兵力损失惨重。国不可一日无主，兵不可一日无帅。肩负着朝野上下抗敌厚望的贾似道竟然逃跑，南宋士兵的士气一落千丈，无心再战。而此时伯颜率领的蒙军屡战屡胜，士气高扬，一鼓作气沿江长驱东下，誓要一举攻下临安。德祐元年的十月，蒙古大军从建康出发，分三路向临安挺进。伯颜亲自率军攻下扼守临安的门户常州，并残忍地进行了屠城，尸体遍地，血流成河，惨不忍睹。

在临安城的谢太后和恭帝赵㬎面对蒙古大军的逼近毫无办法。贾似道兵败误国，竟然还逃跑，朝野震动，群情激愤，纷纷唾弃贾似道的不义之举。此时被谢太皇太后任命为宰相的陈宜中奏请诛杀贾似道，太皇太后没有答应。但是迫于舆论压力将贾似道罢官流放。在途中，贾似道被监送人郑虎臣所杀，就这样太皇太后谢氏和恭帝这对孤儿寡母失去了她们曾经的"依靠"。

贾似道死后，南宋已经没有精锐军队可用。蒙古大军残忍无道，众人皆知。朝野上的很多大小官员眼见临安城即将不保，害怕被蒙古大军屠死在城中，便纷纷弃城逃跑。在道义和生命面前，他们选择了后者。

年迈的太皇太后谢氏和年幼的恭帝根本就没有人气，也没有向心力，尽管她下诏说："我国家三百年，待士大夫不薄。吾与嗣君遭家多难，尔小大臣不能出一策以救时艰，内则畔官离次，外则委印弃城，避难偷生，尚何人为？亦何以见先帝于地下乎？天命未改，国法尚存。凡在官守者，尚书省即与转一次；负国逃者，御史觉察以闻。"一边极力谴责那些临阵脱逃之徒，一边号召各路军民起兵勤王。但那些平时只知醉生梦死的朝廷官员深知大宋王朝气数已尽，再折腾下去也无济于事，三十六计，走为上计。为了一个即将不复存在的王朝，赔上自己的性命实在是得不偿失。选择活下去在此刻更具有现实的意义。官员的逃跑瓦解了本来已经溃不成军的南宋军心，也瓦解了民心。而各地文武将官都心存观望，奉诏起兵勤王的只有文天祥、张世杰两人。朝堂之上基本已无人可用，孤儿寡母陷入了更加孤立无援的悲惨境地了。

蒙古大军攻破常州后，朝堂之上又逐渐分成了两大阵营：曾奉诏起兵勤王的文天祥、张世杰等决心破釜沉舟，主张与元军硬碰硬，来个决一死战，但贪生怕死的陈宜中竭力主张向元纳贡求和。此时的朝堂之上，人人都怕引火伤身，多一事不如少一事，主和的声音淹没了主战的微弱声音。无奈之下，太皇太后谢氏被逼走上了议和之路：她先后派柳岳、陆秀夫等人前去元军营地求和，但是遭到了蒙军大将伯颜的断然拒绝。

其实，元军拒绝南宋的求和请求，是意料之中的事情。经过这么多年的辛苦作战，南宋都城眼看就要成为囊中之物，到口的肥肉哪能让它逃跑。太皇太后谢氏此时派人求和，不能说是愚昧之举，只因为形势所迫、迫不得已罢了。正所谓"留得青山在，不愁没柴烧"，只要是没有亡国，日后就有翻身的可能。但是南宋打的这个如意算盘，元朝一眼就识破了。

德祐二年正月，元军抱着胜利在望的兴奋心情大肆进驻皋亭山。大敌当前，临安城里顿时乱成了一锅粥。太皇太后谢氏走投无路，故技重施，继续派人到皋亭山向伯颜请降，妄图可以终止亡国的命运。然而，大势已定，无论她再怎么低声下气，元军攻城的决心丝毫没有动摇。二月，元军进攻都城临安。太皇太后谢氏为了保全临安城，使黎民免受兵火洗劫，主动向伯颜奉上传国玉玺和降表，开城投降。二月初五，在临安皇城里举行了受降仪式，登基仅两年的恭帝赵㬎宣布正式退位，成了亡国之君。至此，延续了近320年的赵宋王朝灭亡。

三月，恭帝及皇亲、后宫人员、大臣们等数千人被元军押往大都面见元世祖忽必烈。太皇太后谢氏因有病在身，未能与恭帝一行人一同前往，经元世祖的同意，暂时留在临安，在元兵监视下养病，但不久也在元军的逼迫下踏上了北上的苦旅。

当初宋室江山是太祖皇帝赵匡胤从后周孤儿寡母手中夺取的，不料三百多年后，又失于孤儿寡母之手，这样的巧合也许是历史和宋朝开的一个天大的玩笑。

临阵逃脱的宰相陈宜中

自古以来德才兼备可以说是一个人品质的最高境界，各个朝代也不乏这种人才。但是，人无完人，上天不会总是造就完美的人的，或有才无德，或有德无才，总是有那么一点点遗憾。南宋末年的宰相陈宜中算不上大奸大恶之人，但也绝不能算在贤德之人的行列。他顶多算是随波逐流、被时代的腐臭气息所污染的可怜之人罢了。

陈宜中小时候家中贫困，吃了不少的苦头。也许儿时的艰苦生活使他养了顽强的性格，他奋发读书，进入了太学。陈宜中才华横溢，他写的诗、做的文章流畅优美，很受欢迎，得到了有识之士的大大赞赏。这时的他在太学里还只是一个只知埋头苦读、不知天高地厚、傻头傻脑的愣小子，朝廷里的腐败、钩心斗角对于他来说显得遥不可及，但是他没料到自己在若干年后，会卷入这无底的旋涡之中，也会变得如此的令人生厌。宋理宗末期，外臣丁大全勾结宦官、后宫，干预朝政，胡作非为，不可一世，在此时仍保持着一颗正直之心的陈宜中，对丁大全的所作所为十分厌恶，于是就同太学的同学刘黻、黄镛、林则祖、曾唯、陈宗一起联名上书痛斥丁大全的恶行劣迹、专权擅政。

无奈，丁大全爪牙势力过于强大，以陈宜中为首的这6人很快就遭到迫害，不仅被开除学籍，还被流放出朝。陈宜中等6人的举动大大赢得了当时对丁大全专政不满的正直之士的赞赏，老百姓在为他们感到惋惜的同时，也对他们大加称扬，称他们为"六君子"。得此殊荣绝非意料之外，因为之前的陈宜中无论怎么看，都是一个德才兼备的谦谦君子。

时过境迁、造化弄人，后来发生的一切恐怕是陈宜中万万没有想到的。贾似道玩弄权势，将丁大全赶下台之后，自己成了宰相。上台之初，他急需有才之人来帮助自己巩固地位，便瞄准了还在建昌军当小军官的陈宜中。

之所以会选中陈宜中，大概有两个原因：其一，陈宜中才华横溢，血气方刚，如为他所用，将如虎添翼；其二，他刚刚上台，若是要铲除丁大全的残余势力，就必须找到一个和丁大全势不两立的人来帮助自己。而曾经上书弹劾丁大全的陈宜中就是最好的人选，他因为不畏权势，深得人心，将他招入门下，无疑正当其时。

就这样，被贬的陈宜中在贾似道的帮助下返回了京城并参加了科考，在景定三年（1263年）的廷试中名列第二。陈宜中善于察言观色，帮助贾似道铲除政敌，很快就得到贾似道的赏识，并在他的提拔庇佑之下，一路升官发财，10年之后，升任枢密院事兼权参知政事，位在宰相之下。

然而，此时的南宋局势不容乐观。宋理宗死后，宋度宗继位。贾似道继续专权，沉溺享乐，此时的南宋已国不像国，家不像家了。就在南宋君臣在醉生梦死的时候，北方的蒙古大军频频南下，将他们从梦中惊醒。面对蒙军的进攻，贾似道不求进取，无心作战，只思求和，导致在鲁港之战大败，南宋兵力受到严重损失，贾似道畏罪潜逃。贾似道的不义之举激起了朝野上下的非议，而陈宜中也一反平时处处依附贾似道的态度，上疏要求将贾似道治罪。陈宜中的不义之举却实实在在地打击了贾似道的势力，为民除了害。贾似道下台，陈宜中顺势而上，成了贾似道的后继者，掌握了朝廷的政治军事大权。

在国家如此危难之时，朝中大臣本应团结一致对敌，但是让人失望不已的是大臣们的争斗没有停止。左丞相陈宜中、右丞相留梦炎、平章军国重事王熵之间在朝内争斗不断，导致抗蒙作战更加处于不利的形势。陈宜中请辞回到家乡，太皇太后谢氏已把他作为主心骨，陈宜中的离去使她惊慌不已，连忙下诏请他回来，但他迟迟不肯归朝。无奈之下，太皇太后谢氏只能动用陈宜中母亲的力量，让母亲劝儿子回到了朝中。为了彰显对陈宜中的重用，太皇太后谢氏封他为右丞相，让他主持抗蒙作战。陈宜中一介文官出身，对战场上的事也知之甚少。是战是和，他举棋不定。

此时的赵㬎已经登基，一个4岁孩童当然挑不起救民于水火的重担。而蒙古大军势如破竹，在大将伯颜的带领下，一路突破长江防线，攻破了常州，即将攻进南宋都城临安。文天祥、张世杰等主张与蒙古军决一死战，陈宜中却要向元纳贡求和。大臣们都唯陈宜中马首是瞻，太皇太后谢氏无奈同意了陈宜中议和的主张，她先派柳岳等三人前往伯颜营中，主动提出称侄或称孙并纳币的屈辱条件。请求元朝罢兵议和，当即遭到伯颜拒绝，向元请求"奉表求封为小国"，也遭伯颜拒绝。之后，她又派遣陆秀夫等请求议和，还是被蒙古人断然拒绝了。

德祐二年（1276年）正月，元军进驻皋亭山（浙江杭州市东北郊），临安城内已经乱作一团。谢太皇太后眼看南宋颓势已定，为了阻止元军大肆屠城，烧杀抢掠，就再次派临安知府贾余庆以恭帝名义奉传国玺及降表，到皋亭山向伯颜请降。但伯颜挑剔无比，对降表里"仍称宋朝国号"、未向元朝称臣等内容十分不满意，甚至提出条件，要求南宋派宰相亲自来面议投降事宜。陈宜中胆小，被伯颜的要求吓得屁滚尿流，生怕去了之后会无故丢了性命，便不顾自己身为宰相的使命和尊严，丢下太皇太后和年幼的皇帝连夜逃跑了，成了人人耻笑的落跑宰相。

陈宜中的逃跑使本已处于劣势的南宋丢脸丢到家了，更加被元军鄙视，求和之事也不可能成功了。当初，贾似道在鲁港之战大败后，畏罪逃跑，陈宜中上书痛斥此种临阵脱逃的小人之举，现在自己却将这一幕重新上演。贾似道的悲惨下场不但没有给陈宜中敲响警钟，却成了被模仿的对象。

太皇太后谢氏的求和并没有阻止元军侵略的脚步，德祐二年（1276年）二月，元军无情地攻入都城临安，谢太皇太后为了最大限度地保证子民的生命、财产安全，主动开城投降，登基仅两年的恭帝赵㬎宣布正式退位，成了亡国之君。至此，南宋灭亡。三月，恭帝一行人怀着及其沉痛的心情离开了这片故土，等待他们的仍是个未知数。

未被掳往大都的大臣纷纷逃跑，陈宜中也不例外。他带着家人逃往温州，母亲不堪途中颠簸，不幸死去。他在海上经过一番漂泊后，到达温州，并躲藏于此。德祐三年五月，恭帝的哥哥赵昰在福州继位，是为宋端宗，改元景炎。而已经逃跑了两次的陈宜中竟然还是被委以重任，当上了左丞相兼枢密使、都督诸路军马。但是江山易改本性难移，陈宜中还是想方设法排除异己。景炎元年（1276年）十一月，元军逼近福州，企图消灭南宋的流亡小朝廷，无奈之下，宋端宗一行人只得逃跑。

提心吊胆地一路辗转泉州、潮州、惠州等地后，景炎三年（1278年）春，宋端宗一行人来到雷州附近。在途中，负责护送宋端宗的陈宜中借口联络占城，溜之大吉，再次当了逃兵。而宋端宗一行人在途中遭到飓风袭击，几乎舟毁人亡。可怜的宋端宗惊悸成疾，不久死于雷州湾硇洲的船上，年仅10岁。

陆秀夫带领众臣拥立年仅7岁的赵昺为帝，由杨太后垂帘听政，改元祥兴。如此一来，陆秀夫的力挽狂澜使得小朝廷得以苟延残喘。但正当百般欣喜的宋朝遗民重拾勇气、誓死复兴大宋朝的时候，殊不知灾祸即将降临。此时远在大都的忽必烈得知赵昺在雷州称帝，心烦气躁，担忧不已，发誓要将他们斩草除根，以绝后患。他立即命令手下大将张弘范火速前去围剿。浩浩荡荡的元军来势汹汹，很快便把小朝廷置于三面包围之下，接着元军发起猛烈攻击，雷州失守，小朝廷危在旦夕。

雷州有着很重要的战略地位，张世杰想将雷州夺回，进行了多次尝试，但无奈实力相差悬殊，每次都以失败告终。眼看夺回雷州无望，小朝廷当机立断，迅速将政权迁到崖山，并在此竭尽全力召集军队，为即将来临的大战做准备。

张弘范依然紧追不舍，率大军来到崖山。在这里，南宋流亡小朝廷和元军之间即将展开一次，也是最后一次血战……

崖山之战

小朝廷到达崖山时，尚有正规军和民兵二十万人。张世杰、陆秀夫立即派人进山伐木，在岛上建造了行宫三十间，军屋三千间，供君臣将校们栖身之用。余下的二十万士卒，则继续留在船上生活。张世杰、陆秀夫又令随军的匠人们修造舰船，赶制兵器，以迎接即将到来的殊死搏斗。

而元朝大将张弘范此时在忽必烈的命令下，正率领大军沿海路一路南下追击赵昺等一行人，先后攻破漳州、潮州、惠州，而元军的副帅李恒则率领步兵和骑兵从陆路出梅岭袭击广州，想方设法地缩小和切断沿海陆地与南宋"海上朝廷"的联系，如此水陆夹击，使小朝廷处于孤立无援的境地。

宋军的二十万士卒，对元军来说是个不容忽视的存在。虽然南宋朝廷已经灭亡了，其残党也必须加以肃清才行，否则将会成为其精神上的支柱，可能引发各地反元的叛军起义。况且，进攻的元军只有数万，仅就兵力而言，双方相差悬殊，且元军不善水战，宋军无疑在这方面占有优势。

宋军占据着崖山这一易守难攻的天然堡垒，只要取得对入海口的控制，就算有再多的元军，也可以做到一夫当关万夫莫开，将前来攻击的元军一并阻挡在外。至元十六年（1279 年）正月，张弘范率领之前苦苦训练的水兵十余万人及大量的战舰从海上进攻崖山，但由于崖山地势险要，易守难攻，所以张弘范也无计可施。但这时，负责指挥防御的宋将张世杰犯了一个致命的错误：他放弃了对崖门入海口的控制，把战争的主动权轻而易举让给了元军。这一毫无战略性可言的愚蠢举动让元军捡了大便宜，形势瞬间变得对元军有利。然而张世杰的失误还不止这些，他为了防止中途有人临阵逃脱，增强将士的凝聚力，下令将几千艘宋军船只用铁索连成一线，然后将幼帝赵昺所在的御船置于中央，外围没有布置任何防护措施，就这样赤裸裸地置于海湾之内。

张世杰此法固然是加强了宋军的团结一致抗敌的决心，在很大程度上振奋了士气，精神层面的作用自然是无可厚非，但不是高明的战术。宋军众多的兵力被锁在一起，机动性尽失，笨重不堪，完全将自己暴露在敌人的炮火剑雨之下，任人攻打却避无可避，连逃跑机会都没有。

当然张世杰此法并不是一无是处，在一定程度上对阻止元军的进攻也发挥一定的作用：面对宋军数千只战舰结成的巨大屏障，最好的办法就是用火攻。东汉末年，周瑜借助那股及时的东南风利用火攻在赤壁大败曹操，才有了"万事俱备，只欠东风"这句千古名言。但是元军没有这么幸运。元军使数百艘点着火的小船驶向宋军，企图将宋军连为一体的战舰一举焚毁。但是张世杰也不是等闲之辈，深知曹操惨败的经历。他既然敢把如此众多的战舰连为一体，就表示他早料到元军会有此招。事实证明果不其然。张世杰早就命人在最外侧船只的船体上涂满了厚厚的海泥来阻止火势的蔓延。而且当元军着火的小舟靠近时，宋军就用足够长的竿子把小舟往回推。如此一来，这些小舟顺流来到元军处使其数十只船着火。不承想元军竟然搬起石头砸了自己的脚，宋军内爆发出小小的欢呼。

这时的张弘范恼羞成怒，但无计可施，他抓获张世杰的族人为俘虏，一面要挟张世杰，一面派人前去劝降。然而张世杰是个血性汉子，并不为所动，断然拒绝投降。张弘范又令兵败被俘的文天祥写信招降张世杰，但文天祥威武不屈，拒绝做出此等有辱气节的事情，张弘范无奈，只得放弃。

张弘范劝降之计未能得逞，只好再想他法。他派重兵将宋军重重包围，断绝其水上供应。如此一来，宋军粮水缺乏，将士们只能吃随身携带的干粮来勉强充饥。而更糟糕的是没有了所谓生命之源的淡水，将士们体力不支，只好饮海水解渴，但是未经过处理的海水人体是不能适应的。将士们的饥渴非但没得到缓解，反而呕吐不止，宋军中一片凄惨的景象。张弘范的策略发挥了作用，就在宋朝兵士们战斗力严重削弱的时候，他率兵一举发起了总攻。

张弘范利用海上天气变幻莫测的特点，在大雾笼罩、辨不清敌我的一天吹响了进攻的号角。形势对元军有百利而无一害，宋军战斗力孱弱不济，而被铁锁连成一线的千艘战舰在如此恶劣的天气下显得更加笨重，根本无法灵活反击。而元军又是选择了在涨潮的时候发起总攻，因此一路顺风顺水，很快就到达宋军的驻地，将宋军逼至角落。

只不过一天时间，宋军损失惨重，多艘战舰被毁，将士也多有伤亡，宋军已全线溃败，乱成了一锅粥。事已至此，只能下定决心，放手一搏了。张世杰下令将铁索砍断，以便各艘战舰可以自由划动。他率领众将士进行突围，一路杀出了重围。此时张世杰回头却发现幼帝赵昺的御船由于过于庞大，被卡在中间动弹不得，只得派人划小船前去接应。但是当时海上大雾弥漫，再加上已是黄昏，天色昏暗，即使面对面也根本分不清敌我。俗话说小心驶得万年船，同幼帝一道在御船上的陆秀夫怕来人接应是元军的诡计，就一口拒绝来人把幼帝接走。过度的谨慎葬送了幼帝的逃脱之路。

接应幼帝失败，张世杰无计可施，元军又紧追不舍，无奈之下只得率领战舰继续拼杀。元军杀红了眼，越战越勇，眼看宋军败局已定，陆秀夫回天无力，心中如五味杂陈。虽有万分不舍，但为了让自己的妻儿不落入敌人之手以后受尽屈辱，毅然把他们赶下了大海，然后用一条白练将幼帝赵昺绑在自己的背上，一同投入大海，消失在茫茫的雾气中……

最后的希望破灭了，眼见这一幕的南宋将士、官吏、宦官、宫女等万念俱灰，不愿落入敌人之手忍辱偷生，也纷纷跃入大海……

图书在版编目 (CIP) 数据

宋朝其实很有趣 / 子陌著 . —北京：中国华侨出
版社，2022.3（2023.3 重印）
ISBN 978-7-5113-8704-2

Ⅰ . ①宋… Ⅱ . ①子… Ⅲ . ①中国历史－宋代－通俗
读物 Ⅳ . ① K244.09

中国版本图书馆 CIP 数据核字（2021）第 243184 号

宋朝其实很有趣

著　者：	子　陌	
责任编辑：	李胜佳	
封面设计：	冬　凡	
文字编辑：	胡宝林	
美术编辑：	盛小云	
经　销：	新华书店	
开　本：	880mm×1230mm　1/32 开　印张：8　字数：170 千字	
印　刷：	三河市华成印务有限公司	
版　次：	2022 年 3 月第 1 版	
印　次：	2023 年 3 月第 2 次印刷	
书　号：	ISBN 978-7-5113-8704-2	
定　价：	35.00 元	

中国华侨出版社　北京市朝阳区西坝河东里 77 号楼底商 5 号　邮编：100028
发 行 部：（010）88893001　　传　真：（010）62707370
网　址：www.oveaschin.com　　E－mail：oveaschin@sina.com

如果发现印装质量问题，影响阅读，请与印刷厂联系调换。